dtv

Paartherapeuten sind mit einem Spektrum an partnerschaftlichen Konflikten und Familienproblemen konfrontiert, das ein schulenübergreifendes Wissen und die Aneignung der systemischen Denkweise in besonderem Maße erfordert. Die Autorin bietet mit diesem leicht lesbaren, einführenden Buch einen Überblick über die verschiedenen theoretischen Ansätze und therapeutischen Verfahren (von Kommunikationstheorie bis Psychodrama), fragt nach gemeinsamen grundlegenden Vorstellungen zu Liebe, Partnerschaft und Ehe und danach, wo die Möglichkeiten, aber auch die Grenzen für die therapeutische Arbeit mit Paaren in Krisensituationen liegen. Schritt für Schritt wird so ein Modell für Paartherapie entwickelt, das nicht nur alles »Brauchbare« von Watzlawick über Satir bis Willi sammelt, sondern zu einem praxiserprobten Gesamtkonzept integriert.

Christine Schmid-Fahrner, geboren 1953 in Biberach, studierte Psychologie und Soziologie in Konstanz. Anschließend Ausbildung zur Verhaltens- und Familientherapeutin. Nach Tätigkeit in der Erziehungsberatung und langjähriger klinischer Arbeit im Bereich der Psychosomatik in Bad Dürckheim führt sie seit neun Jahren in Tübingen eine therapeutische Praxis und arbeitet als Supervisorin in verschiedenen sozialen Bereichen. Christine Schmid-Fahrner ist verheiratet und hat zwei Kinder.

Christine Schmid-Fahrner

Spielregeln der Liebe

Integrativ systemische Paartherapie

Deutscher Taschenbuch Verlag

Originalausgabe
November 1997
© 1997 Deutscher Taschenbuch Verlag GmbH & Co. KG,
München
Umschlagkonzept: Balk & Brumshagen
Umschlagfoto: © Lajos Keresztes
Satz: KCS GmbH, Buchholz/Hamburg
Gesetzt aus der Aldus 10/11.5˙ (QuarkXPress 3.31)
Druck und Bindung: C. H. Beck'sche Buchdruckerei,
Nördlingen
Gedruckt auf säurefreiem, chlorfrei gebleichtem Papier
Printed in Germany · ISBN 3-423-35143-8

Inhalt

Vorwort von Arist von Schlippe 9

Einführung 12
    Was ist systemisches Denken? 17
    Wie verändert systemisches Denken die Wissenschaft? 20
    Systemische Grundbegriffe 24
    Struktur und Wandel 31

Teil I: Wie zwei sich eine Paarbeziehung vorstellen

Kapitel 1: Der gesellschaftliche Kontext – zeitgenössische Ideologien über Liebe, Ehe und Partnerschaft 37

    Die phantastische Liebesehe oder Die immer wieder
    neu verliebten Autonomen 37
    Ist Eins-Sein wirklich ein Ideal? 50
    Vor Ankommen wird gewarnt 54
    Zwischen Hingabe und Abgrenzung –
    geschlechtsspezifische Unterschiede 56
    Liebe und Partnerschaft 63
    Haben-Wollen und Loslassen 64

Kapitel 2: Der individuelle biographische Kontext 67

    Die Rolle der Herkunftsfamilie 67
    Frühere Paarbeziehungen 83

Kapitel 3: Der implizite Beziehungsvertrag –
Gesichtspunkte der Partnerwahl 86

    Verhaltenstherapeutische und psychoanalytische
    Ansätze in der Paartherapie 86
    Das Konzept »impliziter Beziehungsverträge«
    (nach C. J. Sager) 88
    Überlegungen zu »impliziten Beziehungs-
    verträgen« heute 90
    Das »Bild vom anderen« als therapeutische Metapher ... 98
    Querverbindungen zu weiteren grundlegenden
    Beziehungskonzepten 102

Teil II: Wie zwei sich zueinander verhalten

Kapitel 4: Kommunikation 107

    Die fünf pragmatischen Axiome der Kommunikation
    nach Watzlawick, Beavin und Jackson 107
    Selbstwert und Kommunikation 116
    Die Überwindung destruktiver
    Kommunikationsformen 122
    Mißverständnisse: Indikatoren für
    Beziehungsstörungen 135

Kapitel 5: Symmetrie und Komplementarität 148

    Rollenverteilung und Aufgabenstellungen 151
    Störungen im Bereich der Symmetrie 159
    Störungen im Bereich der Komplementarität 167
    Entwicklung und Krisen 172

Kapitel 6: Grenzen – das Ich-Du-Wir-Dreieck.................. 175

Familientherapeutische Grundlagen des Begriffs
»Grenzen«... 175
Grenzziehungsprozesse bei Paaren............................ 179
Störungen und Krisen der Grenzziehungsprozesse
in einer Familie.. 189
Therapeutische Implikationen und
Interventionsmöglichkeiten...................................... 194

Kapitel 7: Sei so, wie ich dich brauche –
symbiotische Beziehungsstörungen................................ 207

Entwicklungspsychologische Gesichtspunkte............ 208
Erscheinungsformen und Interaktionsmuster
symbiotischer Verstrickungen................................... 213
Therapeutische Implikationen: Neuformulierung des
impliziten Beziehungsvertrages................................. 216
Was einer dem anderen bedeutet: Geschenk oder
Selbstverständlichkeit?... 218

Teil III: Struktur und Wandel

Kapitel 8: Die Phasen der Paarbeziehung......................... 223

Die Phasen im Familienzyklus.................................. 223
Die Phasen im Lebenszyklus (nach Jürg Willi).......... 225
Die Phasen als psychischer Entwicklungsprozeß unter
den Gesichtspunkten Integration und Abgrenzung... 230

Kapitel 9: Ein Modell von Paartherapie im Überblick....... 243

Interventionsebenen in der Paartherapie................... 244

Finale	247
Danksagung	253
Quellenverzeichnis	255
Literaturverzeichnis	257

Vorwort von Arist von Schlippe

»Spielregeln der Liebe« – »Spiel«-Regeln der Liebe, ein von Regeln geleitetes oder gar von Regeln beherrschtes Spiel? Ein Spiel, bei dem man gewinnen kann, wenn man die Regeln kennt, oder verlieren, wenn man es nicht richtig spielt? Nein, so einfach ist es nicht. Kontrollierbar, machbar ist Liebe nicht – das ändert sich auch nicht durch die Lektüre dieses Buches. Doch es könnte sein, daß die Leserin, der Leser dieses Buches lernt, Spielregeln der Liebe auf eine neue Weise zu *verstehen*. Das Spiel der Liebe spielt sich von selbst, doch es spielt sich leichter, freundlicher, wenn Menschen, die sich lieben, zu verstehen beginnen, welche »Mitgift« an Welt- und Menschenbildern sie beide aus ihren Herkunftsfamilien mitgebracht haben, als sie begannen, ihre Paargeschichte zu schreiben.

Denn in der Paarbeziehung werden wir immer wieder unmittelbar damit konfrontiert, was wir in unserer Herkunftsfamilie gelernt haben: Die Bilder davon, was es heißt, Mann/Vater zu sein, was es heißt, Frau/Mutter zu sein, was Beziehung, Liebe, Treue, Sexualität bedeuten, ob Streit verbindet oder eine Katastrophe ist – all diese Bilder haben wir in unserer Familie erstmals erlebt, erfahren und gelernt und zu ganz persönlichen Landkarten weiterentwickelt, nach denen wir unsere Erfahrung gestalten.

Und so begegnen wir im Verlaufe einer Paarbeziehung immer wieder uns selbst und lernen in jeder Auseinandersetzung mit dem/der anderen die Landkarten genauer kennen, nach denen wir uns orientieren, wenn wir eine gemeinsame Wirklichkeit als Paar erschaffen. Die Frage, wie Menschen gemeinsam das erzeugen, was sie als »ihre Wirklichkeit« beschreiben und erfahren, ist im systemischen Ansatz zentral: Wirklichkeit wird als etwas gesehen, das im Dialog entsteht, selbstorganisiert, immer wieder neu. Alte Geschichten und neue Geschichten verbinden sich dabei im unaufhörlichen Strom der Kommunikation. Wir erzählen uns selbst und wir erzählen einander gegenseitig, wie die Welt ist. So halten wir unsere gemeinsame Welt stabil, doch so erschaffen wir oft auch Wirklichkeiten, die uns quälen und einengen, oder, wie es der amerikanische Therapeut Jay Efran sagt: »Menschen sind unverbesserliche und geschickte Geschichtenerzähler, und sie haben die Angewohnheit, zu den Geschichten zu werden, die sie erzählen.«

Ein solcher Prozeß des Geschichtenerzählens, des Erschaffens von Wirklichkeiten, läuft nicht rein verstandesmäßig ab. Gerade in der therapeutischen Arbeit mit Paaren wird deutlich, daß sich in dem kontinuierlichen Dialog, in den Kommunikationsmustern, die beide entwickelt haben, eine ganz besondere Art von Geschichten manifestiert. Unsere Landkarten finden sich nicht (nur) im Kopf, sondern auch »im Herzen«. Paarbeziehung ist auch ein körperliches Geschehen, und gemeinsam als Paar zu leben bedeutet auf eine sehr intime Weise, Geschichten nicht nur zu erzählen, sondern sie auch leiblich zu gestalten, zu erfahren, weiterzuspinnen.

Gerade weil dieser Dialog jedem Partner so nah am Herzen liegt und dabei gleichzeitig so komplex ist, ist er besonders gefährdet. Er kann schnell entgleisen, sich in Mißtrauen festfahren und zu einem »Monolog zu zweit« werden, in dem die Partner mit ihrer Neugier aufeinander am Ende sind. Die Lust an der Entdeckung des anderen ist verlorengegangen, die in der Kommunikation gemeinsam entwickelten Geschichten sind zu starren Mustern geronnen, die das Paar in dem quälenden Gefängnis festhalten: »Es passiert immer dasselbe!« Paartherapie bietet sich an, wenn die Partner aus dieser Sackgasse nicht mehr hinausfinden. Dann geht es darum, festgefahrene »Spielregeln der Liebe« auf den Kopf zu stellen und auf vielfältige Weise Angebote zu machen, die Muster zu stören, zu verstören, zu unterbrechen.

Das Buch zeigt auf eindrückliche Weise, welch eine Fülle von Interventionsmöglichkeiten hier im systemischen Ansatz und in anderen therapeutischen Modellen entwickelt wurde. Das große

Verdienst von Christine Schmid-Fahrner liegt darin, das Handwerkszeug integrierend zusammengefaßt zu haben, das hilfreiche Zugänge zu den Welten von Paaren ermöglicht. Ausgehend von der Ebene des »Hier und Jetzt«, des aktuellen Konflikts, wird der Bogen beschrieben vom Beginn der Paarbeziehung bis in die vorgestellte gemeinsame Zukunft. Mit Hilfe der Methode der Familienrekonstruktion von Virginia Satir wird dieser Bogen zurückverfolgt zu den Wurzeln und zu den Aufträgen, die beide Partner aus ihren Familien mitgebracht haben: »Was für ein Ehemann, was für eine Ehefrau sollten Sie nach Meinung von Vater und Mutter sein?«

Besonders gut gefallen hat mir an dem Buch die Sensibilität der Autorin für das in der Paarberatung so wichtige Thema Macht, nämlich dann, wenn eine Beratungsanfrage implizit einen Auftrag beinhaltet, der in einem »Kolonialismus« am anderen besteht. Ob es gelingt, diesen Auftrag in das Anliegen der Entwicklung einer gemeinsamen Paarkultur zu verwandeln, ist für den Beratungsprozeß entscheidend. Ich vermute, daß Macht (Systemiker sprechen hier lieber von der »Idee der Macht«) und Liebe sich ausschließen, daß da, wo Liebe beginnt verlorenzugehen, Macht sich in die Beziehung hineindrängt – und vielleicht geht es ja auch umgekehrt, jedenfalls wäre sonst die Beratung von Paaren vergebens.

Ich wünsche dem durchgängig *liebe*voll geschriebenen Buch von Christine Schmid-Fahrner, daß es von Fachleuten und Laien mit Freude und Gewinn gelesen wird und hilft, Liebe wieder zum Spiel werden zu lassen – zu dem größten, schwierigsten und auch schönsten Spiel, das Menschen spielen können.

Osnabrück, August 1997

Einführung

> Bei dem, was wir in der Natur finden, geht es nicht so sehr darum, was da zu finden ist.
> Was wir finden, entscheidet sich einfach dank unserer Möglichkeit zu verstehen.
>
> (Peter Høeg)

Das vorliegende Buch ist ein Grundlagenbuch zur Paartherapie, das Ansätze aus der systemischen Therapie und der Kommunikationstherapie zu einem Gesamtkonzept integriert. Auch die einzeltherapeutische Perspektive wird schulenübergreifend in diesem Rahmen mit reflektiert und eingebettet. Es wendet sich zum einen an Psychotherapeuten und Berater, die selbst paartherapeutisch arbeiten, sowie an Familientherapeuten und Einzeltherapeuten in den freien Praxen und im klinischen Bereich, die in ihrer Arbeit auch mit Paarkonflikten konfrontiert sind. Sie finden hier in bezug auf eine systemische Sichtweise von Paarkonflikten einen gewissen Überblick und spezielle Anregungen.

Menschen, die in angrenzenden sozialen Berufen tätig sind (zum Beispiel in der Jugend- und Familienhilfe, Frauenarbeit, kirchlichen Sozialarbeit und in verschiedenen Beratungsstellen) und in ihrer Arbeit mit ehelichen Konflikten und Familienproblemen der verschiedensten Art konfrontiert sind, können lernen, sich bei der Auseinandersetzung mit Partnerschaftsproblemen eine Sichtweise anzueignen, die beiden Partnern gerecht wird und für beide weitere Entwicklungsmöglichkeiten anzeigt.

Das Buch wendet sich aber genauso an interessierte Laien und betroffene Paare. Es vermittelt einen Überblick über verschiedene Ansätze in der Paartherapie, sei es nun Verhaltenstherapie, Kommunikationstherapie oder systemische Therapie. Gerade der systemische Ansatz erlaubt ein übergreifendes Verständnis des Zusammenspiels und Zusammenlebens eines Paares, sei es nun mit oder ohne Kinder. Betroffenen Paaren oder Menschen, die früher in einer Paarbeziehung gelebt haben und/oder zukünftig in einer Paarbeziehung leben wollen, ist es eine Hilfe zur Aufarbeitung früherer Beziehungen und Vorbereitung auf künftige Beziehungen. Wenn das Buch auch Anregung ist, über die eigene Paarbeziehung nachzudenken und Neues zu wagen, ist das wunderbar.

Man kann es auch als Motivations- und Entscheidungshilfe verstehen bei der Frage, ob und was für eine Art von Paartherapie man selbst gern machen möchte.

Dieses Buch sammelt aber nicht nur verschiedene Ansätze, sondern integriert sie auch in einem Gesamtrahmen. Vor allem auf diese Integration kommt es mir bei diesem Buch an, da sie hilfreich ist, zu einem *Gesamtverständnis* der Schwierigkeiten, aber auch der Therapiemöglichkeiten bei Unstimmigkeiten in der Paarbeziehung zu kommen. Damit soll gewürdigt werden, daß eben nicht nur in einem Ansatz die gesamte Wahrheit liegen kann, sondern daß sich schon viele erfahrene Fachleute vorher Gedanken gemacht haben, die in diesem Rahmen aufgearbeitet und weiterentwickelt werden. Dabei wird allerdings kein Anspruch auf Vollständigkeit erhoben.

Des weiteren habe ich versucht, die *Personen* im Paarsystem noch ausfindig zu machen. Das bedeutet, daß ich mich in meiner Arbeit und in meiner Darstellung von Beziehungsschwierigkeiten nicht nur auf ein Paar beziehe, sondern eben auch auf die einzelnen Personen, die jeweils zusammen das Paar ergeben. Ich interessiere mich für diese einzelnen Personen, ihre Lebensgeschichte, ihre Nöte, ihre Stärken und die Frage, was sie im anderen suchen: welchen Sinn diese Paarbeziehung für sie hat.

Die Paarbeziehung wird in diesem Buch verstanden als tiefgreifende persönliche Bindung, die für beide Partner eingebettet ist in ihre Lebensgeschichte und Lebenssehnsüchte. Dabei geht es auch darum, darzustellen und immer wieder neu verstehen zu lernen, inwieweit sich zwei Menschen in ihren grundlegenden Bedürfnissen erreichen können und inwieweit sie sich auch verfehlen. Der andere ist manchmal oder oft das, was sich der eine wünscht und vorstellt. Aber um das herauszufinden, müssen die persönlichen Bedürfnisse und Hoffnungen, die zwei Menschen aufeinander richten, erst einmal transparent gemacht werden.

Ich habe versucht, theoretische Konstrukte lebens- und erlebensnah darzustellen, so daß Betroffenheit und Erheiterung nicht ausgeschlossen sein sollen. Kollegen möchte ich ein trockenes Fachbuch ersparen und dennoch fachliche Anregungen geben. Wie Sie als Kollegen wissen, gibt es ein solches Überblicksbuch und Integrationskonzept auf dem Gebiet der Paartherapie bislang nicht. Als ich vor sieben Jahren begann, in der freien Praxis mit Paaren zu arbeiten, habe ich mir ein solches Buch gewünscht. Und da es dieses Buch damals nicht gab und es auch nach einiger Zeit des Wartens nicht kam, habe ich es eben selbst geschrieben.

Was ich selbst über Paarbeziehungen denke

oder: Paartherapie – ein Spiel um Liebe und Macht ... Ich habe meine eigenen Vorstellungen und Ideale über Paarbeziehungen und Paartherapien. Ich möchte sie fairerweise transparent machen, damit sich jeder damit offen auseinandersetzen kann.

Ich verkünde keine absoluten Wahrheiten, keine absoluten Normen. Ich möchte lediglich darstellen, woher ich meine Normen beziehe und wozu sie gut sind. Ich zeige damit gleichzeitig die Möglichkeiten und Grenzen von Paartherapie auf, so wie ich sie verstehe.

Am meisten habe ich für die Paartherapie aus der Praxis gelernt, nicht der psychotherapeutischen Praxis, in der ich arbeite, nein, der Lebenspraxis.

Ich habe mich umgesehen nach Paaren, die eine »gute« Beziehung führen, um von ihnen zu lernen. Was habe ich da gesehen? Ich habe Paare entdeckt, die entspannt, wohlwollend und interessiert miteinander umgehen. Sie sehen sich an, können sich zulächeln und spontan berühren. Das Lachen spielt eine große Rolle. Paare, die miteinander lachen können, sind auch innerlich entspannt miteinander.

Sie nehmen Anteil daran, was der andere empfindet, sei es Freude oder Leid und Ärger. Wenn sie Konflikte austragen, verletzen sie nicht die Grenze der persönlichen Würde, selbst im größten Ärger. Ihre Kritik am anderen ist nie vernichtend, sondern speziell. Sie betonen auch bei Zerwürfnissen die guten Seiten des anderen. Sie bemühen sich, einander zu verstehen.

Sie nehmen sich Zeit für Gespräche und stellen eine entsprechende Atmosphäre her, um in Kontakt miteinander zu kommen. Sie stellen Fragen aneinander. Sie sind ehrlich miteinander.

Sie stehen fürsorglich und pflegerisch füreinander ein. Sie sind auch im finanziellen Umgang miteinander großzügig. Überhaupt rechnen sie nicht viel auf miteinander, Geben und Nehmen hat eine gute Balance. Sie möchten, daß es dem anderen gutgeht. Sie können aber auch für sich selbst sorgen und es sich allein gutgehen lassen.

Es ist gut, daß es diese Paare gibt. Das zeigt, daß es möglich ist, wenn auch nicht immer leicht, eine gute Paarbeziehung zu führen. Ich frage mich auch, was das innere Geheimnis der Paare ist, die sich gut verstehen. Ich denke einfach, daß sie sich lieben und daß sie damit einverstanden sind, daß der andere jeweils so ist, wie er ist. Ich denke auch, daß sie mit ihrer Wahl im Einklang sind und daß sie diese Wahl immer wieder, auch nach Jahren, bestätigen können. Wenn ein Paar sich nach fünf, zehn oder zwanzig Jahren sagen kann: »Es ist schön, daß ich mit dir zusammen leben kann«, dann können wir uns vorstellen, daß es beiden gutgeht miteinander.

Die grundsätzliche Bejahung des anderen spielt also eine Rolle, aber auch die Art und Weise, wie sie miteinander umgehen und ihre Beziehung pflegen.

Bei Menschen, die eine Paarberatung oder -therapie machen wollen, liegen diese Voraussetzungen mehr oder weniger im argen. Manchmal sind die Zweifel, ob man mit einem anderen

Menschen weiter zusammenleben will, durchaus berechtigt. Grundlegende gegenseitige Beziehungswünsche können nicht oder nicht mehr erfüllt werden.

Jetzt geht es darum, ob beide ihre Wünsche offen austragen können, sich gegenseitig Gehör schenken und sich beide aufeinander zubewegen können. Das setzt eine gewisse Elastizität und Bereitschaft, sich in den anderen hineinzuversetzen, voraus. Wenn diese Voraussetzungen gegeben sind, sich beide in diesem Sinn lieben und um Verständigung ringen, dann sind die Chancen, daß ich helfen kann – daß Kollegen helfen können –, sehr gut.

Manchmal ist es aber so, daß Paare in Therapie kommen und nicht sagen: Helfen Sie mir und uns, daß wir uns besser verstehen und lieben können, sondern sie sagen: Helfen Sie mir, daß der andere sich so verhält, wie ich es mir vorstelle! Der andere wird als eine Art Marionette gesehen, die man entsprechend bewegen möchte, und dazu sucht man fachliche Hilfe. Ein bestimmtes Stück soll aufgeführt werden, ein Stück aus dem eigenen Lebensplan. Dabei ist es doch viel schöner, ein gemeinsames Stegreifspiel aufzuführen mit einem lebendigen Menschen ...

O je, sage ich mir dann, hier geht es nicht darum, etwas *Gemeinsames* zu entwickeln, sich besser verstehen und verständigen zu können, hier geht es ja um Macht! Es ist so, als ob ich einen Beratungsauftrag für den CIA bekomme, um ein anderes Land unterschwellig besser kolonialisieren und ausbeuten zu können. Einen solchen Auftrag würde ich ablehnen. Wenn ich aber von der UNESCO einen Auftrag bekäme, um die gegenseitige Völkerverständigung zu fördern, dann würde ich schon ja sagen.

Die Egozentrik bei der Wahrnehmung von Paarproblemen ist eine Art Kolonialismus am anderen. Die Politiker und Missionare des 18. und 19. Jahrhunderts haben ja auch gedacht, sie tun den »primitiven« Völkern etwas Gutes, wenn sie ihnen unsere Kultur aufoktroyieren und deren eigene Kultur zerstören. Die systemische Perspektive, von der in diesem Buch viel die Rede sein wird, ist eine übergeordnete Perspektive, die versucht, die Anliegen beider Partner zu würdigen.

Was ist systemisches Denken?

Beginnen wir damit: Was ist *nicht* systemisches Denken?

Wir sehen die Welt oder einen Ausschnitt der Welt, unseren Beobachtungsgegenstand.

Wir können sagen, das ist die Welt (geologisch, geographisch, ethnologisch, ökologisch, philosophisch), ein Ziegelstein (physikalisch, chemisch), eine Ameise (biologisch, zoologisch, verhaltensbiologisch) oder Person A (psychologisch). Wir machen Aussagen über ein Objekt, das wir studieren. Wir machen Aussagen über das Verhalten und die Eigenschaften eines Objektes. Es geht darum, Wirkzusammenhänge zu erklären; wenn Zustand (Eigenschaft) A gegeben ist, und Ereignis B wirkt auf A ein, was passiert dann? Nennen wir das Ergebnis C. So kann ein Wirkzusammenhang oder eine Gesetzmäßigkeit sein: Wenn Wasser (Materie mit bestimmten Eigenschaften) auf 100 Grad erhitzt wird (Ereignis B wirkt auf A ein), dann passiert Ergebnis C, nämlich in diesem Fall: das Wasser verdampft.

Wir wissen inzwischen, daß Wasser nicht überall bei 100 Grad verdampft, sondern daß der Siedepunkt des Wassers abhängig ist von der Höhe über dem Meeresspiegel. Dies ist ein Beispiel, daß wissenschaftliche Erkenntnisse, selbst die »Naturgesetze«, relativ sind. Die Bemühungen der Wissenschaft konzentrieren sich darauf, C sicher voraussagen zu können, wenn A und B benannt werden können. Man nennt dies das *lineare* Denken. Es ist ein Denken nach dem Ursache-Wirkungsprinzip. Es erscheint so, als ob wir unseren Forschungsgegenstand »objektiv« erfassen könnten. Seit der Neuzeit war die Wissenschaft stolz auf ihre »Objektivität«. Seit Einstein ist das nicht mehr so. Wir müssen zugeben, daß alles relativ ist, und zwar relativ zum Beobachterstandpunkt. Und damit sind wir beim systemischen Denken.

Was also ist systemisches Denken?

Wir sehen noch einmal einen Ausschnitt der Welt und bleiben jetzt in unserem angesprochenen Fachgebiet, der Psychologie, und speziell bei Person A:

Die Frage ist: Wer beschreibt Person A? Der Beobachter soll aus dem Dunkeln hervortreten, damit wir sehen können: Person A ist nicht Person A mit ihren ganzen »objektiv« festgestellten Eigenschaften, nein, Person A wird von Person B so *beschrieben*. Wir können also nicht mehr sagen: Person A ist so, sondern: Person B *sieht* Person A solchermaßen.

Wir sehen jetzt eine Dyade, Person A und ihren Begutachter.

Jetzt nehmen wir einmal an, Person B wäre zufällig die Partnerin von Person A. Person A macht auch Aussagen über Person B. Wer stellt das »objektiv« fest?

Es könnte sich hier um einen Paartherapeuten handeln, der die Dyade beobachtet und beschreibt. Wir haben jetzt eine Triade.

Der Paartherapeut hat eine persönliche Sicht und Bewertung der vorgegebenen Dyade. Er ist katholisch, monogam und seit zwanzig Jahren ohne Kinder verheiratet. Seine Kollegin, eine uneheliche Mutter von zwei Kindern, kirchenlos, wird das vorgestellte Paar mit anderen Augen ansehen. Wer kann darüber reflektieren, welches Bild die beiden Kollegen jeweils von einem Paar in Therapie haben?

In gewissen Grenzen können beide Therapeuten über sich und ein Paar reflektieren, sie teilen sich selbst in zwei Personen auf: eine Person, die sie beobachten in Interaktion mit dem Paar; und eine Person, die von außen beobachtet, die sie aber selbst sind. Sie nehmen sich selbst gegenüber eine Metaperspektive (Selbstreflexion) ein, was im Prinzip jeder Mensch kann, um die eigene Wahrnehmungsperspektive zu erweitern und zu relativieren.

Genauso kann das Paar sich ohne Therapeuten fragen: Wie gehen wir miteinander um? Die Metaperspektive bringt also eine Erweiterung des Blickfeldes, bleibt aber innerhalb der Befangenheiten der eigenen Person. Zum Beispiel wird man auch bei besten Bemühungen in der Selbstreflexion die eigenen Tabus nicht durchbrechen können.

Hier hilft nur eine weitere Person, die jetzt das ganze System übersehen kann. In der Regel übernimmt diese Funktion ein

Paartherapeut oder eine Paartherapeutin, manchmal auch ein Therapeutenpaar in Interaktion mit dem jeweiligen Paar.

Es wurde bereits angesprochen, daß auch diese Außensicht des Paares durch die behandelnden Paartherapeuten gewissen Befangenheiten unterliegt. Schließlich gibt es keine objektive Beschreibung einer Paardynamik. Es handelt sich immer um Arbeitshypothesen, die von Paartherapeuten erstellt werden, welche einem Paar in der Therapie mehr oder weniger dienlich sind.

Wir stellen uns vor, ein Supervisor tritt in Aktion. Jetzt wird eine Triade von außen beobachtet: der Paartherapeut oder die -therapeutin in Interaktion mit ihrem Paar. Der Supervisor wird neue Gesichtspunkte und eine neue Sicht der Dinge gewinnen. Der Supervisor kann die sogenannten blinden Flecken bei den behandelnden Therapeuten ausmachen, indem er ihre Wahrnehmungen, also ihre Gewichtungen, ihre Vermeidungen, ihre Denkweise und ihre Bewertungen der Paardynamik auf einer Metaebene ansprechen kann.

Er kann zum Beispiel fragen: »Kannst du bei deinem Paar besser den Mann oder die Frau verstehen?« oder: »Was ärgert dich an dem Mann, der Frau?« Möglicherweise erinnert die Frau die Therapeutin an eine Nachbarin, mit der sie im vergangenen Jahr Streit hatte, und ihre Bemühungen, dieser Frau in der Therapie Raum zu geben, fallen etwas zu kurz aus. Die Therapeutin hat ein Bild von dieser Frau – ein Bild, das in der Therapie mehr oder weniger förderlich sein kann. Die Supervision dient der Relativierung der eigenen Wahrnehmung der Therapeuten.

Auch Supervisoren haben ihre Befangenheiten. Wer soll das noch sehen?

Metaperspektiven stellen sich auch durch eigenes Nachdenken ein: Hier kann Selbstreflexion des Supervisors oder auch Rückmeldung durch die Supervisanden viel bewirken, stößt aber auch auf Grenzen. Wir können uns vorstellen, daß in einem besonders komplizierten Fall der Supervisor eine Super-Supervisorin bemüht. Die gleiche Funktion erfüllen Ausbildungsinstitute für Supervision.

Man könnte diese (unendliche) Reihe wie eine Russische Puppe fortsetzen. Für jede Perspektive ist eine Metaperspektive denkbar und dafür wiederum eine Meta-Metaperspektive. Um das Prinzip des systemischen Denkens zu veranschaulichen, sollen diese Beispiele genügen.

Wie verändert systemisches Denken die Wissenschaft?

Das systemische Denken hat Implikationen sowohl für die Wahrnehmung von Personen als auch für die Wahrnehmung von Beziehungen und damit für die Paartherapie.

Im systemischen Denken gibt es keine absolut gesetzte Wahrnehmung von Personen. Es gibt nur Personen, die andere Personen wahrnehmen, insofern *Beziehungen*.

Für die meisten Menschen hat es etwas Entlastendes, als Person nicht »abgestempelt« zu werden, wie es ja noch im Denken und im Vokabular der Psychopathologie üblich ist. Wer möchte schon gern über sich selbst eine Diagnose lesen wie »Hysterische Persönlichkeit« oder »Zwanghaft-depressive Neurose«. Auch wenn man den psychopathologischen Diagnosen eine hilfreiche Funktion nicht konsequent abstreiten kann (da damit psychische Störungen klassifiziert werden und spezifische Forschungen und Therapieformen für einzelne Störungsbilder entwickelt werden können), ist es doch Ausdruck einer herrschaftlichen Oben-Unten-Beziehung, wenn eine Gruppe Menschen (Psychiater, Klinische Psychologen) eine andere Gruppe von Menschen definiert.

In der Paartherapie wird im Zusammenhang mit der systemischen Denkweise eine Metaperspektive vermittelt, die es den einzelnen erlaubt, nicht über die Person des anderen zu klagen, sondern die Beziehung wahrzunehmen, das heißt, sich selbst in der Wahrnehmung in das Geschehen mit einzubeziehen. Häufig hat es nur etwas vordergründig Entlastendes, wenn der andere immer »schuld« ist (das wäre die Perspektive, immer nur den anderen zu sehen und sich selbst außen vor zu lassen), aber in

Wirklichkeit ist es um so erdrückender: Denn wenn der andere »schuld« ist, ist er auch der Verursacher und der Macher des eigenen Unglücklichseins, und damit ist man ihm im subjektiven Erleben ausgeliefert. Der andere bekommt also durch diese einseitige Perspektive viel Macht, während man sich selbst ohnmächtig wähnt.

Die systemische Denkweise erlaubt einen Perspektivenwechsel in mehrfacher Hinsicht: Man kann auf das Ganze sehen, also die Interaktionen studieren. Die Systemerkennung bezieht sich dabei auf »konstruktive« wie auf »destruktive Interaktionen«, wobei ich mir der Relativität dieser Bewertungen bewußt bin. Die Beobachtungen stützen sich auf interaktionelle Vorgänge im »Hier und Jetzt«; so lassen sich manche Familientherapeuten Konfliktszenen aus dem Alltag einer Familie vorspielen, um die Interaktionen studieren zu können. Frühere und jetzige Interaktionen können aber auch durch Befragung, Fotos, Filme, Familienskulpturen und anderes rekonstruiert werden, so daß ein Bild der Entwicklung von Systemstrukturen entstehen kann.

Durch die Überwindung der personenbezogenen Perspektive und die Entwicklung einer systemischen Perspektive können die betroffenen Paare in der Therapie lernen, die eigenen Anteile und die Anteile des Partners an der gemeinsamen Beziehungsproblematik zu erkennen.

Man kann lernen, sich durch einen *Perspektivenwechsel* in den anderen hineinzuversetzen. Paartherapeutische Methoden, die dieses Nachvollziehen des Standpunktes und Erlebens des anderen fördern sollen, sind zum Beispiel
- Rollentausch im Rollenspiel oder in der Realität durch Austausch der familiären Aufgaben;
- »Doppeln« des Partners durch den Therapeuten, das heißt, sinngemäß das Anliegen und das Erleben der angesprochenen Person für den anderen wiedergeben;
- »Kontrollierter Dialog«, die sinngemäße Wiedergabe des Gesagten durch den anderen Partner; und die
- »Konstruktdifferenzierung« nach Jürg Willi, das bedeutet das Herausarbeiten des persönlichen Hintergrundes eines Verhal-

tens und Erlebens in einem aktuellen Konflikt durch den Therapeuten für jeweils beide Partner.

All diese Methoden sollen helfen, neben der eigenen Wahrnehmung einer (Konflikt-)Situation auch die Wahrnehmung dieser Situation durch den anderen zu begreifen und gelten zu lassen und somit eine egozentrische Wahrnehmung zu überwinden.

Generell kann der Blick auf die Wahrnehmung und Gestaltung von Beziehungen gelenkt werden und damit weg von der Wahrnehmung und Bewertung der Einzelperson (»Mein Mann ist so rücksichtslos!« »Meine Frau hat eine pathologische Mutterbindung.« ...), was sich in der Beziehungspraxis als unproduktiv und meist persönlich abwertend und verletzend erweist.

Das systemische Denken hat Implikationen auch für ein neues Wissenschaftsverständnis. Natur- und Gesellschaftswissenschaften werden nicht mehr als das Auffinden linearer Wirkzusammenhänge und Gesetzmäßigkeiten nach dem Ursache-Wirkungsprinzip verstanden, insofern geht es auch nicht mehr primär um die Erforschung isolierter Verhaltensausschnitte im Bereich der psychologischen Wissenschaft. Wissenschaft wird vielmehr als Konstruktion verstanden, um wechselseitige Wirkzusammenhänge erfassen und beschreiben zu können.

Wissenschaft wie Wissenschafts-Gegenstand (in diesem Fall die Gestaltung von Paarbeziehungen) werden nicht an sich, sondern immer als Funktion in einem spezifischen Kontext gesehen.

Konkret heißt dies: Wenn ein Paar sich destruktiv streitet, dann würde ein Verhaltenstherapeut primär versuchen, den beiden alternative, konstruktive Formen der Auseinandersetzung zu vermitteln, während ein Systemtherapeut zuerst einmal nach dem Sinn (der Funktion) dieses Streitverhaltens fragt, bevor er eine therapeutische Intervention setzt. Integriert man eine verhaltenstherapeutische in eine systemische Sichtweise, hat der Therapeut bei dem direkt oder indirekt vorgeschlagenen alternativen und konstruktiveren Verhalten die ursprüngliche Funktion des destruktiven Verhaltens mit im Visier.

Nehmen wir einmal an, der systemischen Hypothese nach

würde ein Streitverhalten bei einem Paar vor allem die Funktion haben, Nähe und Abstand zu regeln; dann könnte man ihnen alternativ die Aufgabe stellen, einmal pro Woche zu verhandeln, wieviel Zeit beide in dieser Woche zusammen verbringen und wieviel Zeit jedem persönlich gegönnt sein soll. Dabei sollten sie jede Woche abwechseln, wer von beiden sich jeweils mehr für die Beachtung der Gemeinschaftszeiten oder der persönlichen Freizeiten zuständig fühlen soll.

Das Streitverhalten eines Paares kann natürlich auch andere Funktionen haben – wie zum Beispiel die Verhandlung des Selbstwerts bei einem oder beiden Partnern, die Festlegung der Rollenverteilung, die Durchsetzung von zwei unterschiedlichen und gegenläufigen impliziten Beziehungsverträgen, die Delegation von Verantwortung, die Wahrung von persönlichen Grenzen und Freiräumen und so weiter. In jedem Fall kann man davon ausgehen, daß nicht umsonst gestritten wird, daß bei chronischen Streits immer wichtige Beziehungsthemen ausgetragen werden, die aber auf der Metaebene als Beziehungsthemen noch nicht erkannt und benannt worden sind, sondern auf der Ebene der persönlichen Anklage bleiben.

So kann sie zu ihm im Zorn sagen: »Du bist beruflich einfach ein Versager!« – und er: »Ich habe mich wirklich bemüht, aber mein Chef hat mich einfach nicht befördert!« Nun kann man in der Paartherapie die persönliche Anklage als »destruktives« Verhalten deklarieren und ein »konstruktives« Verhalten vorschlagen. Zum Beispiel könnte sie sagen lernen: »Ich wünsche mir einfach, daß du beruflich weiterkommst.« Das mag manchmal das Gesprächsklima verbessern, jedoch keinesfalls immer. Wichtig ist mir als systemische Therapeutin, bevor ich irgendwelche Veränderungen vorschlage, mehr über die *Bedeutung* dessen zu erfahren, was ein Paar miteinander austrägt. Welche Gedanken, Gefühle, Wünsche, Beziehungsphantasien und biographische Erfahrungen stehen hinter dem Verhalten und den Äußerungen in einer aktuellen Situation?

Zusammenfassend heißt systemisches Denken also, sich der Relativität der eigenen Perspektive bewußt zu sein und zu versuchen, Metaperspektiven zu entwickeln.

Systemisch therapeutisch zu arbeiten heißt, wechselnde und neue Wahrnehmungsperspektiven für die angesprochenen Klienten in der Therapie inszenieren zu können und damit eine neue Sicht der Beziehung und der Einzelpersonen zu konstruieren. Diese neue Sichtweise sollte Selbstwert-fördernd, partnerschaftlich (beide Partner werden als gleichwertig erachtet) und entwicklungsorientiert sein.

Systemische Grundbegriffe

Wir haben uns zunächst einmal mit dem systemischen Denken grundsätzlich beschäftigt und gehen für den Bereich der Psychologie und Psychotherapie davon aus, daß im systemischen Denken nicht die Einzelperson betrachtet wird, die per definitionem so oder so *ist*. Sondern die Person wird immer als ein sich in bezug auf andere Personen oder Ereignisse *verhaltendes* Individuum angesehen. Einen guten Überblick über die Entwicklung der Familentherapie und später der systematischen Therapie geben Schlippe (1984) und Schlippe und Schweitzer (1996).

Der Schwerpunkt der Betrachtungsweise liegt demnach auf der *Interaktion* von nahen Bezugspersonen. Eine solche Interaktion kann einmalig sein, also nur ein einziges Mal auftreten. Wenn eine Interaktion äußerst selten auftritt, kann sie bedeutungslos sein für eine Therapie oder gerade besonders interessant, *weil* sie so selten ist.

Häufig haben wir es jedoch in der Paartherapie mit wiederkehrenden Interaktionsabläufen zu tun. Um das Wiederkehrende und damit auch das Vorhersagbare zu betonen, nennen wir diese Wiederholungen im gegenseitigen Verhalten eines Paares zueinander »Muster«, so wie die Muster einer fortlaufenden Stoffbahn, einer Tapete oder einer Bordüre. Die wiederkehrenden Interaktionsmuster eines Paares sind im »Hier und Jetzt«

beobachtbar, beziehen sich also auf gegenwärtig sichtbares Verhalten.

Auch in anderen Therapieschulen werden solche »Muster« beschrieben, wie zum Beispiel in der Transaktionsanalyse: Berne (1970) nennt es die »Spiele der Erwachsenen«. Das Paar hat sich tatsächlich aufeinander »eingespielt«, ein Verhalten bedingt das andere und wiederholt sich im Zusammenleben mit einer gewissen Eingefahrenheit und Vorhersagbarkeit. Dieses Aufeinander-Eingespieltsein bezieht sich auf positiv wie negativ erlebte Interaktionsabläufe.

Interaktionsabläufe, mit denen sich beide identifizieren können, werden positiv erlebt. Viele Rollenverteilungen im alltäglichen Zusammenleben gehen »Hand in Hand« und werden daher als harmonisch empfunden. Gegenseitige Bedürfnisse können befriedigt, gegenseitige Erwartungen erfüllt werden. In dem Kriminalroman ›Venedig kann sehr kalt sein‹ von Patricia Highsmith wird folgendes Interaktionsmuster zwischen einem Paar beschrieben, mit dem es seine Lust auf sexuelles Zusammensein zum Ausdruck bringt: Er flüstert ihr ins Ohr: »Wie wär's mit einem Schluck Sekt?« »Manchmal«, heißt es dann, »hat sie Lust und manchmal keine.«

Diese Form von Aufforderung oder Einladung zum Beischlaf stellt bei diesem Paar ein wiederkehrendes, positiv erlebtes Verhaltensmuster dar. Ein negativ erlebtes Verhaltensmuster in Gestalt einer mißglückten Einladung zum ehelichen Beischlaf beschreibt Rosemarie Welter-Enderlin in einem ›Brigitte‹-Interview zu Partnerschaftsproblemen in unserer Gesellschaft: Immer wenn er eine Flasche Wein aufmacht, eine Kerze anzündet und stimmungsvolle Musik auflegt, gehen bei ihr alle Alarmlampen an, da sie sofort richtig seine sexuellen Avancen ahnt und jetzt prompt ihr Bauch- oder Kopfweh bekommt.

Die negativ erlebten Verhaltensmuster, also das, was nicht zur Befriedigung, sondern zum Unglück beider Partner in einer Ehe abläuft, stehen mehr im Licht der Aufmerksamkeit und werden von beiden Partnern wie eine Gefangenschaft erlebt. Solche unbefriedigend ablaufenden Verhaltensmuster werden demnach auch häufig in einer Paartherapie beschrieben und gegenseitig beklagt. Jeder stellt sich dabei allerdings vor, daß der andere doch bitte oder auch gefälligst die eigenen Erwartungen erfüllen möge. Um die »Verstörung« negativer Verhaltensmuster von Paaren geht es auch in dem Buch zur systemischen Paartherapie ›Erstarrte Beziehung – heilendes Chaos‹ von Lenz, Osterhold und Ellebracht (1995).

Unlösbare Konflikte und damit zwanghaft wiederkehrende, für beide unbefriedigende Verhaltensmuster entstehen dadurch, daß der eine über das Verhalten des anderen Kontrolle erreichen möchte. Er kommt vielleicht zwanghaft zu spät, sie regt sich zwanghaft über sein Zuspätkommen auf. Kann sie sein Zuspätkommen verändern, indem sie es beklagt, ihm Vorwürfe macht? Dieser Versuch scheitert in der Regel, da Vorwürfe ein wenig geeignetes Mittel sind, einen anderen Menschen zu einer Verhaltensänderung zu motivieren. Die angesprochene Person ist mehr auf ihre Selbstverteidigung (was auch Trotz sein kann) konzentriert, als daß sie sich offen der Frage stellt: Möchte ich mich selbst in diesem Punkt verändern und wozu?

Die kritisierende Person wiederum sieht ihre Bemühungen um Kontrolle des Partners gescheitert und versucht – nach dem Prinzip »mehr des Gleichen« (vgl. Watzlawick: ›Lösungen‹, 1974) – mit mehr Druck, mit Penetranz und Wiederholung doch noch eine Veränderung zu erreichen. Die Redewendung »Steter Tropfen höhlt den Stein« mag ein solches Unterfangen rechtfertigen. Doch das Gegenteil tritt meist ein: je mehr Druck, um so mehr Widerstand. Auch der Versuch, Bündnispartner zur Untermauerung des eigenen Anliegens zu suchen (»Herr Dr. Soundso hat auch gesagt, du solltest ...«), hat den gleichen Effekt beim kritisierten Partner. Solche gegenseitigen, unbefriedigenden Interaktionsschlaufen verfestigen sich immer mehr und bergen eine eskalierende Dynamik in sich.

Der Versuch, sich gegenseitig zu kontrollieren und zu verändern, folgt der Dynamik der symmetrischen Eskalation, auf die in Teil II, Kapitel 5 noch ausführlich eingegangen wird.

Wiederkehrende Verhaltensmuster im Zusammenleben eines Paares haben aber genauso komplementäre Aspekte. Das können viele Formen von Arbeitsteilung und gegenseitiger Ergänzung sein. Das können aber auch Formen des Zusammenlebens sein, die nicht direkt interaktiv sind. Wenn der Ehemann allabendlich beim Fernsehen ständig die Fernschaltung bedient und von einem Programm zum anderen springt, wobei die Ehefrau daneben sitzt und Socken stopft (sie könnte keinem Film folgen), so handelt es sich hier eindeutig um eine komplementäre Interaktion. Auch wenn beide hier nicht direkt interagieren, so gibt es doch eine stillschweigende Übereinkunft, wie sie zusammen ihre Abende verbringen, die wiederum zusammenpaßt.

Sind bestimmte Verhaltensmuster bei einem Paar über die Jahre wiederkehrend etabliert, sei es nun im positiv bestätigenden, harmonischen und gut funktionierenden Sinn oder im störenden, aufreibenden, krank machenden und dysfunktionalen Sinn, sprechen wir von gegenseitigen *Verhaltensstrukturen*, die sich im Zusammenleben eines Paares langjährig herausgebildet haben. Aus Interaktionsmustern haben sich längerfristige *Beziehungsstrukturen* etabliert:

Muster xy könnte zum Beispiel eine regelmäßig auftretende symmetrische Eskalation in Form eines destruktiven Streitmusters sein: sich gegenseitig laufend Vorwürfe zu machen, immer den anderen anzugreifen, wobei der andere mit noch heftigeren Gegenangriffen reagiert. Im Lauf der Zeit kristallisiert sich dieses Muster (die wiederkehrende Interaktion) zur Struktur und verfestigt sich. Dieses Muster kann zu Persönlichkeitsdeformationen (Niederschlag in der Persönlichkeitsstruktur) und im gleichen Sinn zu chronischen Beziehungsstörungen führen.

Beziehungsstrukturen werden auf einem höheren Abstraktionsniveau beschrieben als konkret beobachtbares kommunikatives Verhalten und Interaktionsmuster. Man verläßt im theoretischen Vokabular die Querschnittsanalyse der interaktionellen Zusammenhänge im »Hier und Jetzt« und begibt sich auf die vertikale Zeitachse, um das Verhalten zweier Personen in seiner *Entwicklung* zu beschreiben. Ich beschäftige mich demnach in der

Paartherapie nicht nur mit der Geschichte der Einzelperson, wie das in den meisten Einzeltherapien der Fall ist, sondern auch mit der Geschichte des Paares und der Entwicklung der Beziehung.

Betrachten wir dazu die Entstehung und die Funktion von bestimmten Beziehungsstrukturen im einzelnen. Hierbei sollen die theoretischen Grundbegriffe verwendet werden, die im Laufe des Buches noch weiter ausgeführt werden.

Die Entwicklung von *symmetrischen* und *komplementären* Beziehungsanteilen spiegelt eine gewisse Dynamik in der gegenseitigen Rollenverteilung und -zuweisung wider. Die Rollen sagen etwas darüber aus, welche Funktion ein Partner für die Paarbeziehung, aber auch für die Familie erfüllt. Es geht hier vor allem darum, was einer für die Beziehung und die Paarbeziehung zu tun und zu leisten hat und auch welche Wertigkeiten in einem System mit der Ausübung gewisser Rollen und Funktionen verbunden werden.

Die *Grenzziehungsprozesse*, die unterschiedliche Gewichtung von persönlicher Autonomie und Einbindung in die (eheliche) Gemeinschaft, sagen etwas darüber aus, in welchem Rahmen bestimmte Aufgaben und Rollen zu erfüllen sind beziehungsweise welche Freiheitsgrade dem einzelnen in einem System wie der Paarbeziehung oder der Ehe zugebilligt werden. Ein System ist dann relativ elastisch, wenn es erlaubt ist, Rollenzuschreibungen zu hinterfragen, über die vorliegenden Rollenbesetzungen zu verhandeln oder auch aus einer Rolle einseitig auszusteigen. Diese Freiheitsgrade sind bekanntlich in den einzelnen Gesellschaftsordnungen sehr unterschiedlich und für die beiden Geschlechter häufig ungleich festgelegt.

Für unsere Gesellschaftsordnung propagieren wir ein Maximum an persönlicher Entwicklung und Freiheit, so daß die *persönliche Autonomie* als Wert groß geschrieben wird. Gleichzeitig können wir die persönliche Autonomie, also die Grenzen der Person, nicht absolut setzen, ansonsten kämen keine persönlichen Bindungen und Paarbildungen mehr zustande. Schließlich fordert jede (Ein-)Bindung immer auch eine gewisse Verbindlichkeit und einen Tribut an persönlicher Freiheit, um dafür etwas anderes zu gewinnen: den Austausch, die Bereicherung und Ergänzung sowie die Verläßlichkeit im Zusammenleben mit einer anderen Person.

Wird die persönliche Autonomie aber zu klein geschrieben – sei es, daß einer sie selbst aufgibt oder sie dem anderen nicht mehr läßt –, kann man von *symbiotischen* Beziehungsstrukturen oder auch von Machtstrukturen sprechen.

Nun mag es so erscheinen, als ob Interaktionsmuster und Beziehungsstrukturen etwas Statisches darstellen, etwas, das einfach so da ist oder so geworden ist. Als hätten wir es mit der statischen Abbildung einer Beziehung zu tun, quasi mit einem Bild, einer Zeichnung, einer Fotografie. Dem ist aber nicht so. Eine Beziehung ist etwas Lebendiges, etwas, das ständig in Bewegung ist. Jedes Verhalten im Rahmen einer Paarbeziehung ist daher eine Bewegung bezogen auf den anderen und das Ganze, und die Veränderung des anderen und des Ganzen wirkt zurück auf das Verhalten des einzelnen.

Die Bewegungen, die Entwicklung und die Dynamik innerhalb einer Paarbeziehung können wir nur mit einer weiteren theoretischen Größe beschreiben und verstehen: der *Funktion* oder auch dem *Sinn*.

Grundsätzlich können wir im systemischen Denken und Wahrnehmen feststellen: Jedes Verhalten des einzelnen, jedes beschreib- und beobachtbare Interaktionsmuster und jede gewachsene Beziehungsstruktur innerhalb einer Paarbeziehung hat eine Funktion. Diese Funktionen beziehen sich auf die Aufrechterhaltung und Förderung der Person, der Paarbeziehung und der Familie.

Wenn ein Mann nach einem kräftigen Ehestreit in der Garage vor sich hin flucht, so mag dieses Verhalten weniger der Paarbeziehung dienen als der Entlastung und Bestätigung seiner Person. Wenn er dagegen am nächsten Tag seine Frau mit Blumen überrascht, kann man dies eindeutig als ein Verhalten begreifen, das die Beziehung zur Ehefrau bestätigen und fördern soll.

Wenn *sie* dagegen nach diesem Streit einen Teller an die Wand wirft, dient auch dies mehr der emotionalen Bereinigung ihrer Person, wirft sie aber den Teller dem Mann an den Kopf, kann schon von einem Machtkampf oder persönlichen Überlebenskampf gesprochen werden. Wenn sie sich ihm sexuell lustlos hingibt, dient dieses Verhalten mehr der Aufrechterhaltung und Befriedung der Paarbeziehung als dem persönlichen Vergnügen. Steht sie frühmorgens auf, um die Kinder für die Schule zu versorgen, und er nachts, um das Baby zu beruhigen, können diese Verhaltensweisen beider Eltern als Dienst an der Familie verstanden werden.

Jedes auch noch so »unsinnig« erscheinende Verhalten hat daher im systemischen Sinn eine Funktion.

Nicht jedes Verhalten im Rahmen einer Paarbeziehung ist kongruent, was persönliche Bedürfnisse, Förderung der Paarbeziehung und Versorgung der Familie anbelangt. Je höher die Kongruenz (Überlappung mehrerer Funktionsebenen), um so konfliktfreier wird ein Verhalten vom einzelnen, aber auch vom Partner angesehen.

Virginia Satir, die Begründerin der entwicklungsorientierten Richtung in der Familientherapie, hat zu diesem Thema ein sogenanntes »Hüte-Modell« entwickelt. Das Modell geht davon aus, daß beide Eltern in einer Familie einen »Ich-Hut«, einen »Paar-Hut« (Mann/Frau) und einen »Eltern-Hut« (Vater/Mutter) tragen. Satir sagt nun, daß eine Familie nur gut funktionieren kann und die darin lebenden Personen glücklich und zufrieden sein können, wenn diese drei Hüte zwischen den Partnern eine ausgewogene Balance finden und jeder alle drei Hüte (und nicht nur einen oder zwei) tragen darf. (s. auch Hennig 1990)

Das Paarsystem hat aber nicht nur eine Funktion für den einzelnen und für die Familie, sondern auch für die Gesellschaft. Vom gesellschaftlichen Standpunkt aus ist das Paarsystem zuständig für Nähe und Geborgenheit der erwachsenen Personen untereinander, für die Fortpflanzung und die Familiengründung, für die sexuelle Erfüllung und für die wirtschaftliche Versorgung der Partner untereinander und der gemeinsamen Kinder.

Vergleichen wir damit einmal die Funktionen, die ein Arbeitsteam oder ein Freundespaar zu erfüllen haben: Wie zahlreicher, komplexer, umfassender und länger dauernder sind die Anforderungen, die an eine Paarbeziehung gerichtet werden! Bei solch mehrfachen und komplexen Funktionen, die Paare heute gesellschaftlich, familiär und individuell bedingt zu erfüllen haben, ist die Gefahr des ganzen oder teilweisen Scheiterns naheliegend. Spiegelbildlich aber intensiviert sich das Gefühl von Zufriedenheit, Glück und Zusammengehörigkeit, wenn ein Paar sich gegenseitig in grundsätzlichen Erwartungen bestätigen kann.

Struktur und Wandel

Wir haben gehört, daß symmetrische und komplementäre Interaktionsmuster zu symmetrischen und komplementären Interaktionsstrukturen werden können, sich also über die Zeit verfestigen. Die Interaktionen im einzelnen, ebenso wie die sich herauskristallisierenden Interaktionsstrukturen über längere Zeit (zum Beispiel eine bestimmte Rollenverteilung), sind, wie schon erwähnt, immer in einem gewissen Sinn funktional. In der Regel führen nur massive Krisen dazu, daß eine einmal etablierte Beziehungsstruktur in Frage gestellt und erschüttert wird. Diese Krisen können durch äußere Ereignisse wie die Arbeitslosigkeit eines Partners, die Geburt von Kindern, Umzüge, aber auch durch ungleiche persönliche Entwicklungen beider Partner evoziert werden, was bedingt, daß das Gesamtgefüge der Beziehungs- und Rollengestaltung nicht mehr stimmt, also nicht oder nicht mehr kongruent ist und der Förderung der Person, der Paarbeziehung und der Familie dient.

Sind die Prozesse für die Entwicklung einer Person innerhalb einer Paarbeziehung unglücklich und ungünstig abgelaufen, ist also beispielsweise viel persönliche Freiheit geopfert worden, ohne das Gefühl zu haben, in der Paarbeziehung bereichert, bestätigt und geschützt zu sein – welchen Sinn soll also noch die Auflösung im *Wir* haben, wenn das *Ich* nicht gut versorgt ist? Und weitergehend in bezug auf Störungen im Bereich von Symmetrie und Komplementarität: Welchen Sinn soll es haben, eine bestimmte Rolle in der Paarbeziehung einzunehmen, mit der man sich früher oder später gar nicht mehr identifizieren kann? Kann die Paarbeziehung nur mit diesen Rollenverteilungen weitergeführt werden, oder ist eine Neudefinition und -verhandlung der Rollen möglich?

Ansonsten folgt die Entwicklung von Beziehungsstrukturen dem Gesetz der Gewöhnung (eine Art psychische Schwerkraft), das heißt, was sich langjährig eingespielt hat, was vertraut ist – seien es destruktive oder konstruktive Umgangsformen –, setzt sich auch leichter gegen andere Impulse durch. Dennoch gibt es wohl keine Beziehung, die vollkommen statisch und unveränderlich ist. Allein die Veränderungen im Verlauf der verschiedenen Familienphasen, das persönliche Älterwerden und die gesellschaftlichen Veränderungen sind Herausforderungen, die nach einer Antwort verlangen.

Auch die Grenzziehungsprozesse unterliegen einer Dynamik der laufenden Veränderung; so müssen zum Beispiel in den verschiedenen Familienphasen die Grenzen innerhalb und um die Familie herum immer wieder neu bestimmt und den veränderten Bedingungen gegenüber angepaßt werden (dazu ausführlicher in Teil III, Kapitel 8).

Die stärkste Veränderung erlebt ein Paar in bezug auf die Neudefinition der Grenzen, wenn das erste Kind kommt: Die Intimität und Vorrangstellung der Dyade wird aufgebrochen zugunsten der Triade, und gleichzeitig werden innerhalb der Paar-Dyade die Rollen neu verteilt. Genauso kann eine Krise in Gestalt von psychischen oder psychosomatischen Symptomen anzeigen, daß die Beziehung »nicht mehr stimmt«, daß also ein Wandel in den Beziehungsstrukturen erfolgen sollte, möglicherweise in der Form, daß über Rollen und Wertigkeiten, über persönliche Freiräume und Verantwortung wie auch über Verbindlichkeiten und Verläßlichkeiten neu verhandelt werden muß und so neue Beziehungsformen gesucht werden, mit denen sich beide wieder identifizieren können.

Ob ein Paar diese Krisen mit oder ohne Therapie bewältigen kann, sei an dieser Stelle dahingestellt. Eine Paartherapie leistet nichts anderes, als Hilfestellungen zur Bewältigung der notwendigen Krisen zu geben. Die Bewältigung der Krisen setzt so oder so eine gewisse Elastizität und die Bereitschaft, sowohl sich wie den anderen sehen zu lernen, voraus.

Teil I:

Wie zwei sich eine Paarbeziehung vorstellen

Kapitel 1:

Der gesellschaftliche Kontext – zeitgenössische Ideologien über Liebe, Ehe und Partnerschaft

Die phantastische Liebesehe oder Die immer wieder neu verliebten Autonomen

> Und der Prinz führte seine Prinzessin heim auf das Schloß, und dort lebten sie glücklich und zufrieden bis an ihr Lebensende.
> Was geschah sonst noch?
>
> (Wolf Wondratschek)

Die gesellschaftlichen Ideologien über Liebe, Sexualität und Ehe haben sich im Laufe der Geschichte immer wieder verändert und können als Teil der Ideenwelt, als Bewußtsein verstanden werden, das die gesellschaftlichen (wirtschaftlichen und sozialen) Verhältnisse einer Epoche widerspiegelt und innerhalb dieses gesellschaftlichen Systems funktional ist.

Wir wissen heute so gut wie die Menschen früherer Epochen, daß Liebe, Ehe und Sexualität verschiedene Dinge sind. Was uns aber von den Menschen früherer Epochen unterscheidet, ist, daß wir in einem bisher nicht gekannten Maße ideologisch die Kongruenz von Liebe, Ehe und Sexualität fordern. Das heißt, in unserem Jahrhundert sind »Liebesehen« zur sozialen und ideellen Norm geworden, was für vorangegangene Jahrhunderte und Jahrtausende nicht behauptet werden kann. Vielmehr wurde in früheren Kulturen der Aspekt der Liebe immer wieder betont von der Ehe getrennt und im Konfliktfall der Stiftung und

Erhaltung der Ehe der Vorrang eingeräumt, während dies heute umgekehrt ist. Die Ehe hatte in allen Kulturen, die das Privateigentum als tragende Wirtschaftsform kultivierten und vererbten, in erster Linie eine wirtschaftliche Funktion: zur Verwaltung und Vermehrung des Familienbesitzes in der männlichen Erbfolge und zur Sicherung einer entsprechenden Nachkommenschaft. Die Liebe, oder besser gesagt die Verliebtheit, als Kriterium der Partnerwahl, möglicherweise noch über alle Standesgrenzen hinweg, hätte eine Verteilung von Besitzständen zur Folge gehabt, was den Grundbausteinen einer patriarchalisch organisierten Gesellschaft keinesfalls entsprochen hätte. Dennoch hat es Liebesbeziehungen (erlaubte und unerlaubte) zwischen den Geschlechtern wohl zu allen Zeiten gegeben.

Die Liebe als romantisches Beziehungsideal in der Beziehung zwischen den Geschlechtern wurde erst mit der Entstehung des Bürgertums im 18. Jahrhundert kultiviert. Die Liebe zwischen Mann und Frau wurde zu einer implosiven und explosiven Kraft, die sich auf die Gestaltung der eigenen Lebensmöglichkeiten auswirkte. Während in der mittelalterlichen Feudalgesellschaft die Grenzen des persönlichen Lebens eng gesteckt und ideologisch »gottgewollt« waren, machte sich seit der Neuzeit der Mensch ideologisch auf die Suche nach persönlichen Entfaltungsmöglichkeiten und Freiheiten. Der Mensch erkannte seine Entwicklungs-, Gestaltungs- und Wahlmöglichkeiten nicht nur in bezug auf die Entwicklung von Technik, Wissenschaft und Industrie, sondern auch in bezug auf die Wahl seiner Bezugspersonen und die Gestaltung eines persönlichen Lebensstils. Individualismus und Freiheit waren als Werthaltungen geboren.

Daraus entstanden weitere Werthaltungen, die mit der Entstehung des Bürgertums und einer bürgerlichen Lebenskultur einhergingen: Kindheit, Familienkultur (zum Beispiel Weihnachtsrituale), Bildung, persönliche Integrität und vor allem: Liebe als romantisches Beziehungsideal – sowohl in ihrer gezähmten, salonmäßigen, erwünschten wie auch ihrer grenzüberschreitenden, leidenschaftlichen, verzehrenden und unbotmäßigen Form. Gerade letztere wurde in vielen großen Romanen dieser Zeit ausgestaltet, in der Regel mit der Tragik einer unerfüllten, unmöglichen Liebe. Solch große Liebesdramen im Rahmen eines Ehebruches finden sich bei Fontanes ›Effi Briest‹ und Tolstois ›Anna Karenina‹. Die Behinderung Liebender durch starre Standesgrenzen wird in ›Kabale und Liebe‹ von Friedrich Schiller angeprangert.

All diese Liebesdramen kritisieren indirekt gesellschaftliche Verhältnisse: bei Tolstoi und Fontane den bürgerlichen goldenen Ehekäfig, der die Frau unterdrückt und erdrückt und die Männer an ihrem Machtanspruch und ihrer gekränkten Ehre sterben läßt (zum Beispiel im Duell), und bei Schiller die Undurchlässigkeit der gesellschaftlichen Stände.

Das klassische Liebesdrama ›Romeo und Julia‹ von Shakespeare greift ebenfalls die unmögliche Liebe auf, jedoch nicht mit Blick auf eine Kritik der Gesellschaft. Hier verhindern zwei verfeindete Familien, daß ihre Kinder zusammenkommen können. Das Drama, könnte man sagen, spielt sich auf der Ebene einer Privatfehde im Ausgang des 16. Jahrhunderts ab. Dennoch ist interessant, daß genau dieses Thema über das 19. und 20. Jahrhundert eine solche Publizität erreicht hat.

Die Liebe, wie sie im Bürgertum als Ideal gesucht und verehrt wurde, hat also verschiedene Implikationen: Der Wunsch, ungehindert über Standes- und Ehegrenzen hinweg einer großen Leidenschaft nachgehen zu können, beinhaltet auch politischen und moralischen Zündstoff. Die Losung der bürgerlichen Revolution in Frankreich »Freiheit, Gleichheit, Brüderlichkeit« konnte nicht ohne Auswirkungen auf die Beziehung zwischen den Geschlechtern bleiben, vor allem, was die Einhaltung starrer Standesgrenzen anbelangt. Dennoch waren die Literaten selbst Mitglieder des Bürger- oder des Kleinbürgertums und über weite Strecken mit der Moral eben dieses Bürgertums identifiziert und ökonomisch von ihm abhängig.

Eine unglückliche Liebe konnte also sowohl revolutionäre Impulse (im Sinne von aggressiven Impulsen) fördern, die eine bestehende Ordnung attackierten – so vielleicht am deutlichsten bei ›Kabale und Liebe‹, aber auch depressive, eher selbstzerstörerische Impulse fördern wie bei Goethes ›Werther‹ oder bei Hölderlin.

Ich erwähne die bürgerlichen Liebesideologien in besonderem Maße, da sie immer noch Leitvorstellungen unserer heutigen Liebesvorstellungen sind, und zwar sowohl was den Charakter als auch die Intensität der Liebesbeziehung anbelangt. Die Liebesideologien des 19. Jahrhunderts haben sich in unserer Zeit als Liebesideal bemerkenswert gehalten, obwohl uns heute viel weniger als damals Standes- und Ehegrenzen davon abhalten können, in einer Liebesbeziehung zusammenzukommen.

Auch heute werden in Filmen immer wieder Liebesdramen inszeniert, so in ›Love-Story‹, ›Jenseits von Afrika‹ und ›Herr der Gezeiten‹. Auch hier liegt die Tragik und die Dramatik wieder im Trennenden, was Liebende hindert, zueinander zu kommen: sei es eine tödliche Erkrankung, eine übermäßige Freiheitsliebe des einen oder bei einem verheirateten Liebespartner die Loyalität der Ehefrau und den Kindern gegenüber, die den Verzicht auf eine außereheliche Liebe nahelegen.

Ich möchte jedoch die These aufstellen, daß die Liebesideen unserer Zeit eine andere Funktion haben als jene des vergangenen Jahrhunderts. Wir haben einfach sonst nicht mehr viel, woran wir glauben können. Die Liebe ist zu einer Ersatzreligion geworden. Sie hat immer noch den Charakter des Phantastischen, ist das, was unser Leben erhöht, ihm Sinn und Transzendenz gibt. Gerade wenn Liebende nicht zusammenkommen – wobei sie früher mehr von außen gehindert wurden und heute manchmal selbst entscheiden, ihren Liebestraum als Traum bestehen zu lassen und ihn nicht mit den Niederungen des Alltags zu belasten (so in der Romanverfilmung ›Die Brücken am Fluß‹) –, zeigt sich das Ideal der Liebe als Verschmelzung zweier Menschen zu einer konfliktfreien Einheit in seiner Vollendung. Mit diesen Liebesträumen haben wir es demnach immer noch zu tun. Gerade das Medium Film zeigt uns, wie außerordentlich populär diese Liebesträume für uns in unserer Gesellschaft sind.

Die ungelebte »große Liebe« ist dabei das eine Ideal, die gelebte große Liebe das andere.

Wir müssen uns daher mehr als die Menschen des vergangenen Jahrhunderts damit auseinandersetzen, was passiert, wenn Liebende tatsächlich zusammenkommen: Ist die Liebe nur groß in der Sehnsucht, im Unerfüllten?

Da wir heute viel stärker als frühere Epochen die Kongruenz von Liebe und Ehe fordern, sind wir auch vor die Frage gestellt, wie die Liebe sich im Ehe-Alltag erhalten soll.

Liebesideologien der industriellen postmodernen Gesellschaft – eine kritische Auseinandersetzung

Was sind nun die derzeitigen Ideologien zu Liebe und Ehe in unserer Gesellschaft? Jellouschek (1988) beschreibt sie wie folgt:
1. Liebe ist entweder etwas, was da ist oder nicht da ist.
2. Die Geschlechterliebe ist ein Zustand der Verschmelzung, und dies als Dauerzustand.
3. Die Geschlechterliebe ist der Inbegriff menschlicher Glückserfüllung.
4. Für mein ganzes Bedürfnis nach Nähe und Intimität ist allein mein Partner zuständig.
5. Das wichtigste in der ehelichen Liebe sind Erotik und Sexualität und daß man Vergnügen und Spaß miteinander hat.
6. Die Autonomie des einzelnen darf in einer Beziehung nicht angetastet werden.
7. Die Liebe zwischen den Geschlechtern wird durch Verbindlichkeit, Festlegungen und Institutionalisierung zerstört.

Aus meiner Sicht liegt diesen verschiedenen Ideologien eine Leitideologie über Liebe und Ehe zugrunde, die besagt, daß das Glück in der Paarbeziehung der Inbegriff des persönlichen Glücks überhaupt sei. Vergleichsweise wird der Wert der Freundschaft, der gelungenen Eltern-Kind-Beziehung oder der Zugehörigkeit zu einer Gruppe wesentlich geringer gehandelt.

Möglicherweise hängt dies mit der Implikation zusammen, daß man, wie jeder weiß, für das Gelingen all dieser genannten anderen Beziehungen auch selbst etwas beitragen muß. Demgegenüber ist das Glück in der Paarbeziehung nach der gängigen Ideologie etwas, das einfach da ist (oder fehlt).

Die Glückserwartungen an heutige Paarbeziehungen sind so hoch wie auch zahlreich. Sie beziehen sich auf eine erfüllte Sexualität, auf eine spannende Freizeitgestaltung, auf den beruflichen Erfolg eines Partners oder auch beider Partner, auf Kinder, die wie im Paradies aufwachsen sollen.

Die persönliche Glückserfüllung in der Zweierbeziehung ist ein Wunsch- und Leitbild, mit dem sich die meisten Menschen in unserer Gesellschaft identifizieren. Nach einer repräsentativen Umfrage des Deutschen Institutes für Wirtschaftsforschung (1993) ist für die Mehrheit der gesamtdeutschen Bevölkerung eine »glückliche Paarbeziehung« der zweithöchste Wert nach »Gesundheit«. Was die befragten Personen unter einer »glücklichen Paarbeziehung« verstanden haben, wissen wir nicht. Dies wäre eine eigene Untersuchung wert. Ich möchte jedoch an dieser Stelle wiedergeben, wie in vielfach propagierten Klischeevorstellungen »glückliche Paare« aussehen:

Es handelt sich um naive Glücksvorstellungen, die in großem Maßstab durch die Massenmedien, vor allem durch Film, Werbung und Belletristik, verbreitet werden. Die vorgestellten glücklichen Paare haben dabei folgende Merkmale: Sie sind jung, verliebt und spontan. Sie sind ideenreich und scheuen nicht das Abenteuer. Sie sind natürlich immer gesund; sie sehen gut aus und haben meist gute Laune. Die Belastungen ihres Berufes halten sich in Grenzen, finanzielle Nöte gibt es so gut wie gar nicht. Konflikte dagegen sind denkbar, aber sie werden spielend gelöst (in der Regel dadurch, daß einer seine »Fehler« einsieht und wie ein reumütiges Schaf zur guten Beziehung zurückkehrt). Falls Kinder auftauchen, sind sie quicklebendig, schön und reizend, manchmal auch frühreif und tiefsinnig (jedenfalls gehen sie gleich zu Bett, wenn man es ihnen sagt). Mittlerweile gibt es im Fernsehen und auch im Kino mehr Liebespaare in mittleren

Lebensjahren, sogar Liebespaare der Großelterngeneration. Das mag ein Hinweis dafür sein, daß wir ideologisch gesehen nicht nur *eine* schöne große Liebe in unserer Jugend erleben wollen, sondern auch in fortgeschrittenen Jahren der Liebe noch frönen wollen.

Bemerkenswert an diesen neuen Glücksideologien ist im Gegensatz zu denen früherer Generationen, daß die Verliebtheit nicht mehr als Phase im Leben verstanden wird, insbesondere in der Zeit der Werbung, die der Paarbildung vorausgeht, sondern daß Verliebtheit als Dauerzustand propagiert wird. Die Paarbeziehung wird nicht mehr als etwas angesehen, das verschiedene Phasen durchläuft, in erster Linie bezogen auf den Familienzyklus. Damit würden auch die Besonderheiten und die spezifischen Herausforderungen der einzelnen Phasen gewürdigt; vielmehr werden die Phasen der Paarbeziehung negiert, wie überhaupt die Dimension der Zeit negiert wird – denn diese »glücklichen« Paare werden ja nie alt – und wenn sie älter werden, bleiben sie jung –, und sie werden erst recht nicht krank. Die Paarbeziehung wird, wie gesagt, in der Regel nicht mehr im Kontext der Familienphasen gesehen, so wie die Familie insgesamt als konkrete Lebensform in unserer Gesellschaft an Bedeutung verloren hat.

Gleichzeitig wird die Familie verherrlicht und idealisiert wie nie zuvor! Wie viele Menschen preisen die Familie, die selbst keine haben (zum Beispiel unsere katholischen Bischöfe), wie viele Alleinstehende träumen von einer Familie und sind doch weit davon entfernt, sie als Lebensform zu praktizieren? Der normalen Kernfamilie haftet also immer mehr etwas Irreales an. Über 35 Prozent der Menschen in unserer Gesellschaft leben allein, in Großstädten fast 50 Prozent. Vielleicht wird das Paar in der Ideologiebildung deshalb seiner Familienfunktionen immer mehr entledigt. Das Paar wird als Einheit absolut gesetzt, und die Verliebtheit wird als Zustand, als Phase im langen Zusammenwachsen eines Paares, ebenso absolut gesetzt.

Das Spiel heißt nicht mehr: verliebt, verlobt, verheiratet und dann eins bis sechs Kinder, sondern es heißt: verliebt, verliebt und nochmals verliebt. Oder es heißt auch: verliebt, verlobt, verheiratet (ein Kind) und dann wieder von vorne.

Heute führen die meisten Menschen mehrere Paarbeziehungen hintereinander, sei es nun mit oder ohne Familiengründung. Dies unterscheidet unsere Generation im Erleben und Gestalten von Paarbeziehungen wesentlich von der Generation unserer Eltern. Unsere Eltern hatten in ihrem Leben in der Regel eine oder manchmal zwei Paarbeziehungen (falls ein Partner während der Verlobungszeit oder während der Ehe verstarb). Wir haben als Generation durchschnittlich drei und mehr Paarbildungen, wenn man die Paarbeziehungen der adoleszenten Phase mit einschließt. In der soziologischen Terminologie nennt man dies »serielle Monogamie«.

Wir sind als Generation darauf eingestellt, wiederkehrendes und anhaltendes Glück und damit auch neues Glück in einer neuen Beziehung zu suchen. Genauso beschäftigt sich viel populärwissenschaftliche psychologische Literatur mit der Frage, wie das Glück in einer bestehenden Paarbeziehung erhalten und neu belebt werden kann.

Die Frage stellt sich nun: Was ist schlecht an diesen ideologischen Leitvorstellungen, die das zu erwartende Glück in der Paarbeziehung so sehr betonen? Was wirkt sich letztlich destruktiv auf das reale Zusammenleben von Paaren aus?

Schlecht daran ist, daß sich die Paare, die zusammenleben wollen, in ihren Erwartungen nach Glück und Befriedigung in der Partnerschaft gegenseitig überfordern, daß sie sich zwangsläufig Enttäuschungen holen müssen, die sie aber nicht den falschen Ideologien, sondern den Unvollkommenheiten des Partners anlasten.

Falsch ist auch, daß zwar eine hohe Glückserwartung genährt wird, daß aber wenig Kenntnisse und Bilder vermittelt werden, was der einzelne zu seinem Glück tatsächlich beitragen kann. In diesen Glücksklischees geht ja immer alles von allein.

Falsch ist auch, daß Alter und Krankheit als Dimension des menschlichen Lebens und auch als Dimension menschlichen Leids, das zu bewältigen ist, ausgespart werden.

> *Der fürsorgliche Aspekt der Liebe fehlt in der modernen Ideologiebildung. Die Vorstellungen von der Liebe sind narzißtisch geprägt: Ich bewundere den anderen, um wieder bewundert zu werden.*

Die »unrealistischen Erwartungen« zu dezimieren ist daher eine der grundlegenden Aufgaben in der Paartherapie. Es gibt hierfür ein reichhaltiges Methodenrepertoire aus den kognitiven Richtungen der Verhaltenstherapie und der Paartherapie (Beck 1976, Meichenbaum 1977, Ellis 1966, 1976, Sager 1976).

Dennoch sollte die Zweierbeziehung nicht über Gebühr versachlicht werden, schließlich ist sie auch nach meinem kritischen Verständnis eine Beziehung, die primär von Liebe motiviert sein soll, die per definitionem Unwegsamkeiten enthält und sich unserer persönlichen Kontrolle und Vorhersagbarkeit entzieht. Nichtsdestotrotz gibt es mehr oder weniger lebbare und gereifte Modelle einer Liebesbeziehung. Das Denken über die eigene Person und über die Beziehung (wie sie ist und wie sie sein sollte) hat dabei einen unbestreitbaren Einfluß auf die Gestaltung und den Verlauf dieser Beziehung. Als Paartherapeuten können wir daher destruktive von konstruktiven Grundeinstellungen unterscheiden, was eine wichtige Orientierungshilfe ist für die Paare, die eine Paartherapie suchen.

Ellis und Harper (1961) erarbeiteten folgende Punkte, die glückliche von gestörten Beziehungen unterscheiden:

Erwartungshaltungen bei gestörten Beziehungen:
- total geliebt zu werden;
- in jeder Hinsicht anerkannt zu werden;
- Fehler des anderen nicht ertragen zu können;
- nicht streiten zu dürfen;
- daß die Beziehung ewig dauern muß.

Epstein & Eidelsohn (1981) ergänzen:
- zu ahnen, was der andere will;
- unfähig zu sein, die Beziehung zu ändern.

Wie ist es zu erklären, daß es in unserer Zeit und unserer Gesellschaft zu derart überhöhten, unrealistischen (kleinkindhaft symbiotisch anmutenden) Ansprüchen an eine Paarbeziehung kommt? An dieser Stelle sei noch einmal Jellouschek (1988) erwähnt: Als entscheidende Faktoren nennt er die verringerten wirtschaftlichen Zwänge, die eine Familie heute zusammenhalten, wodurch das Maß an persönlicher Befriedigung zum dominanten Faktor für die Aufrechterhaltung einer Zweierbeziehung wird. Gleichzeitig erleben wir aber auch einen »Sinnverlust« durch die Lockerung religiös geprägter Werthaltungen, erfahren Transzendenz nur mehr in der körperlichen Liebe.

Dem möchte ich noch eine persönliche These anfügen:

In der fortschreitend technisierten Gesellschaft nimmt die Leistungsfähigkeit und auch die Leistungsbereitschaft gigantische Ausmaße an (man sehe sich allein die Stundenpläne heutiger Gymnasialschüler an!). Es wird auch zunehmend die Vorstellung genährt, daß Karriere machbar, planbar ist. Der berufliche Erfolg folgt einer zwingenden Logik, zumindest im subjektiven Bewußtsein vieler Berufstätiger, aber auch junger Menschen, die sich noch in der Ausbildung befinden. In einem Interview sagte die Managerin einer Computerfirma (die allerdings bevorzugt Frauen einstellte) in bezug auf den Umgang mit ihren Angestellten: »Ein Fehler ist ein Fehler! Darüber gibt es nichts zu diskutieren!«

Auf der anderen Seite, die Verwirrung, die vielen Fragen, die Menschen in ihrem persönlichen Leben haben, die auch den Psychotherapeuten jeglicher Couleur starken Zulauf bringen. Neben der scheinbaren Ordnung des Berufslebens steht das Chaos der persönlichen Beziehungen. Dazu möchte ich Peter Handke zitieren:

»Wie also soll man leben? Wie miteinander leben? Wie einander und sich selbst ein Bedürfnis sein? Wie falsche Bedürfnisse durchschauen? Wie echte Bedürfnisse erkennen? Wie die Schmerzen so im Gleichgewicht halten, daß sie notwendig zur Entstehung der Freude gehören? Und wie die Freude so im Gleichgewicht halten, daß sie nicht übermäßig schmerzhaft wird? Und wie Schmerzen und Freude so im Gleichgewicht halten, daß sie nicht beide die Gedanken verhindern? Und wie die Gedanken so im Gleichgewicht halten, daß sie gerade so schmerzhaft sind, daß man sich an ihnen gerade so freuen kann, daß man weiterdenken möchte? Wie soll man leben?« (Handke 1971)

Wenn der Beruf also immer größere Tribute fordert, was die persönliche Belastungsfähigkeit und Leistungsbereitschaft anbelangt, ist es nicht verwunderlich, daß viele Menschen in ihrem Privatleben nach einer Kompensation suchen. Neben einer überbordenden Freizeitkultur und den entsprechenden Glückserwartungen auch in diesem Bereich bieten sich vor allem die Paarbeziehungen als Erfüllungsort von Glücksphantasien und Ausgleichsfeld für die Mangelerlebnisse an, die jeder über den Tag oder die Woche erlitten hat. In gleichem Maße gilt die Paarbeziehung als Ort der Regression, der einen Gegenpol zu den Leistungsanforderungen des Berufs darstellen soll. Hierbei treffen dann häufig gegenläufige Erwartungen aufeinander, denn jeder der beiden Partner erwartet, daß der andere ihm jetzt sein Ruhekissen bereite, daß der andere auf ihn eingehe und ihm nicht neue Belastungen zumute. Diese Konfliktkonstellation verschärft sich in der Regel drastisch, sobald Kinder da sind und die »Familienarbeit« keineswegs am Abend oder am Wochenende stillsteht.

Zurück aber zu den beschriebenen Leitbildern für das persönliche Glück in der Zweierbeziehung: Was mich stört, ist die Einseitigkeit, die mangelhafte Polarität, die sich in diesen Leitbildern spiegelt. Es sind letztlich erstarrte Klischees. Daher wirken sie auch künstlich und unlebendig, bei aller Lebendigkeit, die sie suggerieren wollen. Was in diesen Leitbildern fehlt, sind die Spannungspole des Lebens, zwischen denen wir uns bewegen und anhand derer wir in dialektischer Weise unsere persönliche Entwicklung, aber auch die Entwicklung einer Partnerschaft gestalten und voranbringen können.

Solche Gegensatzpole können zum Beispiel sein:
– Nähe und Distanz;

- Selbstbezogenheit und Altruismus;
- Bewahrung und Veränderung;
- Geben und Nehmen;
- Individualität und Gemeinsamkeit;
- Friedfertigkeit und Kampfbereitschaft.

All diese Gegensatzpaare beinhalten Dimensionen partnerschaftlicher Auseinandersetzungen und Spannungen zwischen zwei Menschen, die nah zusammenleben. Sie betreffen die emotionale, die kognitive und die Verhaltensebene.

Ich komme jetzt zu einem weiteren Punkt, der mir für die moderne Ideologiebildung in unserer Gesellschaft wesentlich erscheint. Es werden zwei Ideale postuliert, die sich überwiegend gegenseitig ausschließen: auf der einen Seite Selbstbestimmung und Autonomie – auf der anderen Seite symbiotische Verliebtheit als substantielles und wiederkehrendes Lebensgefühl, als Kultgegenstand. Viele Paare in unserer Gesellschaft versuchen dieses Problem zu lösen, indem sie Wochenendbeziehungen führen (was in der Regel nur eine begrenzte Zeit hält), oder indem sie in zwei verschiedenen Wohnungen leben (vgl. hierzu Hoffmann-Novotny 1991, der sich mit dem soziologisch formulierten Phänomen des »living apart together« auseinandersetzt; vgl. ebenso Buchholz 1991).

Meiner Meinung nach wird das »living apart together« der Herausforderung in unserer Gesellschaft, eine stabile Zweierbeziehung zu leben, die auch noch Raum für persönliche Entwicklungen läßt, aber nur teilweise gerecht. Damit möchte ich nicht sagen, daß diese äußeren Bedingungen nicht manchmal sinnvoll und für eine Beziehung durchaus passend sein können. Aber in der Gestaltung der äußeren Rahmenbedingungen allein die Lösung des Problems sehen zu wollen greift zu kurz. Die Integration der beschriebenen Gegensätze, die Entwicklung bedeuten und möglich machen, muß dennoch stattfinden, intrapsychisch wie auch interaktionell.

Die Autonomieforderung unserer Gesellschaft ist ein Ausdruck der wachsenden Mobilität, der flexiblen Verfügbarkeit von

Arbeitskraft. Wer hat nicht schon Zeitungsanzeigen der Art gelesen: »Wir suchen junge Leute, flexibel, unabhängig«? Aber auch bei hochqualifizierten Arbeitskräften ist gerade die Bereitschaft zur Mobilität eine wichtige Voraussetzung, um sich auf dem Arbeitsmarkt behaupten zu können. Autonomie hat also viel mit sozialer und arbeitsmarktgerechter Flexibilität und Anpassungsfähigkeit an unsere gesellschaftlichen Bedingungen zu tun. Der einzelne muß sich flexibel und »autonom« aus seinem Familienverband herauslösen können und eine eigene Existenz führen können. Die Autonomieforderung hat demnach einen wirtschaftlichen Aspekt, darüber hinaus aber einen motorischen und einen psychologischen (psychosozialen) Aspekt.

In feudal strukturierten Gesellschaften, die den Zusammenhalt und die gegenseitigen Versorgungsfunktionen der Großfamilie und des Familienverbandes betonen (wie zum Beispiel noch im heutigen Indien), ist Autonomie für das Gros der Bevölkerung kein erstrebenswerter Wert. Autonomie wird dann zu einem Wert, wenn ein Individuum sich aus seinem Familienverband lösen möchte oder lösen muß, um in einem größeren gesellschaftlichen Rahmen seinen Platz zu finden.

Die gesamten Ideologien des Individualismus, der persönlichen Freiheit und Selbstbestimmung wie auch der Emanzipation der Frauen beinhalten die Autonomieforderung. Die äußere (räumliche, wirtschaftliche) Ablösung von der Herkunftsfamilie wie auch die »innere« Autonomie (vgl. Kast 1985), die innere Lösung der familiären Bindungen (welche die freie Entfaltung und Entwicklung des erwachsenen Individuums negativ beeinflussen und behindern), sind heute wesentliche Bestandteile der Ideologiebildung auch in der Psychotherapie – besonders der Psychotherapien analytischer Prägung, der humanistischen Therapien und der entwicklungsorientierten Familientherapie.

Autonomie ist daher unter all den genannten Aspekten ein Wert innerhalb unserer gesellschaftlichen Normen, der auch auf die Norm- und Ideologiebildung des einzelnen einwirkt. Was wir als Paartherapeuten zu beachten haben: Wo tragen wir ungewollt zu problematischen Ideologiebildungen bei, wo unterliegen wir selbst diesen Ideologien? Wie und wo können wir dazu beitragen, daß wir Ideologien schaffen, die den realen Anforderungen von Partnerschaft und Elternschaft in unserer Zeit eher angemessen sind – die sie mehr unterstützen, als sie zu stören?

Ist Eins-Sein wirklich ein Ideal?

In früheren Generationen waren Männer und Frauen in deutlich getrennten Lebenswelten angesiedelt. In bezug auf die Vermittlung von Erlebnisinhalten und Erfahrungen des einen oder anderen Geschlechts wurden wenig Anstrengungen unternommen. Die Männer sprachen mit ihren Frauen nicht vom Krieg, nicht von ihrer Arbeit, nicht von ihrem Sport und ihren Fraueneroberungsgeschichten. Die Frauen sprachen mit ihren Männern nicht von ihren »Frauengeschichten« wie Schwangerschaft, Geburt, alltäglicher Erziehungsarbeit, Haushalt, Handarbeiten, Frauenkrankheiten und Unpäßlichkeiten. Die »Sachen« der Männer und Frauen waren eben Männer- oder Frauensache. Über ihre jeweiligen Empfindungen konnten beide Geschlechter kaum miteinander reden. Es war in der Regel nicht opportun, über die eigenen Gefühle zu sprechen; es wurden im Gegenteil von beiden Geschlechtern große Anstrengungen unternommen, um die Kontrolle über die eigenen Gefühle zu erhalten. Im Vordergrund stand die Ausrichtung an einer wie auch immer gearteten gesellschaftlichen, von weltlichen und geistigen Autoritäten gepredigten Norm: was »sich gehört«, was »gottgefällig ist«, was ein »rechter Mann« und was eine »rechte Frau« ist.

Heute führen wir einen Dialog über alles, was nur denkbar ist, sofern er gelingt. Es ist ein Abenteuer unserer Generation, in die geheimen Gemächer des anderen Geschlechts Einlaß zu bekommen. Die Männer nehmen überwiegend an der Geburt ihrer Kinder teil, sie beteiligen sich an der Pflege von Kleinkindern, und die Frauen erfassen zunehmend die Bedingungen einer qualifizierten Berufsausbildung und des Arbeitslebens. Es ist eine Chance, daß Männer und Frauen sich gegenseitig in ihren »Leistungen« mehr achten, indem sie sie mehr wahrnehmen können. Es ist aber auch Anlaß zur Auseinandersetzung, denn je weniger die Bereiche klar getrennt sind und die eindeutige Arbeitsteilung jedem seinen Platz zuweist, um so mehr muß um die Platzverteilung gestritten und gehandelt werden.

Der Dialog zwischen den Geschlechtern ist uns von unseren Eltern nicht oder in einem anderen Sinne vorgelebt worden. Wir sind die Pioniere des Dialogs zwischen den Geschlechtern. Wieviel Erfahrung können wir denn kommunizieren, und wo sind die Grenzen der Verständigung?

Dieses Verstehen des anderen kann etwas ganz Rationales und gleichzeitig Einfühlendes sein: ich denke mich in den anderen hinein, ich kann nachvollziehen, was er oder sie meint, denkt, fühlt. Es ist das Ergebnis einer sehr komplexen intellektuellen und emotionalen Leistung, sich in die persönliche Bedeutungswelt einer anderen Person, in die kognitive Matrix, hineinzudenken und hineinzufühlen. Das bedeutet, ich muß die andere Person erst einmal als eigene und damit von mir verschiedene Person erkennen, um mir vorzustellen, wie sie empfindet, denkt, handelt, vermutlich reagieren wird und so weiter.

Der Dialog mit dem Partner hilft uns also, den anderen kennenzulernen, uns Erlebniswelten des anderen zu erschließen, die uns selbst verborgen und fremd sind. Gleichzeitig wird uns im Dialog die Verschiedenheit offenbar. Wir können uns viel mitteilen, aber das überwindet dennoch nicht unsere Trennung in der Verschiedenheit. Meine These ist: Je mehr wir uns mitteilen und mitteilen können, um so mehr wächst die Illusion, daß wir unsere Verschiedenheit überwinden könnten, daß wir eins werden.

Nach unserem Leitbild der anhaltenden symbiotischen Verliebtheit gibt es noch eine andere Art von Verstehen. Wir wollen einig (oder eins?) werden; es ist unser Wunschtraum, daß wir uns in die Augen sehen und uns einfach verstehen. Wir übertragen das Bild von der einfühlsamen Mutter ihrem Kind gegenüber und das Bild der Verschmelzung in der gegenseitigen Verliebtheit auf unsere mehr denn je komplizierten Mann-Frau-Beziehungen.

Dieses Leitbild wirkt sich auf die Verständigungsmöglichkeiten zwischen den Geschlechtern längerfristig eher destruktiv aus. Daß der andere einen »verstehen« solle, bedeutet in diesem Zusammenhang nichts anderes als: Folge mir in meinen Annahmen, tu etwas für mich, orientiere dich an meinem Verständnis der Welt! Damit ist die Ebene der Partnerschaftlichkeit verlassen. Nicht mehr *zwei* Ansichten dürfen gelten und werden einander gegenübergestellt, sondern es findet mittels regressiver Forderungen ein Kampf um die Durchsetzung *einer* Ansicht statt.

Die Verherrlichung der Symbiose, des Eins- und Aufgehoben-Seins aus einer angeblichen Ursehnsucht heraus, wird von namhaften deutschsprachigen Philosophen und Paartherapeuten unserer Generation problematisiert (vgl. Fromm 1941, 1956, Willi 1975, Jellouschek 1992). Ich möchte mich dieser Problematisierung anschließen und dem Streben nach Eins-Sein die Lust an der Entdeckung von Unterschieden entgegenstellen. Beide stehen in einem dialektischen Zusammenhang zueinander. Nur ineinander aufzugehen wäre auf die Dauer langweilig und würde einem subjektiv das Gefühl geben, keine Luft zum Atmen mehr zu haben. Das Eins-Werden ist ein atemberaubender Prozeß in einer lebendigen Paarbeziehung, sei es in körperlicher, emotionaler wie in geistiger Hinsicht. Es ist aber immer eine Annäherung, ein Ringen, eine Auseinandersetzung um die Momente der Einheit.

Dem steht der Wunsch nach Abgrenzung und Individuation gegenüber, wie ihn ja auch das Kind seinen Eltern gegenüber praktiziert. Nur in der Abgrenzung kann ich mich als Person deutlich spüren, kann Mut und Risikobereitschaft beweisen, kann lernen, etwas allein zu bewältigen.

Nicht umsonst wurde die Fähigkeit zur Abgrenzung, zur Auseinander-Setzung (sich auseinander setzen = sich gegenüber sitzen), in fast allen Kulturen als männliche Tugend gepriesen und gefördert. Für das selbstbewußte und kreative Handeln einer Person, einer Persönlichkeit, sind diese Erfahrungen unerläßlich. Da die Männer aufgrund der gängigen Gesellschaftsordnungen, die ihnen die Führung in allen öffentlichen, privaten und wirtschaftlichen Bereichen zubilligte und vorschrieb, die Bildung dieser Persönlichkeit brauchten, um den Führungsaufgaben auch entsprechen zu können, wundert uns nicht, daß genau diese Erfahrungen der Abgrenzung und die Fähigkeiten zur Auseinandersetzung (Disput, Wettkampf und Krieg) zu den männlichen Erziehungsidealen gehören.

In allen patriarchischen Kulturen war es bisher aber so, daß die Männer diese Kunst zur Auseinandersetzung außerhäuslich pflegen sollten, während sie zu Hause nicht opportun war! Wie Simone de Beauvoir sinngemäß sagt: Man setzt sich nur mit seinesgleichen auseinander, nicht mit einer Dienerin und auch nicht mit einer Göttin (Beauvoir 1968). Die Frauen dagegen durften nie ideologisch gefördert reden, disputieren und Streitreden halten – weder im öffentlichen noch im privaten Bereich. »Streitbare« Frauen sind immer schon mit Skepsis, Ablehnung, selten auch mit Bewunderung belegt worden. Von Sokrates' Klagen über seine Frau Xanthippe bis hin zur Brechtschen Legende von der ›Mutter Courage‹ hat dieses Thema die Männer in der Philosophie und Literatur bewegt. Daran hat sich bis heute nicht viel geändert.

Obwohl Frauen im privaten Bereich viel reden und viele Frauen auch gerne lesen, fühlen sie sich im öffentlichen Bereich verbal in der Regel den Männern unterlegen, ja haben überhaupt eine große Scheu, öffentlich zu reden. Ich frage mich demnach, ob die vielzitierten Symbiose-Sehnsüchte, die in Paarbeziehungen angeblich aktualisiert werden, nicht auch mit der Vorstellung der Männer vom häuslichen Frieden zusammenhängen, mit der Vorstellung der Männer, von einer Frau ohne Worte versorgt, geliebt und befriedigt zu werden. Die Frauen, die ja eine Symbiose mit dem Kind in der Schwangerschaft, Geburt und Stillzeit erleben, sind vielleicht weniger geneigt, die Symbiose derart einseitig zu idealisieren und als Traumzustand zu verherrlichen. Schließlich erleben die Frauen beide Seiten dieser Symbiose am eigenen Leibe: das wirkliche Eins-Sein mit einem anderen Menschen, den Wunsch, ihn zu versorgen, ihm Gutes zukommen zu lassen, sich selbst in ihm wiederzufinden, und die Erfahrung, eine innige körperliche, nahe Beziehung zu erleben. Aber sie erleben auch die andere Seite der Symbiose: das aneinander Gebundensein von zwei Lebewesen, die situativ widersprüchlichen Bedürfnisse, die Einschränkung des Bewegungsspielraums und so weiter. Die Männer sehen die Symbiose von Mutter und Kind von außen. Die altruistische fürsorgliche Mutter, die ihre eigenen Bedürfnisse dem Kind zuliebe freudig »vergißt«, ist für sie ein romantisches Ideal, ein Ideal, das vielleicht von einer nie ganz vollzogenen Symbiose mit der eigenen Mutter herrührt.

Aber auch Frauen haben häufig eine stark idealistisch getönte Erwartungshaltung, was die fraglose Fürsorglichkeit und die Selbstlosigkeit eines liebenden Ehemannes anbelangt. Wenn auch die Versorgungserwartungen bei Männern und Frauen in der Regel inhaltlich verschiedene Akzente haben, ist doch beiden gemeinsam, daß in der Versorgung durch den anderen Aspekte einer selbstlosen mütterlichen oder väterlichen Liebe gesucht werden. Die Symbiose-Erwartungen beider Partner, die sich auf den jeweils anderen richten, hängen also mit der idealen Norm der elterlichen Liebe und Fürsorglichkeit zusammen, die sowohl gesellschaftlich wie auch individuell determiniert ist.

Vor Ankommen wird gewarnt

Lebt die romantische Liebesvorstellung nicht in erster Linie von der Sehnsucht, von dem Sich-alles-Bedeuten gerade im Nichtzusammenkommen-Können? Wie leicht ist es zu sagen: »Du bist mein ganzes Leben«, wenn ich meinen Geliebten/meine Geliebte nur gelegentlich und heimlich sehen kann? Was kann man da alles an Sehnsüchten in den anderen hineinlegen ... Jeder ist für den anderen eine wunderbare Projektionsfläche.

Wir schrecken jedoch nicht davor zurück, dieses romantische Liebesideal aus dem 19. Jahrhundert in unserer Gesellschaft weiterhin zu pflegen, und basteln gleichzeitig an alltagstauglichen, sich stetig wandelnden, glückverheißenden Beziehungsmodellen. Keine andere Generation war vermutlich in ihrem eigenen Anspruch an lebbare Beziehungsmodelle zwischen Mann und Frau so verrückt, so maßlos und so widersprüchlich wie unsere eigene Generation.

Solche Ansprüche lauten zum Beispiel: Man soll sich lieben über alle Alltagsklippen hinweg, möglichst ein ganzes langes Leben lang. Man soll sich nicht gegenseitig »brauchen«, sondern immer »frei« zusammensein, auch wenn die Rollenverteilung gegenseitige Abhängigkeiten bedingt.

Es wundert mich nicht, daß heute viele Menschen mehr oder weniger resigniert haben: eine dauerhafte und liebevolle, verbindliche, aber auch die persönliche Autonomie wahrende Paarbeziehung heute? Geht das überhaupt noch? Wie unreflektiert darf ich denn heute noch lieben, mich innerlich und äußerlich in Abhängigkeit begeben? Es ist gefährlich geworden in unserer Zeit, sich zu verlieben, sich zu binden. Welche Enttäuschungen lauern auf mich? Welche Unwegsamkeiten? Stehe ich nachher allein mit einem Kind da? Wieviel Unterhalt muß ich dann bezahlen, wenn es zur Trennung kommt? Worauf kann ich mich eigentlich noch verlassen?

Liebe heute ist nicht mehr in erster Linie Gefühl, kultivierte Sehnsucht. In diesem Sinn wäre sie ungefährlicher, weil absehbar: Wir werden nicht zusammenkommen. Die Erfüllbarkeit unserer Träume kann auch angst machen: Angst vor Enttäuschung, Angst, sich damit auseinandersetzen zu müssen, was der andere ist und was er nicht ist. Romeo und Julia wurde das erspart. Viele Liebesgeschichten, die wir kennen, hören mit dem ersten Kapitel auf, dem Kapitel der Verliebtheit. Insofern möchte ich diesen Abschnitt mit Wolf Wondratschek schließen, so wie ich dieses Kapitel begonnen habe: »Der Prinz führte seine Prinzessin heim auf das Schloß, und dort lebten sie glücklich und zufrieden bis an ihr Lebensende. Was geschah sonst noch?«

Zwischen Hingabe und Abgrenzung – geschlechtsspezifische Unterschiede

Der These, daß Männer und Frauen unter Liebe etwas Verschiedenes verstehen, möchte ich mich nach den Erfahrungen in meiner psychotherapeutischen Arbeit, sowohl der Einzel- wie auch der Paartherapie, anschließen. Frauen sind eher bereit, für ihre Paarbeziehung und die erwünschte Familiengründung ihr Leben umzustellen, umzuziehen, auf bisherige Lebensgewohnheiten, eigene Beziehungen und berufliche Entwicklungsmöglichkeiten zu verzichten. Sich auf eine »Liebe« einzulassen heißt für eine Frau auch heute noch viel mehr als für den Mann, fast alles in ihrem Leben zu verändern, dieser Liebe unterzuordnen und anzupassen. Dies gilt in besonderem Maße, wenn die Frau mit ihrem Partner zusammen Kinder bekommt. Häufig ist daher auch im subjektiven Erleben einer Frau nicht mehr zu trennen, was sie dem Mann und was sie der Familie zuliebe aufgegeben hat. Viele Frauen sehen auch lange Jahre kein Problem darin, denn sie *wollten* ja die Familie und nehmen es als selbstverständlich, dafür auch etwas aufzugeben. Erst in späteren Jahren machen die Frauen oft eine Bilanz, die kritisch ausfällt, und sie selbst stellen ihre allzu große Hingabebereitschaft – auch dem Mann gegenüber – in Frage.

Für Frauen, die mit ihren Partnern zusammen kinderlos bleiben, sei es nun gewollt oder ungewollt, stellt sich die Frage des Selbstverlustes weniger krass. Es ist heute selbstverständlich und üblich, daß Frauen, die keine Kinder haben, arbeiten und von daher schon ihren eigenen Bezugsrahmen haben. Das war früher allerdings nicht so. Frauen, die in unserer Eltern- und Großelterngeneration keine Kinder hatten, waren bemitleidenswerte Geschöpfe. Ihr Leben war wirklich nur der Mann und der Haushalt – und das war nun doch zu wenig. Eine wesentliche Erfüllung, die man in diesen Generationen für das Leben der Frau sah, nämlich Kinder zu bekommen, blieb ihnen versagt.

Es ist mir durchaus bewußt, daß in den heutigen Paarbeziehungen gerade die Ebene Hingabe beziehungsweise Selbstaufgabe und Abgrenzung in der Paarbeziehung ein stark bewegtes Thema ist und sich in einem fließenden Wandel befindet. Ich möchte mit den folgenden Quellen und Texten historisch ein Stück zurückgehen, um uns noch einmal diesen Wandel der Gesinnungen, aber auch das, was uns von früheren Generationen geblieben ist, bewußtzumachen.

Beginnen wir mit Überlegungen zum Ideal der vollkommenen Hingabe:

> Ich will mit dem gehen, den ich liebe,
> Ich will nicht ausrechnen, was es kostet,
> Ich will nicht nachdenken, ob es gut ist,
> Ich will nicht wissen, ob er mich liebt.
> Ich will mit ihm gehen, den ich liebe.
>
> (Bertolt Brecht)

Wir können kaum annehmen, daß Brecht diesen Hang zur Selbstaufgabe, der in diesem – zugegeben sehr schönen – Liebesgedicht propagiert wird, tatsächlich praktiziert hat. Ausgerechnet ein Mann, der in seinem Leben konsequent seine künstlerischen, politischen, finanziellen und persönlichen Interessen verfolgt und mehrere Ehen geführt hat, soll solch ein Gedicht verfaßt haben? Wir können eher annehmen, daß Brecht sich wünscht, daß eine Frau ihn solchermaßen grenzenlos lieben möge. Oder hat dieses Gedicht gar eine Frau geschrieben, und es ist unter Brechts Namen veröffentlicht worden? Spricht Brecht hier bei sich selbst homophile Neigungen an?

In diesem Gedicht ist ganz eindeutig von einer Person die Rede, die sich »ihm« hingeben möchte. Erst auf den zweiten Blick werden die meisten das wahrscheinlich feststellen. Stellen wir uns vor, das Gedicht lautete andersherum, wie würde sich das anhören?

> Ich will mit der gehen, die ich liebe,
> Ich will nicht ausrechnen, was es kostet ...
> Ich will nicht wissen, ob sie mich liebt ...

In jedem Fall ist in diesem Gedicht der *Traum* von der Selbstaufgabe angesprochen, der Traum von der Grenzen-losen Liebe, denn das Erlebnis der Liebe ruft immanent auch die Auseinandersetzung mit deren Grenzen hervor.

Hören wir noch einmal Bertolt Brecht, jetzt seine ›Ballade von der Hanna Cash‹:

> Sie »kamen sich näher« bei Wild und Fisch
> Und »gingen vereint durchs Leben«
> Sie hatten kein Bett und hatten keinen Tisch
> sie hatten selber nicht Wild und Fisch
> und keinen Namen für die Kinder.
> Doch ob Schneewind pfeift, ob Regen rinnt
> Ersöff auch die Savann
> Es bleibt die Hanna Cash, mein Kind
> Bei ihrem lieben Mann.
>
> Der Sheriff sagt, daß er ein Schurke sei
> Und die Milchfrau sagt: er geht krumm.
> Sie aber sagt: was ist dabei?
> Es ist mein Mann. Und sie war so frei
> Und blieb bei ihm. Darum.
> Und wenn er hinkt und wenn er spinnt
> Und wenn er ihr Schläge gibt:
> Es fragt die Hanna Cash, mein Kind
> Doch nur: ob sie ihn liebt.

Im folgenden Text setzt sich eine Nonne, eine junge Frau, die sich leidenschaftlich in ihren Lehrer, einen angesehenen Abt, verliebt hatte, mit ihrer inneren Bereitschaft zur Hingabe auseinander: So schreibt Heloise an Abaelard (in Frankreich eine berühmte historische Liebesgeschichte) im 12. Jahrhundert:

»Ich hatte fälschlich geglaubt, Deinen besonderen Dank verdient zu haben, da ich mich in allem nur danach richtete, Dir zu gefallen, und Dir bis heute mehr denn je gehorsam geblieben bin. Denn nicht fromme Hingabe, sondern Du hast mich in blühender Jugend ins harte Klosterleben gestoßen. Jetzt begreife ich, daß mein ganzer Schmerz, wenn ich nicht damit Deinen Dank verdiene, vergeblich ist. Ich weiß wohl, daß ich von Gott keinen Lohn erwarten kann ..., denn es steht fest, daß ich bisher nichts aus Liebe zu ihm getan habe. Ich habe nichts anderes getan und bin Dir gefolgt, als Du bei Gott Deine Zuflucht suchtest ... Du hast mir befohlen, das Gelübde abzulegen, und mich gezwungen, den Schleier zu nehmen und Nonne zu werden, noch bevor du selbst Dich Gott weihtest, und wegen dieses Deines fehlenden Vertrauens brennen Schmerz und Scham immer noch in mir. Gott weiß es, auf Deinen Befehl hätte ich nicht gezögert, Dir selbst ins Feuer voranzugehen oder zu folgen, denn mein Herz war nicht mein, sondern bei Dir ... Und auch heute lebt mein Herz nur dann, wenn es bei Dir ist.«

Etliche Jahrhunderte später schreibt Peter Schellenbaum zur Hingabebereitschaft in Paarbeziehungen (1986):
»Die willkürliche Verschmelzung mit einem Menschen, in welcher Emotion auch immer, wühlt uns so auf, weil in ihr alle Wertungen, Abgrenzungen, Unterscheidungen, die unserem Leben bisher Struktur gegeben und es vor Zerstörung geschützt haben, eingerissen sind. Bleibt es bei solchen unbewußten Verschmelzungen, zahlen wir dafür einen hohen Preis, nämlich den Preis eines aus freien Entscheidungen heraus gestalteten, individuellen Menschenlebens.«

Schellenbaum spricht auch Geschlechterunterschiede an in bezug auf die unterschiedliche Bereitschaft, sich in einer Liebesbeziehung als gesamte Person aufzugeben und sich folglich ganz am anderen zu orientieren. Er problematisiert, daß die Frauen sich in einer Paarbeziehung zu sehr aufgeben und die Männer zu sehr abgrenzen. Entsprechend propagiert er, daß die

Männer lernen sollten, sich in einer Liebesbeziehung mehr zu öffnen, sich als Person mehr einzulassen, während die Frauen mehr auf ihre Abgrenzung und Selbstverantwortung bedacht sein sollten.

Simone de Beauvoir (1968) schreibt:

»Das Wort Liebe hat für die beiden Geschlechter durchaus nicht denselben Sinn, und hierin liegt eine Quelle der schweren Mißverständnisse, die sie voneinander trennen. Byron hat ganz richtig bemerkt, daß die Liebe im Leben des Mannes nur eine Beschäftigung bleibt, während sie das eigentliche Leben der Frau ausmacht.«

Dieselbe Idee drückt Nietzsche in der ›Fröhlichen Wissenschaft‹ aus:

»Mann und Weib verstehen unter Liebe jeder etwas anderes ... Was das Weib unter Liebe versteht, ist klar genug: vollkommene Hingabe (nicht nur Hingebung) mit Seele und Leib, ohne jede Rücksicht, jeden Vorbehalt ... In dieser Abwesenheit von Bedingungen ist eben seine Liebe ein *Glaube*: das Weib hat keinen anderen. – Der Mann, wenn er ein Weib liebt, *will* von ihm eben diese Liebe, ist folglich von seiner Person selbst am entferntesten von der Voraussetzung der weiblichen Liebe; gesetzt aber, daß es auch Männer geben sollte, denen ihrerseits das Verlangen nach vollkommener Hingabe nicht fremd ist, nun, so sind das eben – keine Männer.«

Diesen Gedanken möchte ich aus meiner Sicht als Paartherapeutin bestätigen: schließlich scheitern viele Beziehungen innerlich und äußerlich nach langen Ehejahren daran, daß die Frauen eine bittere Bilanz der Selbstaufgabe ziehen und in dem Gefühl zurückbleiben, mehr gegeben als bekommen zu haben. Die Männer dagegen sichern ihre Privilegien, ihre Statussymbole und ihr finanzielles Auskommen, bleiben aber unter Umständen einsam und in ihrer männlichen Geschäfts- und Berufswelt gefangen, ohne die Wärme zwischenmenschlich gelungener Beziehungen ausreichend spüren zu können.

Zum Schluß dieser Diskussion möchte ich noch einen leidenschaftlichen Verfechter der Abgrenzung in puncto Liebe anführen. Es handelt sich um Sir Francis Bacon (1561-1626), der in seinem Essay ›Über die Liebe‹ schreibt:

»Die Liebe verdankt der Bühne mehr als dem wirklichen Leben. Auf der Bühne gibt die Liebe nämlich immer den Stoff zu Lustspielen, dann und wann auch zu Trauerspielen. Allein im Leben richtet sie viel Unheil an, zuweilen wie eine Sirene, zuweilen wie eine Furie. Man kann feststellen, daß unter allen großen und verehrungswürdigen Menschen, deren Andenken, ob aus dem Altertum, ob aus der Neuzeit, bestehenbleiben wird, sich nicht ein einziger befindet, der sich von der Liebe bis zur Unsinnigkeit hätte hinreißen lassen; woraus folgt, daß ein großer Geist und große Werke dieser schwächlichen Leidenschaft die Tür verschließen ... Es ist nämlich eine untrügliche Regel, daß Liebe stets vergolten wird, sei es nun durch Erwiderung, sei es durch heimliche Verachtung. Um wieviel mehr aber sollte man sich vor dieser Leidenschaft hüten, die nicht nur anderes aufs Spiel setzt, sondern auch sich selbst ... Am besten halten die, die sich der Liebe nicht entschlagen können, sie fest im Zaum und trennen sie scharf von den ernsthaften Angelegenheiten und Geschäften des Lebens; denn wenn sie sich erst in den Beruf eines Menschen eindrängt, dann verwirrt sie seine Vermögensverhältnisse und macht aus ihm ein Wesen, das seine Ziele völlig aus dem Auge verliert ...«

Wir sehen hier, daß der Mann stark den Verstand betont, die Geschäfte und die Angst, die Liebe könne seine Vernunft, Eigenständigkeit und Planmäßigkeit beeinträchtigen.

Auch für unsere Zeit und besonders die Zeit unserer Eltern ist bemerkenswert, wie stark die Identität einer Frau von der ihres Mannes mitbestimmt wird und wie wenig umgekehrt. Hier trägt der Beruf und die entsprechende Berufstätigkeit, die beide das gesellschaftliche Prestige und ein beachtliches Maß der Vermögensverhältnisse bedingen, eine Menge bei. Über den Beruf des Mannes (sein Einkommen und Ansehen) wird häufig das Bild der Familie bestimmt und damit auch das Bild der Frau und ihre konkreten Lebensumstände (das ist eine Bankiersfamilie, eine Arbeiterfamilie, die Familie eines Versicherungsmaklers ...).

Es soll dabei nicht die Rede davon sein, daß der Bankier seine Frau in ihrer komplementären Rolle nicht bräuchte: Er braucht sie zum Beispiel, um beruflich erfolgreich zu sein. Er braucht eine Frau, die ihm zu Hause den Rücken stärkt, die repräsentieren kann und so weiter. Vom Brauchen ist also nicht die Rede, sondern von der Identität, die einer für sich entwickelt und über die der Partner sich mitdefiniert: Also das ist die Frau des Bundeskanzlers – und was ist sie sonst noch? Gesellschaftlich gibt es häufig die Tendenz, daß Frauen sich über die Männer definieren und sich hier mehr oder weniger eine Identität »ausleihen«. Die romantische Verklärung der Liebe bei Frauen und vor allem ihre ideologisch geförderte Hingabebereitschaft hat hier eine ganz reelle psychologische und gesellschaftliche Entsprechung.

Frauen, die »ganz für den Mann«, »ganz für die Familie« gelebt haben, sind einer besonderen Gefahr ausgesetzt: daß der Mann ihre Bereitschaft, ihr eigenes Ich aufzugeben, nicht unbedingt würdigt. Zum anderen sind sie aber auch der Gefahr ausgesetzt, daß sie ihr eigenes Leben verlieren und später einmal um die verpaßten Möglichkeiten heftig trauern.

Da die herrschenden Ideologien in unserer Gesellschaft auch die realen Machtverhältnisse widerspiegeln, ist leicht zu erkennen, daß die ideologisch geförderte Hingabebereitschaft der Frauen für die Männer erwünscht und bequem ist. Die Männer können damit ungebrochener und ungestörter ihren beruflichen und sozialen sowie sportlichen Entwicklungsmöglichkeiten und Neigungen nachgehen. Die Frauen tragen das mit (mehr oder weniger lang), da sie davon profitieren, oder anders gesagt, sich die Federn, die der Mann erworben hat, mit an den Hut stecken können.

Diese Entwicklung, die von beiden gestaltet und eine Zeit getragen wird, kommt meist an einen kritischen Punkt, wenn die Frau das Erleben hat, daß sie mehr Federn lassen muß (eigene), als daß sie sich mit fremden Federn schmücken kann.

Liebe und Partnerschaft

Wir kommen nun zum, wie mir scheint, schwierigsten ideologischen Problem der gängigen zeitgenössischen Leitvorstellungen: Liebe und Partnerschaft in einem Atemzug zu nennen – als wären dies zwei Seiten einer Medaille. Dabei ist bei näherer Betrachtung nichts schwerer als genau dies, Liebe und Partnerschaft zu vereinen – vor allem vor dem Hintergrund des Ideals der symbiotischen Verliebtheit, das wirklich schwer mit alltagsgestaltender und -bewältigender Partnerschaftlichkeit zu vereinbaren ist. Bei dem, was wir bisher gehört haben, mag die Verbindung von Liebe und Partnerschaft der Quadratur des Kreises gleichen. Die Vorstellungen von der Liebe müssen also erst grundsätzlich revolutioniert werden und die Positionen der Geschlechter überdacht werden, bevor sie überhaupt mit partnerschaftlichen Zielvorstellungen zu vereinbaren sind.

In der zeitgenössischen Diskussion um Liebe und Partnerschaft werden auch manchmal beide Begriffe gegeneinander gehalten: »Liebe« steht für die Romantik, den Wunsch nach Transzendenz, »Partnerschaft« wird für etwas allzu Nüchternes gehalten. »Liebe« stellt unangefochten einen überragenden Wert im Leben vieler Menschen dar; ihre Übersetzbarkeit in die Gestaltung der alltäglichen zwischenmenschlichen Beziehungen ist jedoch undurchdringlich. Ein Mann, der seine Frau keinesfalls »liebevoll« behandelte, sagte in der Paartherapie: »Irgendwie tief drinnen weiß ich aber, daß ich meine Frau liebe ...« Nun gewinnt die »Liebe« einen Bedeutungsgehalt von etwas Magischem, Unberührbarem, Spirituellem, etwas Höherem, das man nicht an alltäglichen Maßstäben messen darf – schon gar nicht am konkreten Umgang miteinander. Was also ist das für eine »Liebe«? Dient sie einem Paar dabei, zufrieden miteinander leben zu können, oder hindert sie mehr? Führt sie eher in die Irre?

Es ist meines Erachtens schon möglich, Liebe und Partnerschaftlichkeit miteinander zu vereinen, und zwar, wenn wir es vermögen, die Liebe neu zu definieren, so wie es zum Beispiel Fromm und auch Jellouschek gemacht haben.

Die Vorstellung von Liebe, wie es Fromm versteht, ist eine Liebe, die den anderen und die eigene Person würdigt und beide als getrennte Wesen wahrnimmt. Es ist also weder von Verschmelzung die Rede noch von Selbstaufgabe. Im Gegenteil:

> *Die große Leistung dieser Art von Liebe besteht gerade darin, im Spannungsfeld von Verschiedenheit leben zu können und damit umgehen zu lernen.*
> *Um mit Verschiedenheit umgehen zu können, muß ich erst einmal Verschiedenheit wahrnehmen und akzeptieren. Dies ist die schwierige Paradoxie der reifen Form von Liebe: Die Liebe beginnt im Wahrnehmen von Getrenntsein.*

Es ist die einzige Form von Liebe, die mit Partnerschaftlichkeit vereinbar ist. Es ist eine Liebe, die den anderen sucht und würdigt, die ihn verehrt und ihn umsorgt, die Nähe und Distanz zuläßt, die Fragen stellt und nicht Antworten vorgibt, die versucht, den anderen zu verstehen.

Partnerschaftlichkeit lernen heißt, dem anderen das gleiche Recht zu geben wie sich selbst; heißt, die Rollen in gegenseitiger Absprache zu definieren und sie immer wieder überdenken und auch verändern zu können. Partnerschaftlichkeit heißt, nach Konfliktbewältigungen zu suchen, die für beide eine annehmbare Lösung darstellen.

Haben-Wollen und Loslassen

So wie Liebe ein Gefühl, eine Empfindung und ein Bedürfnis einem anderen Menschen gegenüber ist (und sich damit zunächst unserer bewußten Kontrolle entzieht; so wie sich dieses Gefühl auch auf andere Objekte richten kann, zum Beispiel Tiere oder Blumen, auch Landschaften), so ist die Liebe im zwischenmenschlichen Bereich darüber hinaus eine Haltung, eine bewußte moralische Haltung, eine Einstellung, die gepflegt und gefördert werden kann (vgl. hierzu Fromm: Die Kunst des Liebens, 1979). In Tieren, Blumen und Landschaften kann der Mensch ein Objekt lieben, nicht jedoch in der Liebe im zwischenmenschlichen Bereich. Hier liebt der Mensch kein *Objekt*, sondern ein ihm gegenübertretendes *Subjekt*.

Die Auseinandersetzung mit den verschiedenen Ausdrucks- und Erscheinungsformen von Liebe ist daher ein beherrschendes Thema in der Ethik.

Manchmal stehen sich auch das Gefühl und der moralische Anspruch gegenseitig im Wege. Ich kann mir nicht vornehmen, jemanden zu lieben. Ich kann mir dagegen vornehmen, gerecht oder fair zu sein. Der moralische Anspruch, wie ihn zum Beispiel Fromm formuliert, kann demnach nicht losgelöst von der innerlich empfundenen Beziehung zum anderen gesehen werden. Solchen Anspruch hat die christliche Lehre von der »Nächstenliebe« als oberstem Gesetz mitmenschlichen Daseins. Das Christentum als Sozialehre versucht diese moralische Haltung der Liebe jenseits der real existierenden Beziehungen und Empfindungen dem anderen gegenüber absolut zu setzen. Nach meinem Verständnis von Liebe ist das eine Überforderung und wird der menschlichen Psyche, die ja auch mit Aggressionen ausgestattet ist (die ihre positive Funktion haben), nicht gerecht (vgl. hierzu Perls: Das Ich, der Hunger und die Aggression, 1978).

Dagegen ist es für mich denkbar und auch wünschenswert, die gefühlsmäßige Liebesbeziehung zu einem anderen Menschen durch bewußte »Arbeit« an sich selbst moralisch auf eine gereiftere Stufe zu stellen; eine Stufe also, die sowohl die eigenen Belange wie auch die Belange des anderen berücksichtigt. Ich kann zum Beispiel versuchen, nicht so egozentrisch und besitzergreifend zu lieben, so daß ich den anderen in meiner Liebe nicht belaste und ihn einschränke. Ich kann versuchen, dem Aspekt der Toleranz und des Altruismus in der Liebe mehr Raum zu geben.

Auch hier haben wir es demnach mit einem dialektischen Spiel der Kräfte zu tun: Selbstlos lieben, geht das? Ist es überhaupt wünschenswert? Und andererseits: die rein egozentrische Liebe, ist das noch Liebe?

Die Liebe hat aggressive, fordernde Züge (du bist so wichtig für mich, ich brauche dich, ich möchte dich haben, du sollst bei mir sein), aber sie hat auch fürsorgliche, altruistische Züge (ich möchte, daß es dir gutgeht, ich will für dich sorgen, wenn ich dir zu nahetrete, dich störe und belaste, bin ich bereit, meine eigenen Wünsche auch zurückzunehmen. Ich will dir dein eigenes Leben nicht nehmen, ich will dich nicht auffressen). Dieses Haben wollen und gleichzeitig immer wieder Loslassen müssen, um der Liebe willen, ist die Grundspannung, der dialektische Widerspruch, der nach unserem heutigen Verständnis im Wesen der Liebe selbst liegt.

Kapitel 2:

Der individuelle biographische Kontext

Die Rolle der Herkunftsfamilie

Das Geflecht der Querverbindungen und Beziehungen zwischen der Entwicklung eines Menschen in seiner Herkunftsfamilie und seinem späteren Verhalten in der eigenen Ehe und Familie ist komplex und vielschichtig. Keinesfalls ist es möglich, linear aus bestimmten Bedingungen der Herkunftsfamilie späteres Partnerschaftsverhalten vorherzusagen. Wir können jedoch den umgekehrten Weg gehen und aus den heutigen Fragen und Problemen einer Ehe die Wege beider Partner zurück zu ihren Herkunftsfamilien verfolgen.

Aus meiner theoretischen Sicht und meiner praktischen Erfahrung bieten sich dafür bestimmte Gesichtspunkte an, die jeweils Pfade darstellen, Verbindungen zwischen den heutigen Konflikten in einer Paarbeziehung und den früheren Beziehungen in der Herkunftsfamilie ausfindig zu machen. Dieser Rekonstruktionsweg geht über eine entscheidende Zwischenstation: die Phase der Paarbildung und die impliziten Beziehungsvorstellungen, die beide Partner in bezug auf ihre Ehe und Partnerschaft entwickelt haben (ich möchte an dieser Stelle zur Verdeutlichung auf das Übersichtsmodell in Teil III, Kapitel 8 verweisen).

Um in der Metapher des Pfades zu bleiben: Nicht jeder ist für jede Person gleich ausgeprägt. Manche Pfade sind regelrechte Autobahnen für die persönliche Entwicklung und das spätere Partnerschaftsverhalten, andere sind verschlungen und verborgen. Der eine und der andere Pfad werden im Laufe der persönlichen und partnerschaftlichen Entwicklung stärker in den Vordergrund treten, während andere an Bedeutung verlieren.

Das Modell der Elternehe

Hier eine Übersicht über die Aspekte der (Herkunfts-)Familienrekonstruktion, die in bezug auf aktuelle Partnerschaftskonflikte eine Rolle spielen können. Dazu einige Leitfragen (die eine Anregung darstellen, sie sind keinesfalls erschöpfend):
– Was für eine Ehe haben die Eltern der angesprochenen Partner jeweils geführt?
– Wie wurde mit Zärtlichkeit umgegangen, wie mit Sexualität?
– Gab es Machtstrukturen?
– Wie wurden Auseinandersetzungen geführt?
– Welche Auseinandersetzungen wurden nicht geführt, worüber wurde geschwiegen?
– Welche Rolle hatte die Mutter, welche der Vater in der Familie?
– Gab es irgendwann eine Trennung der Eltern? Wann und warum?
– Wie wurde die Trennung letztlich vom Kind, vom Jugendlichen, vom Erwachsenen verbucht?
– Starb ein Elternteil oder gar beide im Kindes- oder Jugendalter? Welche Bedeutung hatte dieser Verlust für die weitere Entwicklung einer Person? Welche Beziehungswünsche und Ideen entwickelten sich daraus für die spätere Partnerschaft?
– In welchen konkreten Beziehungsaspekten ist die Ehe der Eltern ein positives Modell? In welchen Aspekten ein negatives Modell – was soll in der eigenen Ehe unbedingt anders sein?
– Wie wurde die Elternehe zum Zeitpunkt der eigenen Paarbildung bewertet?
– Heute? Was hat sich verändert?

Aus meiner praktischen Erfahrung sind besonders jene Paare sehr stark belastet, die sich in einer Gegenidentifikation zum Modell und den Umgangsformen der Elternehe befinden. Häufig ist der Wunsch, etwas auf keinen Fall so wie die Eltern zu machen, sehr stark und führt zu zwei grundsätzlichen Schwierigkeiten:

1. Etwas nicht haben und machen zu wollen beinhaltet noch keine konkrete Vorstellung, wie es statt dessen gehen soll. Schließlich ist das, was angestrebt wird, noch nicht vorgelebt und vorgemacht worden, also in der Vorstellung meist diffus.
2. Je stärker die Ablehnung der Eltern und das Vorbild der Elternehe ist, um so rigider wird das Gegenprogramm einer »Nicht- Elternehe« verfolgt.

Damit wird der Handlungsspielraum insgesamt und das Repertoire der Konfliktlösungsmöglichkeiten stark eingeschränkt. Bestimmte Aspekte der Elternehe, die vielleicht ganz konstruktiv sein könnten, werden komplett verworfen, da nichts an die Elternehe erinnern soll.

Beispiel: Eine Frau befand sich in ihren eigenen Beziehungswünschen in einer starken Gegenidentifikation zur Ehe der Eltern. Die Eltern hatten sich häufig, lautstark und grob gestritten, auch vor gelegentlichen Tätlichkeiten nicht zurückgeschreckt. Die Frau wollte unbedingt eine »harmonische« Ehe.

Frage: Wie geht das, eine »harmonische« Ehe leben, die einem nie vorgelebt worden ist? In ihrem Fall hieß das lange Jahre, Auseinandersetzungen wenn möglich zu vermeiden. Wie hoch dieser Preis war, läßt sich erahnen.

Unerfüllte Grundbedürfnisse

Eine Klientin stellt ihre Herkunftsfamilie szenisch (als Familienskulptur) im Sandbild dar, zu einem Zeitpunkt, als sie selbst etwa zehn Jahre alt ist. (Auf eine inhaltliche Interpretation der Figurenwahl möchte ich in diesem Rahmen verzichten. Das würde zu weit führen. Ich beziehe mich daher in erster Linie auf die Darstellung der *Familienkonstellation*.) Die Eltern betreiben zusammen mit den Großeltern eine Gärtnerei. Alle Erwachsenen arbeiten viel und hart auf dem Gärtnereigelände.

Im Sandbild ist in der Mitte das Elternhaus dargestellt. Davor die Mutter mit dem Baby auf dem Arm (der jüngste Bruder). Wir sehen weiter rechts oben den Vater (Figur: Mann mit Schürze in leicht gebeugter Haltung) und den fünfjährigen Bruder (Figur:

niedlicher kleiner Junge) dargestellt. Ganz vorne ist der Großvater (Figur: arbeitender Mann mit Spaten). Im Bild links ist die zwei Jahre ältere Schwester (Figur: freudiges Mädchen, tanzend). Rechts neben dem Haus die Großmutter (Figur: eine alte gebückte Frau mit einem Bündel auf dem Rücken).

Die Klientin selbst befindet sich als Kind in der Mitte des Bildes (Figur: kleines Mädchen mit gelbem Kleid und einer Schale in der Hand). Sie hat um sich viel leeren Raum.

Meine Frage: Was passiert gerade in diesem Moment?

Sie sagt, sie gehe auf die Mutter zu und komme in diesem Moment von der Schule nach Hause. Aber es sei niemand da, der sich richtig auf sie beziehen könne: Die Mutter sei mit dem Baby beschäftigt, der Vater arbeite irgendwo in der Gärtnerei. Er sei auch zu weit weg, er könne gar nicht sehen, daß sie in diesem Moment nach Hause komme.

Ich frage weiter: »Was wäre Ihr Wunsch gewesen in diesem Moment?«

Die Klientin antwortet nach einer Pause: »Daß der Vater kommt und mich fragt, wie es mir geht, was ich in der Schule erlebt habe.«

Interpretation: Die Patientin hat sich vor allem Beachtung und Aufmerksamkeit als Kind in ihrer Herkunftsfamilie gewünscht. Die Mutter wird als »besetzt« erlebt durch den kleinen Bruder, der Vater durch die Arbeit. In anderen Gesprächen mit derselben Klientin wird deutlich, daß der Vater außerdem der älteren Schwester sehr zugeneigt war, die wohl durch ihr sonniges Wesen und ihr Aussehen bestochen hat. Die Klientin erlebt sich als mittleres Kind im Niemandsland der Beachtung. Was sie am meisten sucht, ist die Anbindung an Mutter und Vater und Einbindung in die Großfamilie. Die Beziehung zur Mutter wird damals schon negativ erlebt, was sich ihr weiteres Leben über erhalten soll. Die Mutter hat sie so enttäuscht, daß sie sie als Frau und Mutter gar nicht mehr wahrnimmt. Ihre Aufmerksamkeit richtet sich auf den Vater. Von ihm möchte sie Zuspruch und Zuwendung. Sie sucht nach Bestätigung, daß sie auch wichtig ist, daß sie es wert ist, beachtet und geliebt zu werden, daß sie Bedeutung hat.

Die Klientin ist von diesen mehr unbewußten als bewußten Motiven, wie die weitere therapeutische Rekonstruktionsarbeit zeigt, ihr Leben lang beherrscht: Sie tut alles, um möglichst bald eine eigene Familie zu schaffen. Sie bekommt mehrere Kinder, für die sie auf jeden Fall da sein möchte. Sie macht sich unentbehrlich im Haushalt und in der Familie. Sie sucht verzweifelt nach Bestätigung und Wertschätzung. Sie ist sich ihres eigenen Wertes und ihrer Bedeutung nie sicher. Sie kann kaum mit Kritik umgehen und fühlt sich diesbezüglich schnell mißachtet, verschmäht und verworfen. Sie sucht im Mann vor allem den Familienvater und weniger den Mann als erotischen Partner.

Im genannten Beispiel wurde ein zentrales Bedürfnis nach Aufmerksamkeit, Zuwendung und Bestätigung angesprochen. Weitere Grundbedürfnisse, die in der Herkunftsfamilie zuwenig erfüllt wurden und sich in der heutigen Paarbeziehung als Beziehungsträume und -wünsche manifestieren, sind Wünsche nach Nähe, Intimität und Geborgenheit, nach Sicherheit und Verläßlichkeit in der Zuwendung, nach Beachtung der eigenen Grenzen, nach Freiräumen im Zusammenleben mit einem nahen Menschen, nach gesellschaftlicher Anerkennung und Prestige, um hier die wichtigsten Themen zu benennen.

All diese mehr oder weniger bewußten Wünsche fließen in die Beziehungsphantasien, die mit einem Partner verbunden werden, mit ein.

Manche Wünsche sind tabuisiert, die betroffene Person mag sie sich selbst kaum eingestehen oder den Partner nicht offen damit belasten. Indirekt und direkt werden all diese Wünsche jedoch wirksam und prägen das Beziehungsgeschehen und das persönliche Erleben in Gestalt einer mehr oder weniger ausgeprägten Lebenszufriedenheit.

Wie Fritz Perls als Begründer der Gestalttherapie ausführt (Perls 1978), drängen unerfüllte Bedürfnisse, die nicht verarbeitet sind, wie eine offene Gestalt nach Schließung. Unbearbeitete zentrale Bedürfnisse können zum Beispiel in der Form destruktiv wirksam werden, daß dem Partner in den impliziten Beziehungsvorstellungen die Pflicht auferlegt wird, ebendiese Bedürfnisse zu erfüllen. Gelingt es dem Partner nicht, die Erwartungen zu erfüllen, bekommt er Vorwürfe und Schuldzuweisungen, die ihm eine Verantwortung für das eigene Unglücklichsein zuschreiben.

Die Bearbeitung der zentralen Lebenswünsche beinhaltet demnach eine wichtige Unterscheidung: Die persönlichen Wünsche und Erwartungen sind das eine – die Bereitschaft und die Fähigkeit des Partners, diese Wünsche zu erfüllen, sind das andere. Für einen freieren und autonomeren Umgang mit den eigenen zentralen Bedürfnissen ist es wichtig, diese Bedürfnisse sich selbst bewußtzumachen und kennenzulernen. Eine bewußte Auseinandersetzung mit diesen Wünschen erlaubt es einer erwachsenen Person, sich für die Erfüllung dieser Bedürfnisse selbst zuständig zu fühlen.

Kein Mensch kann sich normalerweise selbst uferlos alle Wünsche erfüllen. Es ist also notwendig, Prioritäten zu setzen und Handlungspläne zu entwerfen, die der Erfüllung des einen und anderen Wunsches dienlich sind. Die Grenzen der eigenen Wunscherfüllung stellen sich in der eigenen Bereitschaft und Fähigkeit dar, für die Erfüllung zentraler Wünsche auch etwas zu tun und tun zu vermögen. So mag der Wunsch nach beruflichem Prestige und gesellschaftlichem Status zentral sein; wenn die eigenen beruflichen Fähigkeiten aber nicht geeignet sind, dieses Ziel zu erreichen, und auch der Partner nicht der Mensch ist, der geneigt und fähig ist, diese zentralen Wünsche zu erfüllen, so ist eine Entscheidung in der Auseinandersetzung mit bestimmten Wunschvorstellungen notwendig.

Wir können in der Praxis der Paartherapie häufig erleben, daß bei chronisch gestörten Paarbeziehungen die Erfüllung zentraler Lebenswünsche an den Partner delegiert wird.

Nach impliziten und expliziten Normvorstellungen, die in der systemischen Paartherapie vermittelt werden, hat der Partner immer das Recht, »nein« zu sagen. Schließlich hat er oder sie ein

Recht auf Selbstbestimmung. In diesem Sinn drückt auch das »Gestaltgebet« eine Botschaft zur Wahrung der Integrität zwischen nahen Bezugspersonen aus:

> Ich bin Ich
> Und Du bist Du.
>
> Ich bin nicht auf die Welt gekommen,
> um Deine Bedürfnisse zu erfüllen,
> und Du nicht, um meine ...
> Wenn wir uns einig sind,
> so ist das wünschenswert.
>
> Wenn nicht,
> so ist das eine Tatsache, der wir uns stellen müssen.
>
> (freie Übersetzung d. A.)

Kind-Sein und Erwachsen-Sein

Es wäre sicher eine falsche und wenig taugliche Vorstellung von Partnerschaft, daß zwei erwachsene Personen immer freundlich, verantwortungsbewußt und vernünftig miteinander umgehen.

Zwei erwachsene Menschen, die zusammenleben, verhalten sich zueinander nicht immer »erwachsen«. Manchmal treten bei einem »kindliche« Bedürfnisse in den Vordergrund: versorgt und getröstet zu werden, gestützt und ermutigt zu werden. Diese Bedürfnisse können sich unterschiedlich äußern: in Aggression und Vorwurfshaltungen, Depressionen, Leere und Erschöpfung, wenn die betroffene Person davon ausgeht, daß diese Bedürfnisse nicht erlaubt und adäquat seien.

Viele Menschen durften in ihrer Kindheit nicht so Kind sein, wie sie es gewünscht oder gebraucht hätten. Sie hatten in ihrer Mutter nicht genug Mutter oder im Vater zuwenig Vater, möglicherweise auch von beidem zuwenig. Die alten unerfüllten Wünsche brechen im Laufe eines Lebens immer wieder auf, oft werden sie nicht einmal bewußt.

Viele Interventionsformen aus den humanistischen und psychoanalytischen Therapieformen sind geeignet, einen Zugang zu den unerfüllten Wünschen der Kindheit zu finden. Manchmal gibt es im einzel- oder paartherapeutischen Gespräch leicht zugängliche Hinweise wie zum Beispiel: »Mir würde es guttun, wenn ...« Oder: »Ich würde mir wünschen, daß jemand kommt und ...« Oder: »Manchmal sehne ich mich danach, daß ...« Solche Sätze können spontan geäußert werden oder auch als Übung vorgegeben werden.

Es ist naheliegend, daß sich die zentralen bewußten und unbewußten Wünsche vor allem auf die nächsten Bezugspersonen richten: die jeweiligen Partner, eventuell Außenbeziehungen, die Kinder, Freunde und weiterhin die leiblichen Eltern.

Schwierig wird es, wenn diese Wünsche »unerlaubt« erscheinen.

Die betroffenen Personen dürfen sich dann in ihrem persönlichen Erleben nicht »kindlich« und »bedürftig« verhalten, sie müssen stark und souverän sein, wo sie es nicht sind. Alte Mängelerlebnisse werden aufs neue bestätigt und aufrechterhalten. Daraus wachsen mit der Zeit Wut und Enttäuschung dem Partner gegenüber. Der Partner gerät in die Rolle des (den Wunsch nach Anlehnung und Unterstützung) versagenden Elternteils.

Es ist daher von Bedeutung, daß »kindliche« Bedürfnisse in einer Paarbeziehung Platz haben. Nur so können sich alte Wunden schließen und neue Stärke durch die erfahrene Unterstützung wachsen. Es sollten aber beide Partner sowohl in die Kindwie in die Elternrolle gehen dürfen. Ist immer nur der eine das »Kind«, wird er bei allem Trost und allem Versorgtwerden »Kind« bleiben müssen. Er oder sie darf nicht wachsen und stärker werden. Was also erst einmal wohltuend war, kann sich in das entwicklungshemmende Gegenteil verkehren, so wie überbehütete Kinder auch Angst vor dem eigenständigen Leben bekommen können.

Genauso tut es dem Selbstwertgefühl gut, in der Elternrolle zu sein, dem anderen etwas geben zu können. Wer aber immer in der Elternrolle bleibt, der übersieht eigene Anlehnungsbedürfnisse, traut sich nicht, sich fallen zu lassen. Es handelt sich um Menschen, die immer »obenauf« sein müssen, alles scheinbar unter Kontrolle haben und möglicherweise in bezug auf ihre kindlichen Bedürfnisse innerlich verhungern. Dieses Verhalten produziert genauso Symptome wie das Verharren in der Kindrolle.

Bei den »Immer-Eltern« können Symptome auftauchen wie Erschöpfung, Überforderung, Kopfschmerzen, Schlafstörungen, latente Depression, Versagensängste, Alkoholmißbrauch zur Entspannung, Tranquilizermißbrauch. Bei den »Immer-Kindern« Symptome wie Selbstwertprobleme, Versagensgefühle, Depressionen, Ängste verschiedenster Art, Alkoholismus, Drogenabhängigkeit, Hypochondrie.

Beide Rollen können auch überwertig in einer Person ausgelebt werden und sich als länger anhaltender Zustand abwechseln. So kann jemand, der sich längere Zeit völlig überfordert und ausgepowert hat, nach einer solchen Phase in das andere Extrem gehen und sich mit einer Depression mehrere Wochen krank schreiben lassen.

Was nun die Familienrekonstruktion in der Paartherapie anbelangt, ist es sinnvoll, zunächst die Eltern- und Kindrollen in der heutigen Paarbeziehung näher zu erforschen und zu erfragen. Sind hier auffallende Einseitigkeiten? Welche lebensgeschichtliche Bedeutung hat es, wenn der eine Partner überwiegend in der regressiven Position und der andere in der pseudoprogressiven Position bleibt? Welche Ängste verbergen sich bei beiden dahinter? Welche Rollen wurden diesbezüglich schon in der Herkunftsfamilie eingenommen und zugewiesen? Gibt es Wünsche bei beiden, diese einseitigen Rollenfixierungen zu überwinden?

Jürg Willi nennt diese einseitige Rollenaufteilung in einer Paarbeziehung den »pseudoregressiven Part« für die Kindrolle und den »pseudoprogressiven Part« für die Elternrolle (Willi 1975).

In welchen Bereichen erlebt und sieht jeder bei sich einen regressiven und einen pseudoprogressiven Part, den er gern auflockern und überwinden möchte?

Eine pseudoprogressive Fixierung könnte bei der Frau sein, daß sie nicht von ihrem Verantwortungsgefühl für die Familie loslassen kann, selbst wenn sie mit der Freundin ein paar Tage Urlaub macht. Eine regressive Fixierung könnte bei ihr sein, daß sie immer alle Geld- und Verwaltungsangelegenheiten ihm überläßt.

Bei ihm könnte es sein, daß er nicht wagt, seiner Frau seine Sorgen und Kümmernisse bezüglich seiner Arbeit oder Ängste im sexuellen Bereich mitzuteilen (pseudoprogressive Fixierung). Andererseits möchte er sich vielleicht im Haushalt komplett versorgen lassen, kann kaum die Kaffeemaschine selbst anstellen (regressive Fixierung).

Aufträge und Delegationen

In der Familientherapie aller Ausrichtungen, vor allem aber im Werk von Helm Stierlin und in den Methoden der »Familienrekonstruktion«, die der entwicklungsorientierten Familientherapierichtung nach Virginia Satir zuzuordnen sind (vgl. hierzu ausführlicher Kaufmann 1990), spielen Aufträge und Delegationen aus der Herkunftsfamilie, die in die nächste Generation weitergegeben werden, eine große Rolle.

Die Begriffe »Auftrag« und »Delegation« können in diesem Zusammenhang nahezu synonym verwendet werden. Vorab möchte ich jedoch folgende Definition dieser Begriffe vorschlagen:

Ein »Auftrag« ist im familientherapeutischen Sinn eine direkt oder indirekt vermittelte Botschaft der Eltern – manchmal auch der Großeltern oder anderer maßgeblicher Erziehungspersonen –, wie ein Kind zu sein und als Erwachsener zu werden hat. Bezogen auf die Paarsituation der erwachsenen Kinder können »Aufträge« wirksam sein wie: Gründe eine ordentliche Familie! Für den Mann kann es heißen: Sorge für ein anständiges Familienauskommen! und für die Frau: Führe den Haushalt ordentlich und geh bei Auseinandersetzungen mit deinem Mann den »diplomatischen« Weg!

Eine »Delegation« bezieht sich auf Anliegen eines Elternteils. Das (erwachsene) Kind soll etwas für ein Elternteil erledigen, also etwas tun, was der Vater oder die Mutter jeweils selbst in ihrem Leben nicht verwirklichen konnten und was diesen sehr am Herzen liegt (oder lag). So kann sich eine »Delegation« darauf beziehen, ein Geschäft oder ein Unternehmen weiter aufzubauen und fortzuführen, das der Vater gegründet hat. Auch eigene Versäumnisse werden oft delegiert. Vielleicht konnte die Mutter nie selbst eine künstlerische Laufbahn einschlagen, die sie sich sehr gewünscht hätte, und gibt nun diesen »Auftrag« an ihre Tochter weiter.

Aufträge können sich auch auf »Fehler« im Leben der Eltern beziehen. Vielleicht bereut ein Elternteil die eigene Scheidung und gibt den Kindern den Auftrag, daß sie sich nie scheiden lassen sollen. In diesem Sinn wird eine Art Wiedergutmachung an die Kinder delegiert. Eigene ungelöste Ehethemen der Eltern können an die Kinder weitergegeben werden: Möglicherweise hat der Vater darunter gelitten, die finanziellen Erwartungen seiner eigenen Frau nicht erfüllen zu können, und er gibt an den Sohn weiter: »Du sollst deiner Frau mal etwas bieten können ...«

In der aktuellen Paarkonstellation wirksame Aufträge und Delegationen können am besten so ausgemacht werden, daß man die Partner nach ihren jeweiligen normativen Zielvorstellungen in der Ehe und Partnerschaft befragt. »Was für ein Ehemann – was für eine Ehefrau sollten Sie nach der Meinung der Eltern, nach der Meinung von Vater und von der Mutter sein?«

Es ist durchaus denkbar, daß hier ganz unterschiedliche Vorstellungen zum Tragen kommen, die sich auch innerhalb einer Person als Konflikt darstellen können. Möglich ist, daß Vater und Mutter unterschiedliche Aufträge vermittelt haben, die sich ausschließen oder große Integrationsanstrengungen erfordern. Es ist normal, daß sich eine Person innerlich massiv mit der elterlichen »Auftragslage« auseinandersetzen muß, einen Teil der Aufträge bejaht, einen anderen ablehnt. Schließlich will nicht jeder Sohn ganz so sein, wie ihn seine Eltern haben wollten.

Ebenso ist denkbar, daß sich in der normativen Ausrichtung

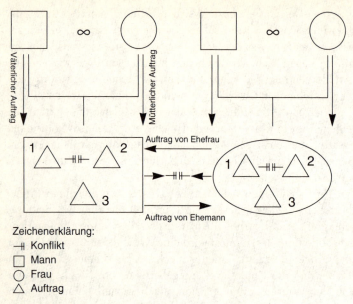

Abb: (Paar-)Beziehungsaufträge und elterliche Aufträge im intrapsychischen und interaktionellen Konflikt

ein Konflikt auf der Paarebene zeigt: Denn was die Eltern des Ehemannes sich vorgestellt haben, wie dieser sein soll, muß noch lange nicht den Vorstellungen der jetzigen Partnerin entsprechen (s. Abbildung o.).

Dieser Strang ist genauso spiegelbildlich für die Frau in der Paarbeziehung zu durchleuchten. Ein Beispiel:

Bei ihm: Väterlicher Auftrag: Werde ein erfolgreicher Geschäftsmann und übernehme meinen Betrieb.

Mütterlicher Auftrag: Du könntest ein Künstler werden.

Auftrag der Ehefrau: Du solltest eine Verbeamtung anstreben, dann wären das Familienauskommen und die Altersversorgung gesichert.

Bei ihr: Väterlicher Auftrag: Werde eine selbständige aparte Frau, die sich nicht an einen bestimmten Mann bindet und beruflich viel Erfolg hat.

Mütterlicher Auftrag: Du solltest heiraten, eine richtig gute Hausfrau und Mutter mehrerer Kinder sein.

Auftrag des Ehemannes: Ich erwarte von dir, daß du alles, was du machst, auch perfekt machst.

Mangelnde Ablösung

Wir kommen jetzt auf die Grenzziehungsprozesse eines Paares nach außen zu sprechen. In manchen Paarbeziehungen sind alte Bindungen so wirksam, daß man davon ausgehen kann, ein Partner steht innerlich mit dieser anderen Person mehr in Verbindung als mit dem jetzigen Partner. Entscheidend ist weiterhin, daß sich die betroffene Person innerlich und äußerlich von dieser anderen Person außerhalb der Paarbeziehung leiten läßt, sei es nun in der Identifikation oder in der Gegenidentifikation mit dieser Person. In der Regel ist diese andere Person außerhalb der Paarbeziehung ein Elternteil eines Partners, manchmal auch ein Geschwister oder eine andere frühere Bezugsperson.

Die alte Bindung wirkt noch sehr stark, sie nimmt Einfluß bis in die intimsten Bereiche der Paarbeziehung. Der eine Partner kann sich dem anderen gegenüber in diesem Sinn nicht »frei« verhalten, die dritte Person mischt in allem mit. Die Abgrenzung nach außen, und damit auch innerhalb der eigenen Person die »Entthronung« der alten Bezugsperson, ist noch nicht gelungen und die Verabschiedung von der alten Bindung noch nicht vollzogen.

Ein Ehepaar stellt in einer Paartherapiesitzung folgendes Problem vor:

Der Mann habe vor kurzem seiner Frau eine Liebeserklärung gemacht (das Paar ist seit 25 Jahren verheiratet), worauf die Frau eher abwehrend reagiert habe. Sie habe die Botschaft »ich liebe dich« gar nicht aufnehmen können, obwohl sie das doch eigentlich freuen müsse und sie ihren Mann sehr gern habe. Das Ganze habe sie sofort an ihre Mutter erinnert, und sie habe Angst davor bekommen, vereinnahmt zu werden. Beide formulieren, daß sie unglücklich darüber seien, daß das »Mutter-Gespenst« nicht weichen wolle. Die Mutter der Frau ist seit einem Jahr tot.

Ich inszeniere ein Rollenspiel, indem ich das Ehepaar etwas auseinander rücken lasse und eine Arbeitseinheit allein mit der Frau vorschlage. Der Mann hört solange zu.

Nach meiner Aufforderung stellt die Frau nun hinter ihren Stuhl einen weiteren Stuhl. In diesem Stuhl sitzt imaginativ ihre Mutter. Ich lasse die Frau sich in den Stuhl ihrer Mutter setzen und aus der Rolle der Mutter heraus mit der Tochter sprechen.

Davor wurden noch einige Fragen zur Lebensgeschichte und Person der Mutter geklärt. Wichtig ist in diesem Zusammenhang, daß der Vater starb, als die Klientin zwölf Jahre alt war. Auch vorher war der Vater wenig zu Hause, er ging häufig zur Jagd und war von seinen beruflichen Verpflichtungen absorbiert. Der Vater wird sowohl von der Mutter wie der Klientin selbst idealisiert. Seine Erscheinung hat etwas Unwirkliches, wie ein Foto in einem Album. Die beiden übriggebliebenen Frauen haben sich aneinander festgehalten, die Mutter am Kind, das Kind an der Mutter. Das blieb bis heute so. Die eigentliche Ehe wurde zwischen Mutter und Tochter geführt. Die Gefühle der Klientin ihrer Mutter gegenüber waren immer äußerst ambivalent: Das eine Gefühl ist Trotz, Auflehnung, Wut (weil die Mutter so mächtig ist, sich in alles einmischt und sie gängelt, kommandiert, lockt und schöntut), das andere Mitleid (weil die Mutter sonst niemanden hat, weil sie ihr leid tut, weil sie es sicher gut meint).

Die Mutter wohnte während der gesamten Ehejahre mit der Familie ihrer Tochter im Haus. Das Haus gehörte der Mutter. Es ist das Elternhaus, aus dem die Klientin im Erwachsenenalter nie ausgezogen ist.

Klientin aus dem Stuhl der Mutter zum »Kind«:

»Kind, ich will doch nur, daß du glücklich bist, mach es so wie ich (implizit), schau, ich habe doch immer erst geschaut, daß andere glücklich sind, dann war ich erst selbst glücklich. Mach deinen Mann glücklich! Schau, daß alles für ihn gerichtet ist, daß alles in Ordnung ist, daß das Essen rechtzeitig gekocht ist.

Du weißt doch, wie empfindlich da Maurice (der Mann, Name geändert) ist. Ich kann überhaupt nicht verstehen, warum ihr getrennte Schlafzimmer habt (Angabe der Klientin: wegen Schnarchen). Also, ich habe meinen Mann immer glücklich gemacht, vor allem im Bett ...«

Die Klientin wird in ihrer Rede immer lauter und erregter. Die Therapeutin tippt ihr auf die Schulter: »Ganz ruhig bleiben!« Beide lachen.

Die Therapeutin schlägt der Klientin vor, nun in ihren eigenen Stuhl zu gehen. Sie solle aber den Stuhl herumdrehen, so daß sie der Mutter gegenübersitzt. Sie soll die Mutter nicht im Rücken haben und sich von ihr scheuchen lassen, sondern sich mit der Mutter vis à vis auseinandersetzen, so wie zwei erwachsene Frauen sich auseinandersetzen können.

Die Klientin nimmt diese Anweisung erleichtert, aber noch mit Anspannung auf.

Die Therapeutin fragt die Klientin, was sie die ganzen Jahre versucht habe, um sich von ihrer Mutter abzugrenzen. Die Klientin antwortet (immer noch erregt), sie habe alles versucht: Türen verrammeln, brüllen: »Laß mich in Ruhe!«, bitten, sich nicht in ihre Ehe- und Familienangelegenheiten einzumischen, sich im Zimmer vergraben und sich mit Alkohol »zumachen«.

Die Klientin meint resigniert: »Aber es hat alles nichts genützt!«

Die Therapeutin antwortet: Sie habe sich äußerlich abgegrenzt und sich dabei redlich Mühe gegeben. Aber innerlich sei sie der Mutter weiter sehr verbunden gewesen. Ob vielleicht ein Verantwortungsgefühl für die Mutter dieses heimliche innere Band gewesen sei?

Nach erstauntem Zögern wird dies von der Klientin nicht ohne Betroffenheit bejaht.

Im Laufe dieser Arbeitseinheit (wie kann ich mich *innerlich* lösen?) ergibt sich folgender Schluß: Die Klientin soll eigene Worte finden, um der Mutter die Verantwortung für ihr Leben zurückzugeben und sich von ihr zu verabschieden.

Die Klientin sagt sinngemäß zur Mutter: »Ich möchte mich

nicht weiter um dich sorgen. Du bist eine erwachsene Frau. Du hast alle Möglichkeiten, dich selbst darum zu kümmern, ob du Kontakt hast, mit oder ohne therapeutische Hilfe. Ich bin dafür nicht zuständig, wenn du dich allein fühlst. Es ist deine Sache! Ich möchte jetzt gehen. Ich möchte eine eigene Familie gründen. Ich möchte mit meinem Mann ungestört zusammensein. Ich gehöre jetzt dahin! Ich wünsche dir alles Gute, und ich möchte mich von dir verabschieden.«

Kommentar der Klientin nach Abschluß dieser Einzelarbeit (stöhnt aufatmend): »Mein Gott, warum habe ich das nicht früher gesagt!«

Männerbilder, Frauenbilder

Es handelt sich hier um Wertigkeiten in bezug auf die eigene Geschlechterrolle und die Geschlechterrolle des Partners. All das, was bisher über die Beziehungen zur und in der Herkunftsfamilie gesagt wurde, hat Einfluß auf die Entwicklung von Vorstellungen und Beziehungsideen, wie man sich einen zukünftigen Mann oder eine Frau vorstellt. Dabei ist wesentlich, daß die Eigenschaften des gesuchten Partners sich an das anlehnen, was bei Mutter und Vater immer schon bewundert und geliebt wurde. Die Eigenschaften, die in den Vordergrund der Aufmerksamkeit treten, lassen sich in der Regel rekonstruieren.

Ein Mann beschrieb seine Mutter als sehr schön und leidenschaftlich und blieb diesem Ideal stark verhaftet. Nachdem seine Frau ein Kind bekommen hatte und für seine Begriffe nicht mehr so »schön« war, tat er sich schwer, sie weiterhin zu lieben, und kam darüber in große Konflikte.

Eine Frau wiederum liebte an ihrem Vater die Großzügigkeit und souveräne Haltung in allen Lebenslagen, wodurch ihr die diesbezüglich entgegengesetzten Eigenschaften ihres späteren Ehemannes zum Fallstrick in der Beziehung wurden.

Welche Eigenschaften der Eltern und der Partner welche Wertigkeit haben, läßt sich nicht ein für allemal fixieren. Da jeder Mensch viele unterschiedliche Eigenschaften auf sich vereinigt, können in der persönlichen Entwicklung bestimmte Züge hervortreten und andere zurücktreten. Ebenso unterliegt die Bewertung von Eigenschaften, die an anderen Menschen wahrgenommen werden, einem Prozeß der Veränderung, der auch mit der eigenen Entwicklung zusammenhängt.

In der Adoleszenz (zwanzig bis Mitte Zwanzig) herrscht diesbezüglich normalerweise noch eine große Verunsicherung; gleichzeitig werden in dieser Entwicklungs- und Altersphase die meisten Ehen geschlossen. Bestimmte Grundwertigkeiten bilden sich meist erst im Laufe eines Lebens aus. Diese bestimmen wiederum sehr stark die Bewertungsmaßstäbe, die auch auf den Partner angelegt werden. Manchmal werden auch in den Männer- und Frauenbildern, die die Partner in ihren Herkunftsfamilien erworben haben, mehrere Ideale kreiert, das heißt, eine Person verfolgt in bezug auf das andere Geschlecht mehrere Wertigkeiten, die nicht alle in einer Person vereinigt sein müssen. So gibt es möglicherweise die Frau, mit der man Kinder bekommen und zusammenleben möchte, und die Frau(en) für gewisse Stunden. Es kann auch den Mann geben, mit dem man die Weltreise machen würde, und den, der einem das Häuschen im Grünen hinstellt und Vorsitzender der Gemeinderatsfraktion ist.

Frühere Paarbeziehungen

Frühere Paarbeziehungen, vor allem frühere länger dauernde Ehen und Partnerschaften, haben einen bestimmenden Einfluß auf die Gestaltung und die Beziehungsphantasien einer aktuell bestehenden Partnerschaft. Eine langjährige Ehe ist in ihrem prägenden Einfluß vergleichbar mit dem Einfluß der Herkunftsfamilie auf die jetzige Familiensituation. Letztlich wirken ähnliche Bestimmungsgrößen, die schon zuvor im Kapitel über die Herkunftsfamilie dargelegt wurden. So stellt eine frühere Paarbeziehung immer auch ein Beziehungsmodell dar, mit dem eine bewußte und unbewußte Auseinandersetzung stattgefunden hat. Je nachdem, wie glücklich oder unglücklich diese Beziehung erlebt wurde, findet eine Identifikation oder Gegenidentifikation mit diesem Beziehungsmodell statt, das heißt, die jetzige Beziehung wird in Anlehnung oder Abgrenzung zu dieser früheren Paarbeziehung geführt. Die Anlehnung und Abgrenzung kann sich natürlich auf unterschiedliche Aspekte einer früheren Paarbeziehung beziehen, sei es in bezug auf die Kindererziehung, die Rollenverteilung, die Gestaltung von Alltagsritualen oder den Umgang mit Sexualität.

Auch unerfüllte Grundbedürfnisse werden weiterhin eine Rolle spielen. Häufig findet die neue Partnerwahl in der Gegenidentifikation zur früheren Partnerwahl statt, so daß mit der neuen Partnerwahl auch die Hoffnung verbunden wird, im neuen Partner, in der neuen Partnerin etwas zu finden, was in der früheren Partnerschaft schon schmerzlich vermißt wurde. So wie schon bei der ersten Partnerwahl liegt auch jetzt wieder das Augenmerk auf ganz bestimmten Wesensmerkmalen und Attributen des Partners, die für die eigene Bedürfniserfüllung und Wertehaltung wesentlich erscheinen.

Je rigider die Vorstellungen vom anderen und je dringender die persönliche Not, etwas ganz Bestimmtes zu brauchen und zu suchen, um so eingeschränkter ist auch die Wahrnehmung dem anderen gegenüber. Die Gefahr eines neuerlichen Scheiterns oder die Wahrscheinlichkeit, eine geglücktere Partnerschaft führen zu können, sind somit abhängig davon, wie der Verlauf und das Ende der letzten oder früheren Paarbeziehungen verarbeitet wurde.

Werden durch die Verarbeitung der Erfahrungen in früheren Paarbeziehungen der Blick für das Ganze (die Interaktion und gemeinsame Entwicklung) und der Blick für die eigenständige Person des anderen geschärft, geht die Person, die eine Trennung solchermaßen verarbeitet, gereift und erfahrener aus einer gescheiterten Paarbeziehung hervor.

Aber auch das Gegenteil kann der Fall sein: Nichts ist über den anderen, die eigene Person und das Zusammenspiel gelernt worden. Es bleibt bei der externalen Schuldzuweisung: Der andere ist eben schuld, hätte anders sein müssen, dann wäre die Beziehung schon geglückt. Wer solchermaßen das Scheitern einer Paarbeziehung oder Ehe attribuiert, hat sich selbst die Chance genommen, für spätere Paarbeziehungen zu lernen.

Eine mangelnde Ablösung oder weiterbestehende enge innere, manchmal auch äußere Bindung zu einem früheren Partner erschweren die Entstehung von Vertrauen, Intimität und Nähe in der neuen Partnerschaft. Hier haben wir es mit Störungen in den Grenzziehungsprozessen zu tun (wie im Kapitel 6 über »Grenzen« noch näher ausgeführt werden soll). Auch die enge Beziehung zu Kindern aus früheren Paarbeziehungen kann eine neue Paarbeziehung belasten, denn diese Kinder repräsentieren den Expartner oder die Expartnerin mit. Hier handelt es sich um Balanceakte, da die Kinder aus früheren Paarbeziehungen ein Recht auf die Aufrechterhaltung der Beziehung und Nähe zum angesprochenen Elternteil haben, die neue Paarbeziehung aber auch einen eigenen und intimen Raum zur Gestaltung und Entwicklung der Partnerschaft braucht.

Kapitel 3:

Der implizite Beziehungsvertrag – Gesichtspunkte der Partnerwahl

> Jedes starke Gefühl ist wie ein Ton in der Musik, es bringt Erinnerungen aus der ganzen Spanne der eigenen Geschichte zum Klingen. So wie kein Ton für sich allein existiert, gibt es auch keine reinen Gefühle. Und jene Erinnerungen bringen andere Gefühle mit sich, auch Hoffnung, Enttäuschung, Wut, so daß das Gefühl der Liebe bei einem Erwachsenen stets ein wilder Akkord ist.
>
> (Irene Dische)

Verhaltenstherapeutische und psychoanalytische Ansätze in der Paartherapie

Die verhaltens- und kommunikationstherapeutischen Ansätze der Paartherapie beschäftigen sich ausschließlich mit Interventionsmöglichkeiten zur Verbesserung der Paarbeziehung, sie zielen darauf, Beziehungs- und Kommunikationsfertigkeiten zu vermitteln. Ein früher Klassiker auf diesem Gebiet ist das Buch von Mandel, Stadter und Zimmer: ›Einübung in Partnerschaft durch Kommunikationstherapie und Verhaltenstherapie‹ (1971). Viel gelesen und eingeführt ist auch von Bach und Wyden ›Streiten verbindet‹ (1970) und von Schwäbisch und Siems ›Anleitung zum sozialen Lernen für Paare, Gruppen und Erzieher‹ (1974). Weitere verhaltenstherapeutisch-kommunikaionstherapeutische Standardwerke auf dem Gebiet der Paartherapie sind ›Partnerschaftsprobleme – Diagnose und Therapie‹ und ›Partnerschaftsprobleme und ihre Bewältigung‹ (Hahlweg, Schindler und Revenstorf 1980, 1982).

Bei diesen frühen Ansätzen wird außer acht gelassen (was jeder weiß), daß zwei Partner von ihren Grundbedürfnissen und Vorstellungen, was das Zusammenleben und die Gestaltung der Partnerschaft anbelangt, gut oder eben weniger gut zusammenpassen können. Bei den oben genannten Publikationen wird im Grunde davon ausgegangen, daß jeder mit jedem eine gute Paarbeziehung führen kann, vorausgesetzt, daß die entsprechenden Beziehungsfertigkeiten erworben wurden. Zwei Paare mit hypothetisch gleich guten Beziehungs- und Kommunikationsfertigkeiten, aber mehr oder weniger günstiger »Passung« werden demnach eine unterschiedliche Beziehungsqualität erleben (vgl. hierzu auch Revenstorf 1986).

Im Gegensatz zur Verhaltenstherapie betont die psychoanalytisch orientierte Paartherapie gerade die *Partnerwahl* unter verschiedenen Gesichtspunkten als Bestimmungsgröße für die zu erwartenden Konflikte in einer Partnerschaft (Willi 1975, Kast 1984). Hier wird von einem Reifungskonzept und den unvollständig abgelaufenen Reifungsschritten in einzelnen Entwicklungsphasen ausgegangen: Ein entsprechend defizitär ausgestatteter Partner sucht sich sein ebenfalls defizitäres komplementäres Gegenstück, das die eigenen Entwicklungsdefizite ausgleicht. Beide können aber in ihrer Rolle fixiert sein, womit weitere Entwicklungen verhindert werden. Das psychoanalytische Denkmodell orientiert sich am Wachstum und der Entwicklung der Persönlichkeit hin zu mehr Autonomie und Erwachsenwerden.

In die hier vorliegende Arbeit fließen beide Grundrichtungen mit ihrem Gedankengut ein: Die Partnerwahl soll als Determinante für die bestehenden Paarkonflikte berücksichtigt werden, jedoch unter systemischen Gesichtspunkten. Hierzu erscheint mir das Konzept von C. J. Sager, der von einem hypothetischen impliziten Beziehungsvertrag ausgeht, am besten geeignet.

Das Konzept »impliziter Beziehungsverträge« (nach C. J. Sager).

C. J. Sager (1976) entwickelte ein ausformuliertes Konzept des »Beziehungsvertrages«, wobei er von bestimmten Bedürfnisprofilen bei den einzelnen Partnern ausgeht, die wiederum einen bestimmten Interaktionstyp bedeuten. So gibt es Grundbedürfnisse in bezug auf die Partnerwahl, die Interaktions-Dispositionen darstellen wie Unabhängigkeit/Abhängigkeit, Dominanz/Unterwerfung, Besitz/Kontrolle, Nähe/Distanz, Aktivität/Passivität, Beseitigung von Rollenunsicherheit (weiblich wie männlich), Schutz gegen Ängste verschiedener Art sowie Interesse an bestimmten physischen und sozialen Eigenschaften.

Sager stellt Bedürfnisprofile zusammen, die einen bestimmten Interaktionstyp ergeben, zum Beispiel die »romantischen Partner«, die sich durch große Abhängigkeit vom anderen, Bedürfnis nach Nähe, Bedürfnis nach Besitz und Kontrolle und Angst vor Einsamkeit auszeichnen. Oder die »egalitären« (emanzipierten) Partner, die »väterlich/mütterlichen« Partner mit ihrem jeweils komplementären kindlichen Partner, und die »distanzierten« Partner, die eine rationale, kameradschaftliche egalitäre Beziehung führen. Der Begriff des »Beziehungsvertrages« gilt heute als eher heuristischer Begriff und wegweisende Metapher in der systemischen Paartherapie und hat hier eine tragende Bedeutung. Zentral bei diesem Konzept des »Beziehungsvertrages« sind die Erwartungen, die sich an den Partner richten, und die Forderungen, die sich für das Beziehungsverhalten des Partners daraus ergeben. Wie Sager ausführt, klagen beide Partner unterschiedliche Beziehungsverträge ein, die größtenteils unbewußt sind. Infolge der mangelnden Bewußtheit sind diese Beziehungsvorstellungen nicht expliziert worden und – symbolisch gesprochen – vom anderen nicht erkannt und unterschrieben worden. Dennoch verhalten sich beide Partner so, als ob sie ein Recht auf die Erfüllung der Vertragsseite des Partners hätten. Die Erwartungen an die Ehe oder Partnerschaft können generell überhöht und irrational sein.

Sager nennt folgende Erwartungen, die an die Ehe gestellt werden: einen exklusiven und/oder ergebenen Partner haben, Unterstützung gegen den Rest der Welt, Refugium vor Streß und Unbill, Versicherung gegen die Einsamkeit, etwas (nämlich die Familie) gegen den Rest der Welt zu verteidigen zu haben, ewiges Glück, geregeltes Sexualleben, die Gelegenheit, jemanden zu inspirieren, ökonomische Einheit, gesellschaftlicher Status, Kinder, Verwandte und überhaupt eine Familie zu haben (nach Sager 1976).

Wichtige wiederkehrende Inhalte von ungeschriebenen Beziehungsverträgen sind nach meinen Beobachtungen:
- Vorstellungen zur Treue (insbesondere im sexuellen Bereich);
- Versorgungsansprüche;
- Karriereauftrag an den Mann;
- Kinderwunsch;
- Vorstellungen zur Arbeitsteilung und zum Engagement in der Familie;
- Vorstellungen in bezug auf »erlaubte« persönliche Freiräume;
- Verbindlichkeiten in bezug auf den Umgang mit der Herkunftsfamilie beziehungsweise auf den Stellenwert der Herkunftsfamilie;
- Kontakte zu leiblichen Kindern, die außerhalb der Familie, zum Beispiel beim früheren Partner, leben;
- Vorstellungen zum sexuellen Bereich;
- Fürsorglichkeitserwartungen genereller Art, im besonderen aber in Zeiten von Schwangerschaft, Geburt, Kleinkinderphase (bei Frauen) und Krankheit, Alter (bei beiden Geschlechtern).

Damit deute ich lediglich die wichtigsten Konfliktfelder an, die in bezug auf die Grunderwartungen an den Partner eine Rolle spielen und im Laufe der Beziehung massive Konflikte aufwerfen können. Die Themen sind hiermit aber keinesfalls erschöpft.

Überlegungen zu »impliziten Beziehungsverträgen« heute

In der Weiterentwicklung dieses Grundgedankens eines impliziten wechselseitigen Beziehungsvertrages gehe ich davon aus, daß zwei Partner zu einem beliebigen Zeitpunkt, an dem sie ihre Beziehung konstituieren, aus ihren aktuellen Bedürfnissen und Werthaltungen heraus eine gegenseitige Partnerwahl treffen. Oft sind diese Bedürfnisse und Werthaltungen gar nicht bewußt. Jeder macht sich ein Bild vom anderen, wobei jeder im anderen die Verheißung sieht, die eigenen Bedürfnisse erfüllt zu bekommen. In diesem Bild vom anderen werden vorrangig jene Gesichtspunkte wahrgenommen, die mit den eigenen Bedürfnissen korrespondieren. Dabei kann es aber passieren, daß bestimmte Wesensmerkmale überzeichnet wahrgenommen werden, andere dagegen ignoriert werden.

In diesem Beziehungsvertrag werden darüber hinaus implizit und explizit die Rollen verteilt, Bedingungen formuliert und Erwartungen an den anderen gestellt. In früheren Zeiten wurde durch die gesellschaftlichen Rahmenbedingungen ein großer Teil der geschlechtsspezifischen Rollen in der Ehe und der vorehelichen Phase festgelegt und in einem gesellschaftlichen Sittenkodex formuliert. Schließlich ist die Ehe selbst ein Vertrag, der bestimmte Rollen und Verpflichtungen juristisch festlegt. Geschlechterrollen sind auch in Abhängigkeit zur sozialen Schicht formuliert. So brauchen zum Beispiel in bestimmten sozialen Schichten die Frauen nicht zu arbeiten, während sie bei wirtschaftlich schlechter gestellten Familien arbeiten »müssen« und in anderen sozialen Kreisen wiederum arbeiten »dürfen«.

Dies galt im wesentlichen noch für die Generation unserer Eltern. Im Zuge der Liberalisierung der geschlechtsspezifischen Rollen und einer Durchwachsung der sozialen Schichten sind die Erwartungen, die Männer und Frauen aneinander haben, vielgestaltiger, unüberschaubarer und auch illusionärer geworden. Dies hängt zum einen damit zusammen, daß die Rollen von Frau und Mann zueinander und in bezug auf die Kindererziehung in einem starken Wandel begriffen sind, zum anderen aber auch, daß die Partnerschaft zu stark mit Glückserwartungen beschwert wird, so daß im Partner mehr als früher ein Erfüllungsgehilfe für dieses persönliche Glück gesehen wird: Einerseits soll die Partnerschaft Liebe und Erotik garantieren, andererseits aber auch Zuverlässigkeit und Beständigkeit. Einerseits soll sie der persönlichen Entfaltung nicht im Wege stehen, andererseits soll sie auch einen verbindlichen Rahmen für die Versorgung und Erziehung von gemeinsamen Kindern darstellen. Der persönlichen Freiheit soll Raum gegeben werden, aber die sexuelle Treue ist nach wie vor erwünscht. Der Mann soll die Frau in bezug auf Kinder und Haushalt entlasten, gleichzeitig soll er aber auch Karriere machen und für Wohlstand und finanzielles Auskommen der Familie sorgen. Die Frau soll die Doppelbelastung von Beruf und Kindern entspannt bewältigen und gleichzeitig noch eine ordentliche Hausfrau sein und so weiter.

Die Beziehungsakrobatik, die in mancher modernen Ehe praktiziert wird, um die alltagstauglichen und phantastischen Beziehungsvorstellungen unserer Generation unter einen Hut zu bringen, werden anschaulich und mit nicht zu verkennender Ironie von dem Soziologenpaar Beck und Beck-Gernsheim (1990) in ihrem bekannten Buch ›Das ganz normale Chaos der Liebe‹ dargestellt. Auch die Schweizer Paar- und Familientherapeutin Welter-Enderlin (1992) verweist in ihrem Buch ›Paare – Leidenschaft und Langeweile‹ auf die Veränderungen und Anstrengungen im Zusammenleben von Paaren durch vielschichtige Beziehungsleitbilder im Wandel der Generationen.

Folgende Faktoren erschweren einen partnerschaftlich gelungenen, stimmigen und realistischen Beziehungsvertrag:
1. Die Rollenerwartungen von Mann und Frau sind in einem starken gesellschaftlichen Wandel begriffen. Der Beziehungsvertrag muß immer wieder neu ausgehandelt werden.
2. Die überhöhten Erwartungen an persönliches Glück und Glück in der Paarbeziehung schlagen sich in teils überhöhten und widersprüchlichen Erwartungen an den Partner nieder, die den anderen jeweils überfordern.

3. Der implizite Beziehungsvertrag unterliegt einer symbiotischen Denkweise, das heißt, der eine findet es »selbstverständlich«, daß der andere sich seinen Erwartungen entsprechend verhält. Damit werden die impliziten Erwartungen an den »Vertragspart« des anderen als scheinbar legitime Forderung an den anderen formuliert.

Beispiele für implizite Beziehungsverträge

Bevor ich an dieser Stelle einige Beispiele aus der paartherapeutischen Praxis anführe, möchte ich eine Szene aus einer Filmgeschichte zitieren. Es handelt sich um den szenischen Dialog eines Paares beim ersten Kennenlernen. Bei diesem (Film-)Paar bestehen berechtigte Zweifel, ob sich nicht etwa beide in ihren impliziten Beziehungsvorstellungen verfehlen:

Ulrich Plenzdorf: Die Geschichte von Paul und Paula (1974)
(Nicht weit vom Wohnwagen sitzt Paul mit der Schönen auf einer Bank. Der Mond scheint. Die Nachtigallen schlagen. Die Schöne sitzt in herrlicher Pose neben Paul. Paul liegt innerlich auf den Knien vor ihr. Folgender Dialog entspinnt sich zwischen beiden:)

> Paul: Das ist ein Abend wie Seide.
> Die Schöne: Pfui! Hier sind ja Ameisen!
> Sie springt auf.
> Paul: Sie müssen sich irren. Ameisen schlafen nachts.
> Er hat große Angst, daß die Schöne etwa geht. Er atmet auf, als sie sich wieder setzt.
> Paul: Wenn Ihnen kalt ist, nehmen Sie doch meine Jacke.
> Die Schöne: Soll mir wohl das Kleid zerknittern!?
> Sie nimmt Abstand von Paul. Paul ist kurz davor zu verzweifeln. Dann macht er einen zweiten Anlauf.
> Paul: Das ist ein Abend wie Seide.
> Die Schöne: Bitte, ja?!
> Sie legt in ihre Stimme etwas, das sie für Erotik hält.

Paul: Ich meine: so weich.
Die Schöne: Bitte, ja!?
Paul weiß nicht weiter.
Die Schöne fragt plötzlich: Was machen Sie eigentlich, wenn Sie nicht kleine Mädchen verführen?
Paul: Ich studiere.
Die Schöne sofort: Medizin?!
Paul: Ja ... das heißt, nicht direkt.
Die Schöne: Und welches Sylvester, wenn man fragen darf?
Paul: Wie bitte?!
Die Schöne: Mann! Welches Lehrjahr oder wie das heißt.
Paul: Das letzte ... fast das letzte Semester.
Die Schöne: Und dann? Schon 'ne Stellung?
Paul: Alles schon klar.
Die Schöne: Und?!
Paul begreift nicht gleich – dann: Achthundert für den Anfang.
Die Schöne: Auf die Hand?
Paul: Was denn sonst. Und das kann sich schnell ändern. In einem Jahr kann es schon das Doppelte sein. Bei den Perspektiven.
Er gibt an, weil er sieht, das alles beeindruckt sie. Die Schöne wendet sich ihm zum ersten Mal voll zu und lächelt ihn auf eine unbeschreibliche Weise an. Paul darf sie küssen.
Die Schöne flüstert: Du bist gar kein kleiner Dummer nicht.

(Keinen Monat später wird Paul geheiratet, mit Kirchenglocken, Brautkutsche, Rosenstrauß, Schwiegereltern und Fotografen. Nach einem Jahr hat er ein Kind und rückt zur Armee ein.)

Im folgenden einige Beispiele aus der paartherapeutischen Praxis, wozu ich vorab bemerken möchte, daß die angesprochenen Beziehungsvorstellungen so nicht direkt im partnerschaftlichen Gespräch benannt und auf den Tisch gebracht werden. Es handelt sich hier mehr um ein Destillat von inneren Erwartungen und Vorstellungen zum Verhalten des anderen, das sich aus Einzelgesprächen, in denen sich die Partner offener äußern, und indirekten Anspielungen im Paargespräch ergibt.

Beispiel:
Sie: Ich finanziere dir das Studium, dafür machst du später Karriere und versorgst unsere Familie gut. Außerdem bist du mir für mein Opfer, das ich gebracht habe (Verzicht auf eigene berufliche Weiterentwicklung), dankbar, darfst mich nicht verlassen.

Er: Ich arbeite für die Familie, und dafür brauche ich auch gewisse Freiräume. Ich brauche mich nicht für jedes Wegbleiben von zu Hause zu rechtfertigen, und es braucht dich nicht zu interessieren, was ich bei meinen beruflichen Unternehmungen und Fortbildungen an Abenteuern mit Frauen beiläufig mitnehme und suche. Ich stehe zur Familie, aber ich kann dir nicht langfristig garantieren, ob ich bei dir bleibe.

An diesem Beispiel kann man sehen: Es gibt gewisse Übereinstimmungen im Beziehungsvertrag, aber auch Diskrepanzen. Natürlich wird ein Beziehungsvertrag in der Regel von einem Paar nicht so explizit formuliert, beide verhalten sich aber dem anderen gegenüber aus ihren impliziten Vorstellungen heraus. Ein Teil der Diskrepanzen wird mit Forderungen und Vorwürfen und Aggressionen aufgrund von Enttäuschungen ausgetragen, ein anderer Teil wird stillschweigend mit Heimlichkeiten praktiziert beziehungsweise mit Ausflüchten und halben Wahrheiten verschleiert. Manchmal werden hinter einer Mauer des Schweigens und Auflaufenlassens dem Partner gegenüber andersartige Beziehungsvorstellungen verborgen, von denen einer glaubt, sie nicht offen aussprechen zu können. Für die hier angesprochenen therapeutischen Belange ist dabei von Interesse, daß die impliziten Vorstellungen zur Beziehung, vor allem die voneinander abweichenden, immer in irgendeiner Form als Thema oder Symptom vorgetragen werden. Die abweichenden Vorstellungen wirken in diesem Sinne als Störung, auch wenn die Quelle der Störung zunächst nicht benannt werden kann.

Ein weiteres Beispiel:
Sie kommt aus ärmlichen Verhältnissen. Der Vater war als Pendler lange Jahre wochentags nicht zu Hause, die Mutter mußte sich mit zwei Kindern in einem kleinen Dorf durchschlagen. Da das Geld nicht ausreichte, mußte die Mutter bei bessergestellten Professorenfamilien putzen gehen. Der überragende Traum des kleinen Mädchens war, einmal in gutsituierten Verhältnissen leben zu können, soziales Prestige und Bildung zu genießen und einen Mann (Vater für die Kinder) zu haben, der zu Hause präsent ist. In ihrem impliziten Beziehungsvertrag finden sich all diese Träume und Phantasien wieder in Form von Erwartungen (Forderungen), die an den Mann gerichtet werden und die jener in nur ungenügender Weise erfüllen kann. Sie hatte oft das Gefühl, vor allem am Anfang der Ehe, als der Mann öfter seinem Sport nachging und beruflich keineswegs so erfolgreich war, wie sie sich das vorstellte, zu Hause mit zwei Kindern zurückzubleiben »mit nichts«.

Er kommt aus einer Familie, in welcher die Eltern früh gestorben sind und eine Reihe minderjähriger Kinder zurückließen. Die Kinder wurden auf die gesamte Verwandtschaft verteilt. Er landete mit neun Jahren bei Onkel und Tante in einem anderen Dorf. Er machte eine kaufmännische Ausbildung, aber seine karrieristischen Ambitionen waren nie ausgeprägt. Ihm ist es wichtig, eine gemütliche (herzliche) Familie zu haben, denn bei den Pflegeeltern ging es immer sehr unterkühlt und emotionsarm zu. Sein Sport am Sonntagnachmittag geht ihm über alles, dafür läßt er schon öfter Frau und Kinder zu Hause zurück. Seine Erwartungen an seine Frau (implizite Beziehungsvorstellungen und -wünsche) gehen vor allem in die Richtung: nicht verlassen zu werden und ein geborgenes liebevolles Zuhause mit viel Zuwendung und Bestätigung ihrerseits zu haben (was sie ihm wiederum nicht ausreichend geben konnte, da sie in wesentlichen Punkten von ihm enttäuscht war).

Die beiden hatten sich in ihrem impliziten Beziehungsvertrag verfehlt. Sie fühlten sich gegenseitig in ihrem Sosein vom anderen nicht geliebt. Die Ehe war zwanzig Jahre lang schwierig und unglücklich. Lediglich im Urlaub hatten sie manchmal gute Zeiten miteinander.

Und ein drittes Beispiel:
Sie ist Mitte Dreißig, eine erfolgreiche Entertainerin mit mehreren Berufen. Bisher ist nie eine längere Paarbeziehung geglückt beziehungsweise war auch nicht erwünscht, da die persönliche Freiheit als Wert über allem stand. Die (kleinbürgerliche) Familie hatte bisher in ihren Vorstellungen etwas beengtes Kleinkariertes an sich, vielleicht hatte sie auch Angst, von einem Mann dominiert zu werden oder in Abhängigkeit hineinzugeraten. Jetzt aber lernt sie einen Mann mit Lebensart kennen, er hat etwas Freigeistiges und Großbürgerliches, auch Künstlerisches, Verspieltes und Jungenhaftes. (Sie müßte keine Angst vor ihm haben, er verkörpert so viel von dem, was sie auch anstrebt.) Und sie möchte jetzt gern ein Kind. Sie kann es sich mit diesem Mann vorstellen. Der berufliche Erfolg und die persönliche Unabhängigkeit sind etwas schal geworden, eine Familie zu haben wird zum vorrangigen Wert. In der Vorstellung wird bald das Kind dringlicher als der Mann: »Ich will ein Kind! Und wenn du das Kind nicht willst, bekomme ich es auch ohne dich!« Die Beziehungsvorstellungen sind: eine großzügige Lebensart (mit großem Haus und vielen Gästen), spirituell orientiert, mit einem Mann, der auch Kinder möchte (es sollen mehrere Kinder sein), als Vater präsent ist und ausreichend verdient.

Er hat vor kurzem eine Trennung von einer langjährigen Partnerin hinter sich und mußte sich auch von einem Kind aus dieser Beziehung trennen. Seine Trennungswunden sind noch nicht recht verheilt. Er sieht in der neuen Partnerin vor allem eine Gefährtin in einer unverbindlichen Paarbeziehung. Selbst die Heirat, die er vorschlägt, soll unverbindlich sein (»wenn es nicht klappt, dann lassen wir uns eben wieder scheiden« – und lacht dabei). Es ist für ihn ein Horror, sich mit einer Ehe und Liebesbeziehung gleich eine Menge moralischer und finanzieller Verpflichtungen aufzuladen. Er möchte frei sein, sehnt sich aber auch nach Halt und Bestätigung in einer Liebesbeziehung.

Er tut sich schwer mit der allzu konkreten und alltäglichen Lebensbewältigung (Einkaufen, Kochen, Rechnungen überweisen) und stellt sich vor: Diese tüchtige Frau macht das mit links. Er möchte sich in seinem anspruchsvollen journalistischen Beruf weiter profilieren und sucht jemanden, der ihm den Rücken freihält, sich für seine Arbeit interessiert und ihn darin bestätigt. Für ihn ist es unabdingbar, daß eine Partnerin auch arbeitet und ihren Teil zum gemeinsamen Lebensunterhalt beiträgt. Ein Kind wollte er zu diesem Zeitpunkt noch nicht.

Kann man sich vorstellen, was passiert, wenn zwei Menschen mit solch kontroversen Beziehungsvorstellungen innerhalb von wenigen Monaten heiraten, zusammenziehen und ein Kind bekommen?

Fragt man nach den ursprünglichen Erwartungen, die sich im Zusammenhang mit einer Paarbeziehung auf den Partner richteten, so findet man häufig starke Idealisierungen und einseitige Verkennungen. Ist er dann später nicht immer »die Ruhe in Person«, sexuell treu und ein unter allen Umständen geduldiger, fürsorglicher, selbstloser Familienvater – oder sie die selbständige, tüchtige finanziell unabhängige Frau, die Frau, die stark, souverän (nie überfordert mit mehreren Kindern), schön und unbeschwert durchs Leben geht …

Wie der eine sich das vorgestellt hat, so ist der eine vom anderen enttäuscht. Diese Enttäuschung wiederum wird in der Regel dem anderen angelastet und nicht als eigener Fehler (im Sinne einer Täuschung oder einseitigen Idealisierung) gesehen. Der andere ist dann »falsch« und mangelhaft, was ihm meist beständig suggeriert und attestiert wird. Daraus erwächst eine Beziehungsdynamik der einseitigen oder gegenseitigen Entwertung. Damit sind wir beim destruktiven alltäglichen Umgang miteinander und dem negativen und schizophrenen Kommunikationsstil eines Paares. Du solltest eigentlich anders sein, als du bist! Dies wirft eine Reihe neuer Probleme auf und verschärft die grundsätzlichen Beziehungsprobleme.

Das »Bild vom anderen« als therapeutische Metapher

Bleiben wir noch einen Moment bei dem Bild, das wir uns vom anderen machen, ein Bild, nach dem wir unsere Erwartungen mehr oder weniger bewußt gestalten und auf den anderen richten. Das Bild ist in diesem Zusammenhang eine hervorragende Metapher. Sie besagt, daß der andere nicht so ist, sondern daß wir ein Bild von ihm haben, wie er sei.

Dieses Bild vom anderen, so wie sie oder er in unseren Beziehungsträumen und Phantasien erscheint, hat viel mehr mit uns selbst und unserer Lebensgeschichte als mit dem anderen zu tun. Wir *sehen* etwas im anderen, was für uns sehr bedeutsam ist. Wir sehen im anderen eine Verheißung und eine Hoffnung, ganz grundlegende Lebensbedürfnisse mit und durch ihn erfüllen zu können. Diese Bedeutung, die damit der andere bekommt, ist gleichzeitig Ausdruck von Liebe und Bindung. Wenn der andere diese Bedeutung für uns verlöre und sich diese Hoffnungen und Wünsche nicht mehr auf ihn richteten, würden wir ihn oder sie auch nicht mehr lieben.

Diese Bedeutung wiederum, die die geliebte Person durch uns bekommt, ist für diese eine Bestätigung. Sie enthält aber auch ausgesprochen oder unausgesprochen eine Botschaft und einen Auftrag: Sei doch bitte der oder die, die ich mir ersehne! Nun wissen wir aus Erfahrung, daß manche dieser Beziehungsaufträge angenommen werden: Sie passen gut zu dem, was wir selbst sein möchten. Die Beziehungswünsche und die Idealisierungen des anderen beflügeln uns, »die zu werden, die wir sind«. Andere Beziehungsaufträge, ausgesprochen oder subtil vermittelt, empfinden wir als Belastung, als Hypothek, etwas sein und darstellen zu müssen, was wir so nicht sind und auch nicht sein wollen. Es beinhaltet die Gefahr der Selbstentfremdung, wenn wir zu sehr vom anderen geliebt werden möchten und erfahren, daß wir als die geliebt werden, die wir so gar nicht sind.

Eindrucksvoll schildert Kundera diese Dynamik in seinem Roman ›Das Leben ist anderswo‹ (1990):

»... Und die Mutter war in diesem Augenblick tatsächlich nichts anderes als seine Erfindung und sein Bild. Sie wußte es und nahm all ihre Kräfte zusammen, um durchzuhalten, sie ließ sich nicht anmerken, daß sie keineswegs die Partnerin des Malers war, zauberhaftes Gegenüber und liebenswertes Wesen, sondern nur ein lebloser Abglanz, ein gehorsam hingehaltener Spiegel, passive Fläche, auf die der Maler das Bild seiner Sehnsüchte projizierte. Sie stand es tatsächlich durch, der Maler erreichte den Höhepunkt und glitt glücklich aus ihrem Körper. Zu Hause fühlte sie sich wie nach einer großen Anstrengung, und in der Nacht vor dem Einschlafen weinte sie.«

Die Idealisierung in der Verliebtheit ist ein zweischneidiges Schwert: Sie beflügelt, sie bestärkt, sich zu dem zu entwickeln, was der andere in einem sieht. Es ist das, was Kast meint, wenn sie sagt, daß der andere etwas aus uns »herausliebt« und uns damit fördert und bestärkt. Um so stimmiger wird das erlebt, wenn das Ideal des anderen auch dem eigenen Ideal entspricht.

Ich gehe aber davon aus, daß ein Mensch auch so geliebt werden möchte, wie er nun einmal ist, auch mit seinen ganzen Beschränkungen, wie er fühlt und wie er kämpft. Nicht nur Bewunderung, Stolz und Verehrung des anderen sind angesagt, sondern auch Geduld, Zuwendung und Verständnis im ganz normalen Alltag und in den schwierigen Stunden. Die Liebe von Eltern zu ihren Kindern würden wir auch problematisieren, wenn sie in ihren Kindern nur die begabten Pianisten, erstklassigen Medizinstudenten und verträumten romantischen Künstler sähen. Wenn Eltern also die eigenen Ideale in ihren Kindern beförderten und sie nur unter diesem Aspekt liebten. Kinder wollen in all ihren Möglichkeiten und Empfindungen geliebt werden, nicht nur in denen, die den Eltern ins ideale Konzept passen.

Wir kommen damit wieder einmal zur Kardinalfrage in der Auseinandersetzung um das Thema Liebe: Wird der andere nur als Projektionsfläche der eigenen Beziehungswünsche und Sehnsüchte geliebt, oder wird im anderen tatsächlich das andere und damit das *Eigenständige* gesucht und begrüßt?

Duss-von Werdt (1991) greift diese Problematik ebenfalls auf: »Den anderen im anderen zu entdecken kann wie eine Bruchlandung nach einem gemeinsamen Höhenflug sein. Es tönt dann etwa so: ›Sie ist gar nicht mehr die, als welche ich sie kennengelernt habe.‹ Mit Verlaub gesagt, war sie immer eine andere. Was Sie kennenlernten, war *Ihr* Bild von Ihrer Frau. Was Sie bis jetzt liebten, waren vielleicht sogar vorwiegend Sie selber. Ihre Frau gefiel Ihnen, weil sie Ihre Wünsche, Ihre Erwartungen erfüllte, weil sie Ihrem Bild entsprach und Sie darin gleichsam in sich selber verliebt waren. Wir erreichen einander nun einmal nur mittels Bildern, die wir voneinander haben. Uns gegenseitig auf ein Bild festzulegen ist wie vergessen, im Bilderbuch weiterzublättern und auf der ersten Seite klebenzubleiben. Wie oft wiederholt wird der Satz: ›Ich bin jetzt nicht mehr so, wie du mich siehst.‹«

Hier beginnt also erst die eigentliche Begegnung und damit die erste große Prüfung, ob diese Liebe es erträgt und gar begrüßen kann, daß der andere nicht immer unseren Vorstellungen entspricht. Es wäre aber mehr als ein Ertragen oder Erdulden, was viel mit Toleranz zu tun hat. Es geht ja um die Begegnung mit einem Menschen, der anders ist als wir selbst. Dieses Anderssein kann abgewertet oder negiert werden, kann mit aggressiver Enttäuschung kommentiert werden. Es kann aber auch Ausgangspunkt zur eigentlichen Begegnung, zu einer wohlwollenden, den anderen verstehen wollenden und respektierenden Auseinandersetzung sein.

Damit wird dem anderen das Recht eingeräumt, er selbst zu sein und sich eigenmächtig und eigenständig uns in immer wieder neuem Licht zu zeigen. Der andere darf sich entfalten um seiner selbst willen, er muß uns nicht zu Diensten sein.

Hören wir dazu Max Frisch in seinem Tagebuch (1946–1949; ›Du sollst dir kein Bildnis machen‹):

»Es ist bemerkenswert, daß wir gerade von dem Menschen,

den wir lieben, am mindesten aussagen können, wie er sei. Wir lieben ihn einfach. Eben darin besteht ja die Liebe, das Wunderbare an der Liebe, daß sie uns in der Schwebe des Lebendigen hält, in der Bereitschaft, einem Menschen zu folgen in allen seinen möglichen Entfaltungen. Wir wissen, daß jeder Mensch, wenn man ihn liebt, sich wie verwandelt fühlt, wie entfaltet, und daß auch dem Liebenden sich alles entfaltet, das Nächste, das lange Bekannte …
Unsere Meinung, daß wir das andere kennen, ist das Ende der Liebe, jedesmal, aber Ursache und Wirkung liegen vielleicht anders, als wir anzunehmen versucht sind – nicht weil wir das andere kennen, geht unsere Liebe zu Ende, sondern umgekehrt: weil unsere Liebe zu Ende geht, weil ihre Kraft sich erschöpft hat, darum ist der Mensch fertig für uns. Er muß es sein. Wir können nicht mehr! Wir künden ihm die Bereitschaft auf, auf weitere Verwandlungen einzugehen. Wir verweigern ihm den Anspruch alles Lebendigen, das unfaßbar bleibt, und zugleich sind wir verwundert und enttäuscht, daß unser Verhältnis nicht mehr lebendig sei.
›Du bist nicht‹, sagt der Enttäuschte oder die Enttäuschte, ›wofür ich dich gehalten habe.‹ Und wofür hat man sich denn gehalten?
Für ein Geheimnis, das der Mensch ja immerhin ist, ein erregendes Rätsel, das auszuhalten wir müde geworden sind. Man macht sich ein Bildnis. Das ist das Lieblose, der Verrat.«

Wir machen uns immer ein »Bild« vom anderen. Was Max Frisch hier meint, ist das *fixierte* Bild vom anderen, das demjenigen keine eigenen Wachstumsmöglichkeiten und Verwandlungen erlaubt.

Querverbindungen zu weiteren grundlegenden Beziehungskonzepten

Das Konzept des impliziten Beziehungsvertrages erlaubt zahlreiche Querverbindungen auch zu anderen wesentlichen Konzepten in der systemischen Paartherapie. So lassen sich Symmetrie und Komplementarität (Watzlawick 1969) auch im Rahmen dieses Konzeptes interpretieren. Passen zwei Beziehungsaufträge zusammen, indem sie ein komplementäres Ganzes ergeben, wie zum Beispiel die traditionelle Rollenaufteilung zwischen Mann und Frau (der Mann sorgt für den Lebensunterhalt, die Frau besorgt den Haushalt und erzieht die Kinder), so sind die beiden Beziehungsverträge deckungsgleich und werden zumindest diesbezüglich ein konfliktfreies Beziehungsfundament ergeben. Sind zwei nicht zusammenpassende, also sich nicht komplementär ergänzende Beziehungsverträge bewußt und unbewußt am Werk, wird sich daraus eine symmetrische Beziehungsform entwickeln, ein Kampf um die Durchsetzung eines Vertrages.

Das Konzept des Beziehungsvertrages erlaubt meiner Meinung nach aber auch eine andere wichtige Querverbindung, die therapeutische Relevanz besitzt: Die gegenseitigen Schuldzuweisungen bei chronisch konfliktträchtigen Paaren lassen sich als Forderungen auf Einhaltung des eigenen Beziehungsvertrages beim anderen Vertragspartner verstehen. Nach dem subjektiven Erleben des einzelnen ist der andere ihm ja etwas »schuldig geblieben« – auf diesen nicht eingehaltenen Teil des Vertrags wird jetzt geklagt. Wie jeder Trennungsberater und Familientherapeut, der auch mit Scheidungsfamilien arbeitet, weiß, wird die Einhaltung ungeschriebener »Verträge« oft ein Leben lang eingeklagt, weit über die Trennung und Scheidung hinaus.

Sager (1976) erwähnte schon, daß Kernpunkte des Ganzen die Nicht-Bewußtheit und die Nicht-Wahrnehmung der eigenen Bedürfnisse – ebenso wie derjenigen des Partners – sind. In einem weiteren Gedankengang möchte ich die Betonung auf die Nicht-Wahrnehmung des Partners legen. Der eine Partner tut so, als ob der andere selbstverständlich von seinen Wünschen und Absichten bezüglich der Beziehung weiß und mit ihnen einverstanden ist. Nur so ist zu erklären, warum die Nichterfüllung der eigenen Vorstellungen später so erbittert eingeklagt wird. Es handelt sich hier also um ein zutiefst symbiotisches Beziehungserleben: Ich und Du können in der Wahrnehmung der Personen nicht mehr unterschieden werden.

Hier finden sich Querverbindungen zum Konzept der »Konstruktdifferenzierung« (Willi 1992). Willi legt dabei den Schwerpunkt auf die gegenseitige Wahrnehmung der Partner in ihrem Beziehungserleben, ihren Wünschen und Vorstellungen, insofern auf die Wahrnehmung von Unterschieden. Das Konzept der »inneren Trennung«, ebenso ein zentraler Begriff in der systemischen Paartherapie, entspricht diesem Ansatz.

Die therapeutischen Implikationen liegen auf der Hand: Beide Beziehungsverträge müssen vollständig ins Bewußtsein gehoben und expliziert werden. Jeder muß Kenntnis der Beziehungsvorstellungen des anderen erhalten, um sich neu entscheiden zu können, ob dieser Beziehungsvertrag akzeptiert werden kann, in welchen Punkten er dem eigenen Beziehungsmodell entspricht und in welchen nicht. Die nicht stimmigen Punkte müssen verhandelt werden.

Die Krise in der Paarbeziehung, sei es als aktuell auftretende kritische Situation oder als Dauerkonflikt, ist unter systemischen Gesichtspunkten ein Hinweis, daß die impliziten Beziehungsverträge beider Partner nicht (mehr) übereinstimmen, und eine Herausforderung, den Beziehungsvertrag neu zu formulieren.

Teil II:

Wie zwei sich zueinander verhalten

Kapitel 4:

Kommunikation

Paul Watzlawick und seine Mitarbeiter haben mit ihrem Buch ›Menschliche Kommunikation‹ ein grundsätzliches Werk über die Störungen der menschlichen Kommunikation verfaßt, das für uns als systemische Paar- und Familientherapeuten heute noch einen Orientierungsleitfaden für die Diagnostik kommunikativer Störungen bietet. Die wichtigsten Störungsformen möchte ich in diesem Rahmen anhand eigener Beispiele darstellen, wobei diese Beispiele rein fiktiv sind. Es geht darum, daß Paare wie in einem Spiegel ihre eigenen »Kommunikationskrankheiten« betrachten und sich damit auseinandersetzen können. Ebenso ist es für uns Paartherapeuten eine wichtige diagnostische Checkliste, um Kommunikationsstörungen zu erfassen und in der Paartherapie die zugrundeliegenden Beziehungskonflikte erschließen und, falls möglich, beheben zu können. Dasselbe gilt für die noch folgende Darstellung gestörter Kommunikationsformen nach Satir.

Die fünf pragmatischen Axiome der Kommunikation nach Watzlawick, Beavin und Jackson

Ich erlaube mir im Rahmen dieser Konzeptdarstellung die fünf Axiome der Kommunikation nach Watzlawick, Beavin und Jackson (1969) wörtlich wiederzugeben, sie aber ansonsten frei darzustellen, zu interpretieren und zu kommentieren, wie es mir für die Belange dieses Buches nützlich erscheint. Dies bezieht sich vor allem auf die pragmatischen Aspekte dieser Axiome und ihre Implikationen für die therapeutische Praxis.

1. Die Unmöglichkeit, nicht zu kommunizieren:
Jedes Verhalten in einer zwischenmenschlichen Situation
hat auch Mitteilungscharakter

Ein Mann und eine Frau sitzen beim Frühstück. Der Mann sagt zu der Frau in einem etwas herrischen Ton: »Gib mir bitte das Salz!« Darauf gibt die Frau dem Mann das Salz (trotziger Gesichtsausdruck) und stellt es ihm geräuschvoll vor die Kaffeetasse. Die Frau schweigt nun für den Rest des Frühstücks. Als der Mann nach Beendigung des Frühstücks das Haus verläßt, ruft er noch »tschüß« (es wirkt appellativ, so etwa wie: »Du wirst mir wohl noch ›tschüß‹ sagen können!«), worauf sie mit neuerlichem Schweigen antwortet. Als der Mann nun abends (etwas später) nach Hause kommt, grüßt er seinerseits auch nicht mehr. Das Abendessen verbringen beide schweigend. Vor dem Fernsehen (im Beisein der Frau) zeigt der Mann einen vermehrten Alkoholkonsum.

An diesem Beispiel soll deutlich werden: Alles Verhalten in einer zwischenmenschlichen Situation hat Mitteilungscharakter; in diesem Fall das Schweigen, das Später-nach-Hause-Kommen, das vermehrte Trinken und natürlich, was gesagt wird und wie es gesagt wird.

2. Jede Kommunikation hat einen Inhalts-
und einen Beziehungsaspekt

Um noch einmal auf das vorangegangene Beispiel zurückzukommen: Der Mann sagt auf der *Inhaltsebene*: »Gib mir bitte das Salz.« Wenn wir eine Sprache lernen, lernen wir die Semantik der Wörter als allgemeingültige Konvention, also das, was diese Wörter im allgemeinen Sprachgebrauch bedeuten. Dies berührt den Inhaltsaspekt der Aussagen, die gemacht werden. Auf der *Beziehungsebene* aber sagt dieser Mann: »Du hast mir das Salz zu geben!« Er spricht also einen Befehl aus, obwohl er in bezug auf die allgemeingültige Semantik dieses Satzes eine Bitte formuliert. Der Mann sagt aber auf der Beziehungsebene noch mehr, auch wenn es für Außenstehende nicht eindeutig interpretierbar ist. Vielleicht lautet die Botschaft auf der Beziehungsebene auch noch: »Ich habe mich über dich geärgert, weil du nicht gesehen hast, daß ich jetzt das Salz brauche« (implizite Erwartungen). Oder auch: »Ich bin empört über dich, weil du heute nacht schon wieder nicht mit mir geschlafen hast!« Denkbar ist aber auch, daß der Mann einen anstrengenden Arbeitstag vor sich hat und jetzt zu Hause möchte, daß ihm alle zu Diensten seien, um zusätzlichen Streß zu vermeiden (auch wenn in diesem Fall seine Mittel sehr untauglich sind, um dieses Ziel zu erreichen, ist diese Absicht denkbar).

Gleichermaßen könnte man jetzt Annahmen darüber machen, welche Botschaften die Frau auf der Beziehungsebene sendet. Ihr Schweigen ist beredt. Vielleicht will sie ihm sagen: »Du kannst mir zwar befehlen, dir das Salz zu geben, aber meine Freundlichkeit bekommst du nicht!« Oder sie will ihm sagen: »Du interessierst mich nicht mehr, ich mache nur noch das Nötigste für dich.«

Jeder Mensch weiß, auf welche unterschiedliche Art man jemandem »Guten Tag« sagen kann. Es kann eine freundliche Begrüßung bis hin zu einem Rausschmiß sein. Wenn zwei Menschen miteinander kommunizieren, reagieren sie primär auf den Beziehungsaspekt der Aussagen ihres Gegenübers, ebenso auf den Beziehungsaspekt, den sie im Verhalten des anderen wahrnehmen. Da es hier einen breiten Interpretationsspielraum gibt, ist die Fehlerquelle entsprechend hoch. Aber dazu mehr weiter unten.

3. Die Interpunktion von Ereignisfolgen

Um ein weiteres Mal auf das Salzbeispiel zurückzukommen, geht es jetzt bei der Bewertung dessen, was zwischen den Partnern abgelaufen ist, um die Frage: Wer hat angefangen? Also was ist Ursache und was ist Wirkung in bezug auf das Verhalten zweier Menschen zueinander? Jeder von uns weiß von Kindheitstagen an, daß diese Frage äußerst heftig bei Kinderstreits verhandelt wird; dies ist bei erwachsenen Paaren nicht viel anders. Beide können sich nicht darüber einigen, an welcher Stelle sie die Interpunktion von Ereignisfolgen ansetzen sollen. Die Frage: »Wer hat angefangen?« ist hierfür symptomatisch. Systemisch betrachtet, kann die Kreisförmigkeit eines Kommunikationsablaufs nicht gesehen werden (also zum Beispiel der Teufelskreis einer negativen Kommunikation, in der beide sich nur noch bestrafen und im diesbezüglichen Punktegewinn eine relative Befriedigung finden), vielmehr wird der Kommunikationsablauf linear gesehen, also tatsächlich mit einem Anfang, der dann zur »Ursache« deklariert wird (vgl. Abb. u.).

Die Fähigkeit, einen Kommunikationsablauf in seiner Kreisförmigkeit wahrzunehmen, setzt bereits eine Metaperspektive voraus. Ich muß also wie aus der Vogelperspektive den beiderseitigen Zusammenhang sehen, ansonsten sehe ich immer nur den anderen als »Ursache« in seinem Verhalten mir gegenüber und mich selbst in meinem Verhalten als »Wirkung«. Ich kann nicht sehen, daß ich selbst auch »Ursache« für das Verhalten des anderen bin und dieser in seinem Verhalten bezogen auf mich »Wirkung«:

In der Bibel steht: Warum siehst Du den Splitter im Auge Deines Bruders, aber den Balken in Deinem eigenen Auge bemerkst Du nicht? Wie kannst Du zu Deinem Bruder sagen: Bruder, laß mich den Splitter aus Deinem Auge herausziehen!, während Du den Balken in Deinem eigenen Auge nicht siehst? (Lukas 6,41/42)

Anders ausgedrückt: Aus der Wahrnehmungsperspektive des einen wird immer nur das Verhalten des anderen als »Fehlverhalten« wahrgenommen und interpretiert, während man die eigenen Anteile am Geschehen übersieht.

Es gibt also einen direkten Zusammenhang zwischen der

Interpunktionssetzung von Ereignisfolgen und dem Schuldig-Erklären von anderen. Die Attribution von Partnerkonflikten ist damit angesprochen. Aus der Perspektive des einen Partners ist immer der andere »schuld«, weil der andere als »Ursache« für das eigene Unglücklichsein angesehen wird. Auch treffen wir in der Paartherapie häufig auf die Wahrnehmungsperspektive, daß nur der andere »ein Problem habe«, während man selbst »in Ordnung« sei. Solche irreführenden und destruktiven Attributionen zu verändern ist daher ein unumgängliches Anliegen in der Paartherapie, sei es nun auf direktem oder indirektem Wege (vgl. Revenstorf 1981, Harvey et al. 1992).

Die hier entwickelte Perspektive, die Interpunktion der Ereignisfolgen als etwas Willkürliches, als etwas Austauschbares und Veränderliches zu sehen, setzt bereits eine Metaperspektive voraus. Diese Sichtweise hat weitreichende Implikationen für ein gesamtes Weltbild und für ein entsprechendes Wissenschaftsverständnis. Das Ursache-Wirkungs-Modell ist das Denkmodell der Physik des 18. Jahrhunderts. Selbst die experimentelle Psychologie des 20. Jahrhunderts folgt noch diesem Denkmodell, denn ihr liegt das Schema zugrunde: »Reiz-Reaktion«, oder in einem erweiterten Sinne bezogen auf die operanten Mechanismen des menschlichen Verhaltens in der Verhaltenstheorie: »Reiz-Reaktion-Konsequenz«.

Ein »Reiz« wäre zum Beispiel ein ungezogenes Verhalten eines Schülers in der Schule (aus der Perspektive des Lehrers), die »Reaktion« wäre eine Strafarbeit (die der Lehrer aufgibt), und die »Konsequenz« wäre eine Verminderung des ungezogenen Verhaltens beim Schüler. Man kann an diesem Beispiel sehen, daß in der experimentellen Betrachtungsweise immer nur ein Ausschnitt der Wirklichkeit erfaßt werden kann und daß daraus Gesetzmäßigkeiten abgeleitet werden. So könnte ein Lehrer bei wiederholtem gewünschten Effekt von Strafarbeiten zu dem Schluß kommen, daß Strafarbeiten als Disziplinierungsmittel »funktionieren«. Er stellt in diesem Sinn eine Gesetzmäßigkeit fest. Die Relativität von Gesetzmäßigkeiten läßt sich dadurch erfassen, indem man, systemisch betrachtet, einen größeren

Bildausschnitt wählt und damit sowohl die »Verhaltensstörung« wie auch den Versuch des Lehrers, sie zu bewältigen, neu bewertet.

Im genannten Beispiel könnte eine Wechselwirkung in der Weise stattfinden, daß der Schüler sich zu Hause um so ungezogener verhält. Bezogen auf die Wechselwirkungen von Schule und Elternhaus könnte es also sein, daß das, was in der Schule »Konsequenz« war, nämlich das ruhigere Verhalten des Schülers, jetzt wiederum als »Reiz« betrachtet werden kann, der zu einer »Reaktion« im Verhalten des Schülers zu Hause führt – wie beispielsweise eklatantem Ungehorsam (vielleicht mittels innerer Spannungen) – und dies wiederum zu einer »Konsequenz«, nämlich daß die Eltern jetzt eine Erziehungsberatungsstelle aufsuchen.

Man kann die Interpunktionen aber auch andersherum setzen: Der Schüler ärgert sich über den langweiligen Unterricht des Lehrers (»Reiz«), was bei ihm zur »Reaktion« Langeweile führt, die zur »Konsequenz« hat, daß er dem Unterricht nicht mehr folgt und sich anderweitig unterhält und so weiter.

Ich wähle an dieser Stelle bewußt ein Beispiel aus der schulpsychologischen Beratung und nicht aus der Paartherapie, um zu zeigen, wie unser Denken auf allen möglichen Gebieten vom »Ursache-Wirkungs-Modell« bestimmt ist. Daher ist es naheliegend, daß Paare es in der Betrachtung ihrer persönlichen Konfliktlage ebenso praktizieren. Bei den Paaren heißt es dann so:

Er: »Ich gehe fremd, weil sie mich einschränkt und gängelt, weil ich es sonst einfach nicht aushalte«. Sie: »Ich habe alles für ihn getan; ich war ihm immer eine gute Ehefrau und den Kindern eine gute Mutter – und jetzt das! Das ist ein Unrecht an mir, kein Wunder, daß ich Tabletten nehmen muß, ich würde es sonst nicht mehr durchstehen!«

Diese Beispiele sollen darstellen, daß Interpunktionen jeweils aus der Perspektive von Betroffenen unterschiedlich gesetzt werden und unterschiedlich gesetzt werden können. Die Interpunktionssetzung dient einer bestimmten »Beweisführung«, einer Beweisführung, was Ursache und was Wirkung sei. Dieses anachronistische physikalische Denkmodell wird heute immer noch auf das menschliche Sozialverhalten und auch auf die Gestaltung politischer Beziehungen zwischen Staaten übertragen, im Sinne politischer Rechtfertigungsstrategien.

In der Beweisführung, was »Ursache« und was »Wirkung« im menschlichen Zusammenleben sei, geht es um moralische Implikationen; es geht um die Frage: Wer ist »schuld«? Wer »schuldig« und wer »unschuldig« ist, ist wiederum eine Frage, die man nicht losgelöst von der Herrschaftsfrage sehen sollte. Das bezieht sich auf die Machtverhältnisse innerhalb eines Staates, zwischen Staaten und auch innerhalb der menschlichen Beziehungen. Unsere ganze Rechtsprechung zeugt davon, wie unser moralisches Verständnis auch mittels der Interpunktion von Ereignisfolgen geprägt ist. Wodurch wurde zum Beispiel ein Verbrechen »verursacht«? War es ein Affekt, der dem Betroffenen in der Situation sein Verhalten entgleiten ließ, oder war es sein kaltblütiger Charakter? Wurde er gar vom anderen so gequält und hinterhältig zu diesem Verbrechen als »Reaktion« getrieben? Auch im Täter-Opfer-Schema sind bestimmte Interpunktionen von Ereignisfolgen impliziert. Ist der Täter nur Täter (Verursacher von Leid für andere) oder ist der Täter gleichzeitig Opfer (Wirkungsort) zum Beispiel der gesellschaftlichen Verhältnisse oder gar seiner selbst: seiner Affekte, seiner irrationalen Wahnideen?

Man sieht, wie die Interpunktion der Ereignisfolgen Einfluß auf das Strafmaß haben wird. Noch vor knapp zwanzig Jahren wurden in unserer Gesellschaft Ehen nach dem »Schuldprinzip« geschieden, was einen entscheidenden Einfluß auf die materiellen Konsequenzen des Scheidungsverfahrens hatte. Auch hier wurde bei dem Ermessen von »Schuld« um die Interpunktion der Ereignisfolgen, die die Ehe zum Scheitern gebracht haben, gestritten. Im heutigen Scheidungsrecht versucht die Rechtsprechung einen neutralen, übergeordneten Standpunkt einzunehmen, indem einfach festgestellt wird, die Ehe sei gescheitert. Damit wird darauf verzichtet, einen »Schuldigen« zu finden.

4. Analoge und digitale Kommunikation

Was Watzlawick »digitale« und »analoge« Kommunikation nennt, unterscheidet auch Erich Fromm in bezug auf verschiedene Symbole (1981). Es sind zwei grundsätzlich verschiedene Möglichkeiten und Formen der zwischenmenschlichen Verständigung.

Die digitale Form der Kommunikation wird über Konventionen festgelegt. Es handelt sich um eine willkürliche Koppelung von Zeichen und den Bedeutungen, die sie nach der entsprechenden Konvention bekommen. Dies können sprachliche Laute und Buchstabenfolgen sein, aber auch Zahlen (01) beim Digitalrechner. Gleiches gilt für andere konventionell vereinbarte Zeichen wie Morsezeichen oder Blindenschrift.

Dagegen ist die analoge Sprache dadurch gekennzeichnet, daß Symbole verwendet werden, die in sich selbst schon Mitteilungscharakter haben, wie Gestik, Mimik, Tonfall und Lautstärke, Bilder und Träume. Für den Kontext der Paarbeziehungen können wir vereinfachend sagen: Die gelernten Sprachen und verbalen Ausdrucksmöglichkeiten entsprechen der digitalen Kommunikation, während die Körpersprache (Zärtlichkeit und Sexualität eingeschlossen), stimmlicher Ausdruck, Tanz, bildhafter Ausdruck und Musik der analogen Kommunikation entsprechen. Die analoge Kommunikation ist ihrer Natur nach vieldeutiger, sie kann auch nur annähernd in eine digitale Bedeutungsgebung übersetzt werden. Watzlawick stellt die These auf, daß die Beziehungsaspekte der Kommunikation im interpersonellen Kontakt mehr über analoge Signale vermittelt werden.

Diese Aussagen haben meines Erachtens Konsequenzen auch für die Therapie der Zweierbeziehung, in der bekanntlich die Entschlüsselung der Kommunikation eine höchst gewichtige Rolle spielt. Dies bedeutet für mich, der analogen Kommunikation in der Paartherapie mehr Raum zu geben, die Betroffenen ihre Beziehung also tatsächlich mehr analog darstellen zu lassen. Ich versuche das, indem ich die Betroffenen ihre Beziehung und ihre Wahrnehmung der Beziehung immer wieder auch in Bildern (Bilder mit Sandspielfiguren, gemalte Bilder, Beziehungsskulpturen) darstellen lasse. Kommen Elemente der Familienrekonstruktion hinzu, lasse ich mir Fotos aus Familienalben zeigen. Gleichzeitig versuche ich aber auch, bei Störungen im Bereich von digitaler und analoger Kommunikation, wenn zum Beispiel verbal und nonverbal zwei sich widersprechende Botschaften gesendet werden oder wenn die nonverbalen Signale nicht eindeutig sind, diese in digitale Sprache zu übersetzen, so daß die Kommunikation mehr Eindeutigkeit gewinnt.

5. Symmetrische und komplementäre Interaktionen

Bisher wurden Merkmale einer einzelnen »Kommunikation« beschrieben, wobei dies nach der Definition von Watzlawick und Mitarbeitern die einzelne Botschaft meint. Wenn zwei oder mehr Individuen sich zueinander verhalten und entsprechend wechselseitige Botschaften austauschen, welcher Art auch immer, so handelt es sich nach seiner Definition um eine »Interaktion«. Wiederkehrende Interaktionen lassen sich in der systemischen Sprache als »Muster« beschreiben. Ein »Muster« abstrahiert demnach die wesentlichen Merkmale eines wiederkehrenden Kommunikationsablaufes. Im Originaltext bei Watzlawick taucht der Begriff des »Musters« aber noch nicht auf; er nennt diese komplexen wechselseitigen Kommunikationsabläufe »Beziehungsform«.

Der Begriff des »Musters« soll im Rahmen dieses Buches synonym verwendet werden. Inhaltlich möchte ich an dieser Stelle nicht auf die Begriffe »symmetrisch« und »komplementär« eingehen. Sie werden ausführlich in Teil II, Kapitel 5 beschrieben.

Selbstwert und Kommunikation

Die vier Kommunikationsformen nach Satir

Der Zusammenhang von Selbstwert und Kommunikation wurde insbesondere von Virginia Satir (1975) hervorgehoben. Sie beschreibt anschaulich verschiedene Muster gestörter Kommunikation. Die Kommunikationsformen, die sie benennt, zeichnen sich durch eine Gemeinsamkeit aus: Sie sind allesamt inkongruent, das heißt, sie spiegeln in verzerrter und unvollständiger Weise wider, was einer denkt, empfindet und vom anderen möchte.

Die vier (gestörten) Kommunikationsformen nach Satir sind:
- Beschwichtigen
- Anklagen
- Rationalisieren
- Ablenken

Was haben nun diese Kommunikationsformen mit dem Thema Selbstwert zu tun?

Wer beschwichtigt (sich unterwürfig, überangepaßt verhält, eine Märtyrerhaltung einnimmt), hat einen niederen Selbstwert. Es handelt sich um jemanden, der sich selbst gering achtet, jemanden, der sich opfert.

Wer anklagt, versucht den Selbstwert des anderen zu dezimieren, indem er Botschaften der Art sendet: »Du bist schlecht!«

Wer rationalisiert, wagt es nicht, auf die persönlich relevanten Themen zu kommen. Es handelt sich um jemanden, der es nicht wagt, sich selbst ins Feld zu führen, sondern lediglich »objektive« Fakten.

Jemand, der »irrelevant« kommuniziert, ablenkt, »Nonsens« redet oder tut, ist jemand, der sich weder auf sich selbst noch auf den anderen bezieht, weder sich selbst noch den anderen ernst nimmt und ihm Wert zuspricht.

Ein Beispiel:
Eine Frau hat in der Frühschwangerschaft ihr Kind verloren und teilt dies weinend ihrem Mann mit. In bezug auf die Reaktionen des Mannes wäre
- *beschwichtigend*:
»Meinst du vielleicht, ich könnte jetzt etwas für dich tun? Ich weiß auch nicht, was ich jetzt vielleicht tun kann ... Ich weiß, ich mache immer alles falsch, du wirst mich dafür hassen, daß ich in so entscheidenden Momenten versage ... Sicher willst du jetzt mit mir gar nicht darüber reden, wahrscheinlich bin ich dir jetzt gerade zuviel...«
- *anklagend*:
»Das ist doch kein Wunder, daß das jetzt passiert ist! Schließlich hast du ja kein sportliches Ereignis in der letzten Zeit ausgelassen!«
- *rationalisierend*:
»Jährlich passiert Zehntausenden von Frauen dasselbe wie dir.«
- *irrelevant*:
Der Mann fängt an, die Blumen zu gießen, und fragt: »Was gibt es heute abend im Fernsehen?«

Um hier keine Einseitigkeit aufkommen zu lassen, die möglicherweise suggeriert, Frauen hätten geringere Kommunikationsprobleme, möchte ich ein spiegelbildliches Beispiel anführen:

Nehmen wir an, der Mann kommt abends erschöpft und deprimiert von seiner Arbeit nach Hause. Es gibt verschärften Leistungsdruck und drohende Entlassungen im Betrieb. Der Mann setzt sich an den Tisch und sagt zu seiner Frau: »Mensch, ich bin fix und fertig! Wenn das bei uns im Betrieb so weitergeht...«

In diesem Fall wäre in bezug auf die Reaktion der Frau
- *beschwichtigend*:
»Wenn ich nur wüßte, was ich für dich tun könnte! Ich bin dir in solchen Angelegenheiten keine Hilfe. Ich weiß ja selbst nicht,

was man machen soll. Es belastet dich sicher zusätzlich, daß ich auch nicht gut drauf bin. Ich habe dich bestimmt nicht genügend unterstützt …, es geht einfach alles schief, ich bin dir keine gute Frau …«
– *anklagend*:
»Mein Gott, jetzt reiß dich doch zusammen! Wie du dich hängenläßt! So einen schlaffen Typen wie dich werden sie als erstes entlassen, das ist doch wohl klar, oder?«
– *rationalisierend*:
»Wenn sich jeder Mühe gibt und seine Arbeit ordentlich macht, dann wird das auch belohnt. Jeder muß eben auf seine Art schauen, wie er zurechtkommt. Welche Wahrscheinlichkeit gibt es, daß von 10 000 Entlassungen bei 40 000 Mitarbeitern ausgerechnet du dabei bist?«
– *irrelevant*:
»Nun ja, ich habe noch zu tun. Es ist nicht aller Tage Abend. Ich muß dringend noch das Kleid für Sophie fertig nähen.«

Ich- und Du-Definitionen

Ich möchte an dieser Stelle noch einmal auf die Kommunikationstheorien von Watzlawick zurückkommen und entsprechende Querverbindungen herstellen: Watzlawick schreibt in seinem Buch ›Menschliche Kommunikation‹:

»Wie wir bereits gesehen haben, setzen sich Menschen im Beziehungsaspekt ihrer Mitteilungen nicht über Tatsachen außerhalb ihrer Beziehungen auseinander, sondern tauschen untereinander Definitionen ihrer Beziehung und damit implizite ihrer selbst aus. Diese ›Ich-‹ und ›Du-Definitionen‹ haben ihre eigene hierarchische Ordnung. Angenommen, A offeriert B eine Definition seiner selbst. A kann dies auf verschiedene Art und Weise tun, doch wie immer er seine Mitteilung auf der Inhaltsstufe formulieren mag, der Prototyp seiner Mitteilung wird auf der Beziehungsstufe immer auf die Aussage ›so sehe ich mich selbst‹ hinauslaufen. Es liegt in der Natur der menschlichen Kommunikation, daß B nunmehr drei Wege offenstehen, darauf

zu reagieren, und alle drei sind von pragmatischer Bedeutung.«
(Watzlawick et al. 1969)

Watzlawick nennt nun drei Formen der Reaktion von Person B auf eine Selbstdefinition von Person A:

1. *Bestätigung*
»B kann als erstes A's Selbstdefinition bestätigen, indem er A in der einen oder anderen Weise mitteilt, daß auch er A so sieht. Diese Bestätigung oder Ratifizierung von A's Identität durch B stellt die wichtigste Voraussetzung für geistige Stabilität und Entwicklung dar, die sich bisher aus unseren Untersuchungen ergeben hat.«

Martin Buber (1957) bemerkt hierzu, daß in allen Gesellschaftsschichten die Menschen einander in ihren menschlichen Eigenschaften und Fähigkeiten bestätigen und daß eine Gesellschaft in dem Maße menschlich genannt werden kann, in dem ihre Mitglieder einander bestätigen.

Watzlawick und ebenso Mara Selvini Palazzoli setzen sich mit der grundlegenden Unfähigkeit von Familienmitgliedern, sich gegenseitig zu bestätigen, auseinander. Die Folgen für die betroffenen Familienmitglieder und Paare sind weitgehende Störungen im Bereich der Identität. Das Selbstgefühl ist gestört, die Identität schwankend und brüchig, da die notwendige Ratifizierung des Selbstbildes durch die nächsten Bezugspersonen fehlt (vgl. Teil II, Kapitel 5, Störungen im Bereich der Symmetrie und der Komplementarität).

Gehen wir weiter in bezug auf B's Möglichkeiten, auf A's Selbstdefinition zu reagieren.

2. *Verwerfung*
B kann also A's Selbstdefinition verwerfen. Watzlawick meint hierzu:

»Verwerfung jedoch, wie schmerzlich sie auch sein mag, setzt zumindest eine begrenzte Anerkennung dessen voraus, was verworfen wird, und negiert nicht notwendigerweise die Wirklichkeit des Bildes, das A von sich hat. Gewisse Formen der Verwerfung können sogar heilsam sein, wie etwa wenn der Psychotherapeut sich weigert, die Selbstdefinitionen des Patienten in der Übertragungssituation anzunehmen, wenn der Patient typischerweise versucht, ihm sein ›Beziehungsspiel‹ aufzuzwingen.« (Watzlawick et al. 1969)

3. Entwertung
Die dritte Möglichkeit dürfte sowohl vom pragmatischen als auch vom psychopathologischen Standpunkt die wichtigste sein ... Stellen wir uns vor, daß ein Mensch, wenn dies möglich wäre, in der Gesellschaft losgelassen und von allen Mitgliedern völlig unbeachtet bleiben würde. Dazu Watzlawick:

»Es ist wohl kaum zu bezweifeln, daß eine derartige Situation zum ›Selbstverlust‹ führen würde. Die Entwertung, wie wir sie bei pathologischer Kommunikation finden, hat nichts mit der Wahrheit oder Falschheit – sofern diese Begriffe hier überhaupt anwendbar sind – von A's Selbstdefinition zu tun; sie negiert vielmehr die menschliche Wirklichkeit von A als dem Autor dieser Definition. Mit anderen Worten, während eine Verwerfung letztlich auf die Mitteilung: ›Du hast in deiner Ansicht über dich unrecht‹ hinausläuft, sagt die Entwertung de facto: ›Du existierst nicht.‹ Oder um es noch schärfer auszudrücken: Während die Bestätigung und Verwerfung der Selbstdefinition des anderen in der formalen Logik den Begriffen von Wahrheit und Falschheit entsprechen, entspricht die Entwertung dem Begriff der Unentscheidbarkeit.« (Watzlawick et al. 1969)

Bevor ich auf diese Aussagen näher eingehe, möchte ich eine Szene aus dem Film ›Die Katze auf dem heißen Blechdach‹ nach Tennessee Williams als Beispiel für den Vorgang der Entwertung bringen:

Es findet eine Geburtstagsfeier im Familienkreis statt, der fünfundsechzigste Geburtstag des Großvaters wird gefeiert. Die anwesenden fünf Enkelkinder (alles Kinder des einen ungeliebten Sohnes) bringen ein Geburtstagsständchen nach dem anderen, die die Schwiegertochter (Frau des ungeliebten Sohnes) mit den Kindern einstudiert hat. Der Großvater kann auch diese Kinder nicht leiden, wie aus anderen Szenen des Films deutlich hervorgeht.

Großvater (entnervt, wendet sich an die Eltern der Kinder): »Könnt ihr nicht damit aufhören?!« (Meint die dauernde Singerei der Kinder.)

Großmutter (die Frau des Großvaters) zur angesprochenen Schwiegertochter, die ein beleidigtes Gesicht macht (freundlich, lächelnd): »Er meint es nicht so! Big Daddy mag Kinder!«

Großvater (ernst): »Ich meine es aber so!«

Diese Szene zeigt, daß das, was einer sagt, wünscht, meint, fühlt, nicht ernstgenommen wird. Dieser Teil seiner Aussage wird übergangen; es wird so getan, als existiere sie nicht. Genauso kann man im Sinne einer Entwertung von Botschaften im zwischenmenschlichen Kontakt, in der Familie und in der Paarbeziehung dem anderen ausreden, was er fühlt, ihm die »wahre« Bedeutung dessen übermitteln, was er selbst ursprünglich sagen wollte. Nahe Bezugspersonen, auch Paare reden sich oft gegenseitig ihre Gefühle aus: »Das glaube ich dir nicht! Das kann gar nicht sein! Du brauchst nicht traurig zu sein! Du brauchst dich nicht aufzuregen! Wie kannst du nur enttäuscht sein?!« und so weiter. Indirekt kann ich dem anderen signalisieren: Das, was du fühlst, denkst, willst, hat keine Bedeutung für mich. Ich werde das nicht berücksichtigen, ich finde deine Gefühle nicht »berechtigt«. Oder auch: Ich weiß besser, was du fühlst und was du nicht fühlst!

Wenn wir an dieser Stelle auf die praktische Anwendbarkeit und auf die Querverbindung von Satirs Kommunikationsformen schauen, können wir folgende Zusammenhänge feststellen: Zunächst einmal ist leicht zu erkennen, daß die vierte von Satir benannte Kommunikationsform, die »irrelevante« Kommunikation, dem Vorgang der Entwertung nach Watzlawick entspricht. Es ist eine Kommunikationsform, die bestens geeignet ist, jemanden verrückt zu machen. Das Ver-rücken können wir in diesem Zusammenhang auch wörtlich nehmen: nichts geht zusammen, bezieht sich aufeinander; alles verfehlt sich, geht aneinander vorbei.

Es ist also von besonderer praktischer Bedeutung, die Formen irrelevanter Kommunikation aufzuspüren, zu benennen und zu unterbrechen. Was bedeutet es, wenn jemand auf bestimmte Beziehungsthemen, die der andere anschneidet, nicht eingeht? Welche Ängste, Erfahrungen verbergen sich dahinter?

Die Überwindung destruktiver Kommunikationsformen

Verweigerungen, Störungen, Unstimmigkeiten – Wer bestimmt den Selbstwert?

Nach dem beschriebenen ersten Axiom der Kommunikation nach Watzlawick ist alles Verhalten in einer zwischenmenschlichen Situation auch kommunikativ. Das bedeutet, daß ich, solange ich mich in einer zwischenmenschlichen Interaktion befinde, nicht *nicht* kommunizieren kann.

Es gibt nun bei Paaren einige groteske Versuche, der Kommunikation als solcher auszuweichen.

Dazu ein millionenfach praktiziertes Beispiel:

Frau: »Was hast du? Du wirkst so abwesend?«

Mann: »Ach, nichts!«

In der Regel geht es bei dem Versuch, bestimmte Themen und Inhalte aus der Kommunikation »draußen« zu lassen, um Behinderungen in der Beziehungsdefinition. Bestimmte Beziehungsaspekte – zum Beispiel »Du langweilst mich jetzt gerade« oder: »Das kann ich dir nicht sagen, das würde dein Bild von mir und damit unsere Beziehung völlig verändern!« – dürfen nicht direkt ausgesprochen werden. Je weniger die Beziehungsebene definiert werden kann, um so »schizophrener« werden die Kommunikationsabläufe in einer Familie – das zumindest ist eine der Grundthesen von Mara Selvini Palazzoli et al. in ihrem Buch ›Paradoxon und Gegenparadoxon‹ (1978). Die Illusion ist, daß der Versuch, eine Beziehung nicht zu definieren, gelingen könnte. Der Versuch muß scheitern, denn die Botschaften, die vielleicht nicht direkt verbal übermittelt werden, werden nonverbal gesendet. Auf der verbalen Ebene findet demnach eine unwahrhaftige Beziehungsdefinition statt (»Du bist mein ein und alles!«), die nicht kongruent ist mit Botschaften, die auf der nonverbalen Ebene gesendet werden (während obige Beziehungsaussage gemacht wird, umarmt der Mann seine Frau und liest kurz die Schlagzeile der Zeitung, die ausgebreitet auf dem Frühstückstisch liegt). Der Versuch bei Paaren, nicht zu kommunizieren, bezieht sich meiner Erfahrung nach auf Beziehungsaspekte, die tabuisiert sind.

An dieser Stelle soll noch einmal auf die Arbeiten von Virginia Satir auf dem Gebiet der Kommunikation Bezug genommen werden: Satir beschreibt wie erwähnt vier Störungsformen im Bereich der innerfamiliären Kommunikation: eine *anklagende, ausweichende, beschwichtigende* und *rationalisierende* Haltung im Umgang miteinander. Diese so benannten Verhaltens- und Kommunikationsformen finde ich für die Praxis sehr hilfreich, auch um didaktisch destruktive Kommunikationsformen plastisch aufzeigen zu können (zum Beispiel als Beziehungsskulptur). Darüber hinaus möchte ich die Kommunikationsformen von Satir in aggressive und defensive Parts aufteilen. Insbesondere die defensiven Parts (ausweichen, rationalisieren und beschwichtigen) passen gut zu den hier benannten Strategien, schwierigen Themen auszuweichen, indem der Versuch unternommen wird, darüber einfach nicht zu kommunizieren.

Aber auch die Anklägerposition kann im Rahmen der Kommunikationsvermeidung (in bezug auf bestimmte Beziehungsaspekte) eingesetzt werden, quasi als »Flucht nach vorne«. Manche Menschen haben große Schwierigkeiten, gerade in Paarbeziehungen über eigene Schwierigkeiten zu sprechen (das wäre der Beziehungsaspekt, der vermieden wird), dafür fühlen sie sich sicherer und stärker, wenn sie den Partner angreifen können. Insofern stehen alle vier der destruktiven Kommunikationsformen in Zusammenhang mit einer postulierten Selbstwertproblematik. Satirs These ist: Wer sich selbst nicht akzeptieren und lieben kann, der kann auch mit anderen nahen Bezugspersonen nicht aufrichtig und vollständig über alle Aspekte seines Selbst kommunizieren. Er glaubt, das eine und andere (vielleicht das meiste) von seiner Person nicht vertreten zu können; glaubt, die anderen würden ihn nicht mehr akzeptieren, wenn sie das alles von ihm wüßten.

Meines Erachtens kann es sich dabei auch um eine Projektion handeln, denn das, was ich von mir denke und was ich von mir halte, das unterstelle ich auch den anderen, über mich zu denken. Die postulierte Selbstwertproblematik und die Störungen der Kommunikation im zwischenmenschlichen Bereich stellen an dieser Stelle Verbindungsglieder von individualpsychologischer und systemischer Betrachtungsweise dar.

– *Störungen in bezug auf die Inhalts- und Beziehungsaspekte einer Aussage*:
Wenn der eine Partner sagt: »Ich liebe dich« und gleichzeitig interessiert den Sportteil der Tageszeitung liest, dann hat der andere Partner berechtigte Fragen nach der Stimmigkeit dieser Aussage. Unstimmigkeiten bezüglich Inhalts- und Beziehungsaspekt bedürfen der Klärung. Die Ebene der Klärung muß eine Metaebene sein. Beide müssen sich dabei auf den Beziehungsaspekt einer Aussage konzentrieren (zum Beispiel: »Ich verstehe nicht, was in dir vorgeht, wenn du mir das *so* sagst.«). Beharrt einer auf dem Inhaltsaspekt (»Ich habe doch gesagt, daß ich dich liebe, jetzt nerv mich doch nicht!«), ist eine Klärung auf der Beziehungsebene nicht möglich. Gleiches gilt für

– *Unstimmigkeiten bezüglich analoger und digitaler Kommunikation*:
Diese drücken sich darin aus, daß jemand mimisch und mit seiner Körperhaltung, Stimme oder Tonfall eine andere Botschaft sendet als mit seinen Worten. Auch dann ist die Aussage für den

Adressaten mehrdeutig. So kann jemand mit abwesendem Gesichtsausdruck zu seinem Gegenüber sagen: »Ja, ich hör dir zu!«

Unstimmigkeiten bezüglich analoger und digitaler Kommunikation müssen bewußtgemacht werden; der Bedeutungsgehalt (in der Regel eine ausgeprägte Ambivalenz) muß entschlüsselt werden. Solche Unstimmigkeiten in der Kommunikation entstehen auch häufig dadurch, daß jemand versucht, vordergründig eine Erwartung zu erfüllen (Aufmerksamkeit, Zuwendung, Zuneigung oder sexuelles Interesse zeigen), innerlich aber an einem anderen Punkt steht. Dabei ist entscheidend, daß die sich mehrdeutig verhaltende Person nicht wagt, sich kongruent mit all ihren Gefühlen und Gedanken zu der aktuell bestehenden Situation einzubringen.

Nach meinem Verständnis von Paartherapie spielt es daher eine große Rolle, daß Paare lernen, sich gegenseitig wahrhaftiger mitzuteilen und ihre gegenseitigen Beziehungsaussagen vollständiger zu gestalten. Dabei gibt es nach meiner Beobachtung Paare, die dazu neigen, kritische Äußerungen und negatives Erleben zu unterdrücken und in der Mitteilung zu vermeiden, andere hingegen gerade das positive Erleben, das, was sie freut und was sie am anderen lieben.

> *Sich in wesentlichen Aspekten des Beziehungserlebens mitzuteilen heißt nicht, daß man dauernd über die Beziehung reden muß oder sollte. Es bedeutet lediglich, so ehrlich und offen miteinander umzugehen, daß man sich orientieren kann und weiß, woran man miteinander ist, und zwar sowohl im Guten wie im Schwierigen oder Negativen. Ich habe noch keine Beziehung erlebt, in der wichtige Themen ausgeklammert waren und in der sich beide wohl gefühlt hätten.*

Über Kommunikationsabläufe werden also wechselseitige Beziehungsbotschaften gesendet, die es dem Empfänger erlauben, eine Beziehungsaussage des Senders, die über eine verbale Aussage oder ein Verhalten (eine Geste, zu spät kommen und so weiter) gemacht wurde, mehr oder weniger eindeutig zu entschlüsseln. Gerade gestörte Paarbeziehungen zeichnen sich dadurch aus, daß diese Beziehungsbotschaften für den Empfänger häufig nicht eindeutig zu entschlüsseln sind.

Einer weiß nicht, woran er beim anderen ist. Er sagt vielleicht nette Dinge auf der Beziehungsebene, bleibt aber abends etwas zu häufig aus. Sie schimpft immer über ihn, kann sich aber nicht zu einer Trennung entschließen. Für die therapeutische Aufarbeitung solcher inkongruenter Kommunikationsformen ist folgendes grundlegend:

> *Mehrdeutige Verhaltensweisen und Aussagen müssen in ihrem Bedeutungsgehalt entschlüsselt und für die eigene Person und – früher oder später – für den Partner auf der Beziehungsebene transparent gemacht werden.*

Die Beziehungsklärung ist demnach ein wichtiger Meilenstein bei der Überwindung schizophrenogener Kommunikationsabläufe.

Ich habe erst im Laufe der Zeit herausgefunden (obwohl es naheliegend ist), daß die Paare mit der Vorstellung ihrer alltäglichen Konflikte oft auch Schaumschlägerei betreiben, um tieferliegende Zerwürfnisse nicht zur Sprache bringen zu müssen.

Die Frau beklagt sich darüber, daß der Mann die Fahrräder der Kinder nicht rechtzeitig repariert, der Mann beklagt sich darüber, daß die Frau mit ihrer Zeiteinteilung so zwanghaft und ihrer Haushaltsführung dagegen chaotisch sei. Eine andere Frau beklagt sich über die mangelnden Umgangsformen ihres Mannes ihren Freundinnen gegenüber, über sein gelegentliches dumpfes Schweigen im gesellschaftlichen Rahmen (»Ich bitte Sie, wie sieht denn so etwas aus?!«), über seine mangelnde humanistische Bildung. Der Mann dagegen beklagt sich über die ewige Nörgelei der Frau; er versucht im Haushalt, sich nach ihren Anweisungen zu verhalten, aber irgendwelche Details macht er garantiert falsch (»Wie, bitte schön, kann ich es ihr eigentlich recht machen?«). Eine andere Frau beklagt sich darüber, daß ihr Mann immer abends fernsehe und am Wochenende eine Sportsendung nach der anderen verfolge, er komme einfach nicht darauf, sie nach ihren Wünschen bezüglich der Abend- und Wochenendgestaltung zu fragen beziehungsweise auch mal gelegentlich im Haushalt freiwillig mitzuhelfen. Der Mann dagegen beklagt sich über die häufig schroffe Abweisung seiner Ehefrau, ihre generelle Lieblosigkeit ihm gegenüber und ihre Erwartungen bezüglich Mithilfe im Haushalt, die ihm lediglich Hilfsdienste zuordnen (bei der Wäsche mache er sowieso alles falsch, und beim Kochen habe er keine Lust, nur Gemüse zu putzen, dann wolle er lieber mal selbst kochen). Diese Liste ließe sich beliebig fortsetzen.

Im Rahmen dieser genannten Problemstellungen werden zwei Ebenen angesprochen:
Zum einen die alltäglichen Reibereien, Fragen des Zusammenlebens und der Rollenverteilungen, Werthaltungen und Einstellungen, die bei beiden Partnern unterschiedlich und teilweise kontrovers sind. All diese Konflikte und Unterschiede lassen sich im Grunde mit Hilfe einer angemessenen Gesprächsführung und Konfliktbewältigung lösen (zum Beispiel: »Wann hast du Zeit, die Fahrräder der Kinder zu reparieren? Können wir einmal über die Zeitplanung der nächsten Woche reden? Vielleicht kann ich dir etwas anderes abnehmen, damit du das machen kannst?«). Es geht hier vor allem um die *Konfliktinhalte*, die von beiden thematisiert werden.
Eine ganz andere und viel grundsätzlichere Ebene ist die Ebene der *Beziehungsfragen*, die über bestimmte Konfliktinhalte ausgetragen werden. Vielen Paaren fällt es schwer, offen und ehrlich über ihre Beziehung zueinander zu sprechen. Was mögen sie noch aneinander? Was sind ihre grundsätzlichen Wünsche und Hoffnungen in bezug auf den anderen? Was sind die Enttäuschungen in bezug auf den anderen? An welchem

Punkt stehen sie jetzt mit ihrer persönlichen Entwicklung? Was ist ihnen persönlich wichtig? Welche Rolle spielt der Partner dabei? Was ist ihr Leitbild von einem Mann, einer Frau, mit dem sie oder er gern zusammen wäre?

Manchmal zeigt es sich nach einer solchen Aussprache im Laufe einer Therapiesitzung, daß beide an einem ganz unterschiedlichen Ausgangspunkt stehen, was ihre gegenseitigen Erwartungen und Wünsche anbelangt. Der Mann möchte vielleicht endlich von der Frau anerkannt und (als Mann) geliebt und begehrt werden. Die Frau möchte vielleicht, daß der Mann sie endlich in alltäglichen Fragen mit den Kindern und im Haushalt mehr unterstützt. Manchmal möchten die Frauen sexuell in Ruhe gelassen werden, und den Männern war dieses Maß an Desinteresse im körperlichen Bereich nicht klar. Manchmal sind die Frauen aber auch zutiefst verletzt, daß der Mann sie nicht (mehr) als Frau wahrnimmt, liebt und begehrt. Frauen haben häufig große Ansprüche an die Versorgungsrolle der Männer, ohne die beruflichen Anstrengungen und Leistungen der Männer zu würdigen. Sie machen den Mann ausschließlich für das finanzielle Auskommen und das gesellschaftliche Prestige der Familie verantwortlich. Die Männer stöhnen wiederum oft unter der Last ihrer Bemühungen, genügend Geld herbeizuschaffen und zusätzlich im Haushalt und den Kindern gegenüber aufmerksam zu sein. Männer wiederum haben manchmal ein Bild von der Ehefrau, daß sie allen alltäglichen Belastungen mit Kindererziehung und Haushalt relativ mühelos gewachsen ist (dabei noch schlank und attraktiv), sie haben oft wenig Sinn für die Belastungsgrenzen einer Frau.

All diese Wünsche und Leitbilder gehen in die grundsätzliche Beziehungsgestaltung zwischen einem Paar ein.

Stellen wir an dieser Stelle einmal folgende grundsätzliche Überlegungen an:

> *An welchen Maßstäben wird die Anerkennung, Liebe und Toleranz dem anderen gegenüber ausgerichtet? Kann der andere dem Leitbild gerecht werden, das jeder mit sich herumträgt?*
> *Welche Enttäuschungen und Desillusionierungen sind vorprogrammiert, weil die Erwartungen zu hoch sind beziehungsweise dem Wesen des anderen überhaupt nicht entsprechen?*
> *Wem wird die Enttäuschung angelastet? Wird der andere entwertet und abgewertet, weil er den ursprünglichen Erwartungen nicht entspricht? Welche Teufelskreise der gegenseitigen Entwertung haben sich eingespielt?*

Eine Offenlegung der grundsätzlichen Gefühle und Wünsche dem anderen gegenüber hat demnach konstruktive Funktion, auch wenn sie manchen erst einmal erschrecken mag. Der andere mag mich vielleicht nicht lieben oder nicht in allem lieben, weil ich seiner Vorstellung nicht entspreche – aber dann weiß ich wenigstens, *wie* seine Vorstellungen sind, und kann mich damit auseinandersetzen.

Manche Paare sind auch gegenseitig überrascht, wie viele und welche positiven Gefühle der andere ihnen gegenüber hat. Sie können daraus Mut und Zuversicht für die Bewältigung der anstehenden Konflikte schöpfen.

Beispiel:
Ein älteres Ehepaar – er war gerade frisch pensioniert – kam in Therapie, weil sie es zu Hause kaum miteinander aushielten. Die Frau beklagte sich über den Mann, wie »unmöglich« und geradezu »blöd« sich dieser im Alltag verhalte. »Ja gibt es denn das? Wie hat der denn das die ganzen Jahre in seinem Beruf geschafft?« (Der Mann hatte als Ingenieur eine ansehnliche Karriere in einem großen Industrieunternehmen gemacht.)

Der Mann war ebenso verzweifelt wie die Frau. Er fühlte sich als Trottel hingestellt: »Wenn ich sie nach einer Telefonnummer frage – sie weiß so viele Telefonnummern auswendig –, dann sagt sie: ›Frag doch nicht so blöd, die Nummer steht doch im Telefonbuch, schau einfach nach!‹«

Der Mann stellte sich vor, ich als Therapeutin könne »objektive« Kriterien anführen, die ihm sagen können, ob er wirklich »blöd« sei oder nicht, ob die Kritik seiner Frau »berechtigt« sei oder nicht.

In weiteren Gesprächen erwähnte er, er liebe seine Frau und habe nie eine andere gewollt. Im Einzelgespräch mit mir sagte der Mann, er fühle sich von seiner Frau wie ein kleiner dummer Junge behandelt.

Die Frau sagte im Einzelgespräch auf meine Frage, warum sie ihren Mann so abwerte (die Frage nicht vorwurfsvoll, sondern interessiert-wohlwollend gestellt): »Wissen Sie, mein Mann hat im Grunde überhaupt keine Bildung. Technik, Sprachen, ja gut, aber er hat keine humanistische Bildung. Er hat keine Ahnung von Literatur, Psychologie und Philosophie! Bei ihm zu Hause in seinem Elternhaus gab es vielleicht zwei Meter Regale mit Büchern, aber bei uns zu Hause, mein Vater, der hatte ein ganzes Zimmer voll, die ganzen Wände voll mit Büchern …« Im weiteren Gespräch stellte sich heraus, daß die Frau noch sehr um ihren Vater trauert. Sie weinte heftig.

An diesem kleinen Beispiel zeigt sich, wie viel beide zu tun haben, oder zu tun hätten, falls sie sich auf den Weg einer Therapie machen: Er hat in seinem langen Leben offensichtlich noch kein autonomes, positiv getöntes Selbstbild erworben und hat nicht gelernt, sich von nahen Bezugspersonen bei Bedarf auch abzugrenzen. Sie hat in ihrem langen Leben noch nicht gelernt, ihren impliziten Beziehungsvertrag mit dem Mann zu überdenken und in Frage zu stellen. Hat sie wirklich den Mann geheiratet, den sie haben will? Sucht sie in dem Mann nicht vielmehr das, was er *nicht ist*, und kann ihn im Gegenzug dafür nicht lieben und achten in dem, was er *ist*? Sie hat sich weiterhin nicht genügend Autonomie erworben (psychisch, sozial, materiell), um sich aus einer unbefriedigenden Beziehung auch wieder lösen zu können. Sie hat sich noch nicht von ihrem Vater verabschiedet und sucht ihn immer noch in dem Ehemann.

Wer bestimmt den Selbstwert?

Über Kommunikationsabläufe wird auch der Wert des Partners und der Wert der eigenen Person (Selbstwert) verhandelt: Schauen wir uns unter diesem Gesichtspunkt die vormals erwähnten »Ich-« und »Du-Definitionen« genauer an.

Was Watzlawick nicht aufführt, dagegen von Satir in den Vordergrund gehoben wird, ist die Frage: Wie bewerte ich mich und dich? Wenn ich eine Ich-Definition auf der Beziehungsebene abgebe, so enthält sie auch implizit eine Bewertung meiner Person.

Ich kann zum Beispiel sagen: »Heute ist mir ein Supermenü gelungen!« Nun kann mein Gegenüber durchaus anderer Meinung sein und behaupten, die Suppe sei zu kalt gewesen, die Kräuter nicht mehr frisch, das Huhn zu fade gewürzt und so weiter. Mein Gegenüber macht also eine »Du-Aussage« und verwirft meine Selbstdefinition in dieser Angelegenheit.

Kommt dies gelegentlich vor, ist das kein Problem, eher vielleicht eine Anregung. Mein Gegenüber stellt auch ein Korrektiv dar, eine Person, mit der ich mich auseinandersetze, die mein Selbstbild gelegentlich korrigiert, sei es zum Besseren oder zum Schlechteren. Würde mein Gegenüber immer nur Negatives über mich feststellen, hätte ich berechtigte Zweifel, ob er mich als Person beziehungsweise als Partnerin akzeptiert. Bestätigung und Kritik müssen also in einem verträglichen Verhältnis zueinander stehen, wobei die Bestätigung in einer geglückten Paarbeziehung klar überwiegen sollte (sei es in verbaler oder nonverbaler Form).

In vielen Paarbeziehungen kommt es zu symbiotischen Verstrickungen bezüglich der Ich- und Du-Definitionen. Nehmen wir an, eine Person A kann Ich- und Du-Definitionen nicht unterscheiden. Person B sagt vielleicht zu Person A: »Du bist eine schlechte Köchin«, während Person A von sich die Meinung hat, sie sei eine annähernd gute Köchin. Was soll Person A jetzt von sich halten? Person A wird sich vermutlich gegenüber Person B verteidigen und Argumente anführen, die belegen, warum sie doch eine ganz gute Köchin sei. Person B läßt sich wenig beeindrucken, er bleibt bei seiner Meinung (hat vielleicht einen Gourmet-Hobbykurs besucht und hat völlig andere Maßstäbe). Person A ist wütend, sie will Person B dazu bringen, gleich über sie zu denken wie sie selbst. Beide unternehmen den Versuch, eine gleiche Wirklichkeit herzustellen.

Nun möchte ich zwar Watzlawick zustimmen, daß in einem gewissen Rahmen diese Ich- und Du-Definitionen übereinstimmen müssen, damit sich beide auf eine gemeinsame Wirklichkeitskonstruktion einigen können. Diese gemeinsame Wirklichkeitskonstruktion hat aber auch Grenzen und verläuft destruktiv, wenn als Folge davon nicht mehr zwischen Ich und Du unterschieden werden kann.

Im Rahmen der pragmatischen verhaltenstherapeutisch orientierten Kommunikationstherapien wird daher in diesem Sinn zwischen Ich- und Du-Botschaften unterschieden (vgl. Hahlweg, Schindler, Revenstorf 1980): Ich habe eine Meinung über dich und kann sagen: »Du *bist* so und so ...« oder: »Ich finde dich so und so ...« Noch besser wäre: »Es geht mir so und so mit dir, wenn ...« »Es regt mich auf, wenn du ...« »Es macht mich traurig, wenn du ...« »Ich habe mir solche Hoffnungen gemacht, daß du ...« »Es wäre mir so wichtig gewesen, daß du ...« »Ich wünsche mir so sehr von dir ...« »Es fällt mir schwer zu sagen, daß ...« »Manchmal habe ich Angst, du könntest ...«

Grundsätzlich geht es dabei darum, Gefühle zu äußern, um Betroffenheiten zu klären und auszudrücken. Wie schon im Eingangskapitel erwähnt, kann man davon ausgehen, daß es bei Streit, Ärger und Enttäuschung immer auch um wichtige Beziehungsthemen geht, sonst würde man sich ja nicht so aufregen. Im therapeutischen Prozeß geht es aber darum, nicht nur auf der Ebene zu bleiben, Gefühle wahrzunehmen und

> *mitzuteilen, sondern auch die dahinterliegenden Wünsche herauszuarbeiten und sich gegenseitig mitzuteilen. So können beide ihre Betroffenheiten eher klären und Verständnis füreinander bekommen, auch indem sie einiges zur Geschichte ihrer Betroffenheit erzählen, sich also mitteilen können, welche (kindlichen oder familiären) Erfahrungen hinter dieser Betroffenheit stehen. Auch ist es viel leichter, von der Wunsch-Ebene zur Lösungs-Ebene zu kommen und miteinander Kompromisse zu finden.*

Kehren wir aber noch einmal auf die pragmatische Ebene zurück und zur unterschiedlichen Wirkung von Ich- oder Du-Botschaften:

Es wird jedem Menschen leichter fallen, eine Aussage stehenzulassen, zumal eine kritische über die angesprochene eigene Person, die ein Gegenüber *über sich selbst* macht (»ich finde, ich empfinde, ich denke dann über dich ... und mich ...), anstelle: »Du bist, du hast, du denkst ja nur ... nie würde es dir einfallen, daß ...«. Stimmen diese Du-Aussagen nämlich nicht mit dem eigenen Selbstbild überein, werden sie sofort zurückgewiesen, und es entspinnt sich ein Muster:

Angriff – Verteidigung,
Angriff – Gegenangriff oder
Angriff – Beschwichtigung.

> *Negative Du-Botschaften bergen die Problematik der Entwertung der anderen Person in sich und bewegen sich im Bereich von Unterstellungen.*
> *Mit einem konstruktiven Austausch über verschiedene Wahrnehmungen von Personen und Situationen hat dies nicht mehr viel zu tun. Wenn bei negativen Du-Aussagen (Anklagen) der eigene Selbstwert auf dem Spiel steht, kann eine Person sich nicht mehr adäquat mit dem Anliegen ihres Gegenübers auseinandersetzen, sondern setzt alle Energie auf die eigene Verteidigung, auf die Rettung des eigenen Selbstwerts.*

> *Hinter der Aussage »Du bist ein unmöglicher Vater!« steht ein Wunsch, zum Beispiel nach mehr Unterstützung bei der Kindererziehung, der in dieser Form der Aussage vom Gegenüber in der Regel nicht mehr »gehört« werden kann, da die angegriffene Person sich auf ihre Verteidigung konzentriert.*

Kehren wir zurück zum Thema Selbst- und Fremdbild, das unterschwellig bei den ausgetauschten Ich- und Du-Definitionen verhandelt wird.

Es ist von besonderer Bedeutung, sowohl in der Einzel- wie auch in der Paartherapie, Selbst- und Fremdbilder voneinander unterscheiden zu lernen. Denn es ist eine Sache, was jemand anders über mich denkt, und eine andere, was ich selbst über mich denke. Viele Menschen leiden darunter, daß andere, die ihnen nahestehen, negativ über sie denken. Manchmal vermuten sie auch nur, daß andere negativ denken, ohne es genau zu wissen. Sie erleben es vernichtend, wenn ihre Partner, ihre Kinder oder ihre Eltern ihnen etwas Negatives an den Kopf werfen, da sie sich innerlich nicht abgrenzen können. Sie sind sich nicht mehr sicher, ob sie das, was der andere ihnen vorwirft (dumm, häßlich, frigide, egoistisch), nicht tatsächlich *sind* ...

Wenn ich also in der Therapie mit den Bildern arbeite, die jeder über sich und den anderen hat, arbeite ich mit Unterschieden. Ich trenne und weise zu. Jeder hat ein Bild über sich und über den anderen, dies ergibt vier Bilder, die im Raum sind, über die verhandelt wird. Die meisten Paare verhalten sich so, als ob es nur zwei Bilder gäbe (wie *bin* ich? und wie *bist* du?). Je mehr ich als Paartherapeutin versuche, zu früh zu einigen, also vermittle, Brücken schlage, an Lösungen arbeite, um so mehr decke ich auch Unterschiede zu, Unterschiede, die nicht gesehen werden und nie gesehen worden sind. Die Unterschiede sind wichtig, erkannt und benannt zu werden, damit sich jeder damit auseinandersetzen kann und zu trennen vermag: Wie sehe ich mich, und wie sieht der andere mich?

Die Trennung ist eine Möglichkeit, ein relativ autonomes und mehr gesichertes Selbstbild zu erarbeiten. Kann ich mein Bild von mir vom Bild des anderen über mich nicht unterscheiden, bin ich in meiner Selbstbewertung immer davon abhängig, wie der andere mich findet. Ich muß wiederum die Meinung des anderen manipulieren, bekämpfen und zurechtrücken und so weiter, damit ich mit diesem Bild, das der andere von mir hat, leben kann. Hier ist mein Einfluß aber begrenzt, denn der andere nährt sein Bild von mir aus seiner Geschichte, seinen Werthaltungen und Erfahrungen, die Konstanten seiner Identität darstellen. Ich muß also den anderen verändern, um sein Bild von mir zu verändern – um ein Bild zu bekommen, mit dem ich leben kann. Dieser Versuch muß scheitern. Ich kann den anderen nicht zwingen, mich gut zu finden. Aber ich kann einiges dafür tun, um selbstkritisch, wohlwollend und versöhnlich *zu mir* zu stehen.

> *Eine Person, deren Selbstwert stabil ist, wird sich keine Bezugsperson aussuchen, die ihren Selbstwert dauernd dezimiert. Der erste Schritt, in einer chronisch verstrickten Paarbeziehung »zu sich selbst zu kommen«, ist daher zu lernen, Selbst- und Fremdbild zu unterscheiden.*
> *Wer einen Knoten lösen möchte, muß zuvor die einzelnen Stränge erfassen.*

Mißverständnisse: Indikatoren für Beziehungsstörungen

Was einer sagt und der andere »hört«, ist nicht dasselbe. Ein Beispiel, wie Mißverständnisse entstehen:

Verbale Aussage: Anne macht eine Mitteilung an ihren Mann: »Theresa hat ein neues wunderschönes Kleid!«
    Kognitive Ebene: Anne meint: »Ich bewundere den Geschmack von Theresa. Wo sie nur immer ihre Sachen findet …?«

Ihr Mann Klaus »hört«: Ja, ich weiß, ich verdiene nicht genug Geld. Anne muß darunter leiden, weil ich sie als Frau nicht genügend ausstatten und verwöhnen kann, wie ich es eigentlich gern tun würde. Aber Anne muß mir das nicht immer so deutlich servieren, ich mag einfach nicht dauernd daran erinnert werden! Ich weiß nicht, über wen ich mich jetzt mehr ärgern soll: über Anne, die mich dauernd an meine Fehler erinnert, oder über mich, der ich meinen Ansprüchen nicht genügen kann.

Die Reaktion von Klaus ist:
Verbale Aussage: »Mein Gott, ja und? Gibt es nichts Spannenderes auf der Welt??«
Körpersprache: Kopfschütteln, verzieht die Mundwinkel (Mißfallen, genervt).

Die Interpretation von Anne ist:
Kognitive Ebene: Wirklich schlimm, daß man mit ihm kein normales, entspanntes Gespräch führen kann. Kann ich nur über Politik und Naturwissenschaften mit ihm reden, ohne daß er völlig entnervt ist?
Verbale Aussage von Anne: »Entschuldige, ich wollte dich nicht langweilen…«
Körpersprache: Schulterzucken, angespannter Gesichtsausdruck, Blick wendet sich ab, Stimme herausfordernd (verärgert, spitz).

Interpretation von Klaus:
Kognitive Ebene: Mein Gott, jetzt ist sie eingeschnappt. Es ist auch wirklich zu blöd, wie das hier abläuft. Na ja, vielleicht reicht es zu einem Schal, dann wird die gute Laune wohl wiederhergestellt.
Verbale Aussage: »Jetzt sei doch nicht so empfindlich! (etwas verkrampft humorvoll): Vielleicht kann ich dein Herz doch noch erfreuen…«
Körpersprache: lächelt angespannt, versucht ihren Blick ein-

zufangen, Körperhaltung leicht nach vorn gebeugt, angespannt. Hebt beschwichtigend die Hände; Stimme angestrengt, gewollt heiter.

Mißverständnisse entstehen dadurch, daß der eine die Aussage des anderen aus seinem eigenen Bedeutungskontext heraus interpretiert (alles auf sich bezieht) und damit verzerrt aufnimmt. So kann jemand, der krank im Bett liegt, die Aussage eines Freundes, der auf Besuch kommt und angesichts des strahlend blauen Himmels und leuchtenden Schnees vor dem Fenster begeistert ausruft: »Was für ein herrliches Wetter zum Skifahren!« diese Aussage leicht als Provokation auffassen.

Die Bestseller von Deborah Tannen (1991, 1994), ›Du kannst mich einfach nicht verstehen!‹ und ›Das habe ich nicht gesagt!‹, beschäftigen sich mit den Verständigungsschwierigkeiten zwischen den Geschlechtern. Männer und Frauen geben Wörtern und Sätzen jeweils aus ihrem geschlechtsspezifischen Hintergrund heraus eine andere Bedeutung, so daß Verständigungsschwierigkeiten und Fehlinterpretationen bei gemischtgeschlechtlichen Paaren vorprogrammiert sind.

So können beide Geschlechter, schon angefangen beim Wort »Liebe«, ganz unterschiedliche Vorstellungen mit diesem Begriff verbinden: Männer meinen vielleicht mehr ein augenblicksbezogenes Gefühl, eine starke erotische Anziehung, und Frauen die Zusicherung dauerhafter fürsorglicher Zuneigung.

Des weiteren können wir davon ausgehen, daß die Zugehörigkeit zu einer sozialen Schicht und die Zugehörigkeit zu einem bestimmten Kulturkreis (Nation, Volksgruppe, Hautfarbe und so weiter) eine große Rolle in der Verständigungsmöglichkeit von Paaren spielt. Je homogener der soziokulturelle und familiäre Hintergrund, um so leichter können sich zwei Partner verständigen.

Reaktion auf die eigenen Unterstellungen

»Ein Mann will ein Bild aufhängen. Den Nagel hat er, nicht aber den Hammer. Der Nachbar hat einen. Also beschloß unser Mann hinüberzugehen und ihn auszuborgen. Doch da kommt ihm ein Zweifel: Was, wenn der Nachbar mir den Hammer nicht leihen will? Gestern schon grüßte er mich nur so flüchtig. Vielleicht war er in Eile. Aber vielleicht war die Eile nur vorgeschützt und er hat etwas gegen mich. Und was? Ich habe ihm nichts angetan; der bildet sich da etwas ein. Wenn jemand von mir ein Werkzeug borgen wollte, ich gäbe es ihm sofort. Und warum er nicht? Wie kann man einem Menschen einen so einfachen Gefallen abschlagen? Leute wie dieser Kerl vergiften einem das Leben. Und dann bildet er sich noch ein, ich sei auf ihn angewiesen. Bloß weil er einen Hammer hat. Jetzt reicht's mir wirklich! Und so stürmt er hinüber, läutet, der Nachbar öffnet, doch noch bevor er ›Guten Tag‹ sagen kann, schreit ihn unser Mann an: ›Behalten Sie Ihren Hammer, Sie Rüpel!‹«
(Paul Watzlawick: ›Anleitung zum Unglücklichsein‹)

Diese vielzitierte ›Geschichte mit dem Hammer‹ zeigt, wie eine Person in einer Art innerem Dialog die eigenen Wünsche formuliert, die Reaktionen des Gegenübers vorwegnimmt und sich damit mit den vermeintlichen Reaktionen des anderen auseinandersetzt. Diese vermeintlichen Reaktionen des anderen erhalten irgendwann den Schein der Gewißheit; durch die fortlaufende Autosuggestion wird das Bild vom anderen so lange selbst bestätigt, bis man davon überzeugt ist, daß der andere so sei. Es werden dem anderen gegenüber Unterstellungen gemacht (»Du würdest dich nie um meinen Geburtstag kümmern!«) und auf diese eigenen Unterstellungen mit Wut und Enttäuschung reagiert, so daß der Partner am Ende mit dem Ergebnis eines solchen inneren Dialogs konfrontiert wird, den er als solchen nicht nachvollziehen kann. Tragischerweise wirken solche Unterstellungen und Behauptungen oft als sich selbst erfüllende Prophezeiung, denn wer mag schon gegen so viel Gewißheit und Überzeugung ankämpfen? Im günstigen Fall wirken sie paradox, nach dem Motto »Das wollen wir doch mal sehen ...«, im normalen Fall rufen sie schlichte Resignation hervor.

Manche Menschen glauben, über einen Menschen, mit dem sie jahrelang zusammengelebt haben, könnten sie nichts Neues mehr erfahren. Das ist ein grober Irrtum, der sie veranlaßt, ständig nur ihre eigene Wahrnehmungsperspektive dem anderen gegenüber bestätigt zu sehen. Sie nehmen dem Partner oder der Partnerin jede Chance, sich selbst darstellen zu können und sich in die Erlebnis- und Denkweise des anderen hineinversetzen zu können. Aus Angst, zu unterliegen oder selbst nicht mehr gesehen zu werden, wird auch dem anderen nicht erlaubt, verstanden zu werden, so daß sich chronisch symmetrische Interaktionsmuster bilden. Dabei können sich zwei im gegenseitigen Unverständnis die Waage halten oder noch versuchen, sich zu überbieten. Ich möchte an dieser Stelle hervorheben, daß *verstehen nicht recht geben heißt*.

> *Das Verstehen des anderen, Verstehen der eigenen Person, Verstehen auch der Unterschiede, ist ein unerläßlicher Bestandteil einer gelungenen Partnerschaft, um sich als verschiedene und gleichwertige Menschen begegnen zu können.*

Wenn zwei »nichts mehr voneinander wissen wollen«, wie eine umgangssprachliche Formulierung sagt, dann sind sie nicht mehr bereit, sich in den anderen hineinzudenken und seine Gefühle nachzuvollziehen, oder, wie Max Frisch sagt, sie »kündigen sich die Bereitschaft auf, auf weitere Verwandlungen einzugehen«. Die Bereitschaft also, sich immer wieder neu aufeinander einzulassen, hat sich erschöpft, oder aber sie war nie vorhanden.

Entwicklungspsychologisch gesehen, können wir aber genauso von Reifungsdefiziten ausgehen, also nicht von mangelnder Bereitschaft, sondern von mangelnder Fähigkeit. Mangels ausreichend gesicherter Ich-Autonomie können sich beide nicht wirklich als getrennte Personen wahrnehmen. Die Grenzen zwischen Ich und Du sind zu sehr verschwommen. Einer kann die abweichende Meinung vom anderen nicht aushalten, das würde ihn oder sie in ihren eigenen Annahmen, ihrem Selbstbild zu sehr verunsichern.

Wenn er sie nicht schön findet, kann sie das denn hören und bei ihm lassen? Oder ist sie nicht mehr sicher, ob sie schön *ist*? Ja, mehr noch, sie denkt nun, sie *ist* nicht mehr schön? Die Bereitschaft und die Fähigkeit also, sich kennenzulernen und immer wieder neu kennenzulernen, setzt Offenheit und Selbstsicherheit voraus. Offenheit sich selbst, aber auch dem anderen gegenüber. (Wo stehe ich mit meinen Bedürfnissen, Gefühlen, Wünschen? Was ist mir wichtig in meinem Leben, was kann ich vernachlässigen? Welche Werthaltungen habe ich? Was mag ich am anderen, was nicht? Was liebe ich am anderen, was bedeutet mir sehr viel? Was stört mich auch? und so weiter.)

Sowohl in bezug auf positive wie negative Gefühle und Normhaltungen, persönliche Entwicklungs- wie auch Beziehungswünsche gilt es, sich selbst, aber auch dem anderen gegenüber Respekt zu bewahren und vor allem: Ich und Du zu unterscheiden. Was das kommunikative Verhalten anbelangt, gibt es Kommunikationsformen, die einen Austausch über solche wesentlichen Punkte erschweren, und andere, die ihn erleichtern. So ist es wichtig, daß der Sender lernt, »Ich-Botschaften« zu machen und von den »Du-Aussagen« wegzukommen. Für den Empfänger ist es wiederum eine besondere Herausforderung zu lernen, zuzuhören und wirklich zu verstehen, was der andere meint.

Bezeichnend für Paare mit einer mehr oder weniger ausgeprägt gestörten Kommunikation ist – wie schon beschrieben –, daß sie nichts wirklich vom anderen wissen wollen, daß sie glauben, den anderen durch und durch zu kennen, und daß sich in diesem Sinn eine (offene) Frage an den anderen, was dessen Sichtweise, Absichten, Erlebnisweise, Wünsche und Bedürfnisse und persönliche Gefühle anbelangt, als müßig darstellt. Was sie kennen, ist das *Bild,* das sie sich vom anderen gemacht haben, ein Bild, das sie keinesfalls gewillt sind, in Frage stellen zu lassen.

Dieses Bild ist voll von Unterstellungen, Verzerrungen, Interpretationen der Absichten, Gefühle und Verhaltensweisen des anderen und damit von Projektionen der eigenen Vorstellungen. Die Partner sind füreinander Interpreten, Psychologen, Astrologen und Therapeuten geworden (»ich weiß wohl, was du meinst, vorhast und so weiter!«) im denkbar negativen Sinn. Manchen mag es geradezu lästig erscheinen, wenn ihnen ein vom anderen Partner angefragter Paartherapeut in die Quere kommt und Fragen an diesen Partner stellt, die sie am liebsten selbst (vermeintlich viel besser und zutreffender) beantworten könnten.

Dies würde der Annahme folgen: Ich kenne meinen Partner besser als er selbst! und auch: Ich kenne meinen Partner besser als jeder Therapeut! Eine solche Annahme ist im alltäglichen Umgang miteinander, aber auch in der Therapie nicht besonders konstruktiv. Es würde lediglich eine Einladung zur unfruchtbaren Rechthaberei bedeuten. Vielmehr geht es meines Erachtens darum, aus welchem *Blickwinkel* ich eine Person betrachte und welche *Art* des Verstehens damit möglich wird – nicht darum, eine Person *besser oder schlechter* zu kennen.

Den anderen auf eine wohlwollende Art verstehen zu lernen bedeutet auch, zu lernen, die eigenen Bewertungen zunächst einmal zurückstellen zu können und sich ganz in den anderen hineinzudenken und hineinzufühlen. Dies ist für Paare um so schwieriger, aber nicht unmöglich, wenn schwerwiegende gegenseitige Verletzungen und Enttäuschungen abgelaufen sind.
Meine Hypothese ist: Ein Paar verhält sich um so gestörter miteinander, je mehr beide glauben, den anderen zu kennen und folglich keine Überprüfung ihrer Vermutungen mehr nötig finden. Beide sind »fertig« miteinander, es gibt nichts mehr zu erfahren, zu entdecken, miteinander wachsen zu lassen.

Ein »kontrollierter Dialog«, das heißt eine einfache therapeutische Kommunikationsübung, die darin besteht, den anderen sinngemäß wiederholen zu lassen, was der Partner gesagt hat, gerät zur Qual oder wird vergleichbar mit der Schwierigkeit, eine Speisekarte auf japanisch, die vorgelesen wurde, zu wiederholen.

Ein Beispiel:
Sie sagt: »Mir ist die Religion sehr wichtig. Ich glaube an Gott, und ich lege Wert auf eine religiöse Erziehung.«

Er sagt (mit der Aufgabe, die Aussagen seiner Frau zu wiederholen): »Du glaubst, an Gott zu glauben ... Du räumst der Religion einen gewissen Stellenwert ein, den ich allerdings in Frage stellen möchte. Natürlich ist es dir wichtig, daß die Kinder religiös erzogen werden.«

Oder noch eine Stufe verzerrter: »Du meinst, die Kinder religiös erziehen zu müssen, obwohl weder ich noch die Kinder damit einverstanden sind, was dir aber völlig egal ist. Du hast eben deinen religiösen Spleen und merkst nicht, wie du dich in der ganzen Umgebung lächerlich machst!«

Die Partner schaffen es nicht, die Worte und den Sinn dessen, was der andere meint, unverfälscht wiederzugeben. In die Wiedergabe dessen, was der andere angeblich gesagt und gemeint hat, werden gleich die eigenen Stellungnahmen und Interpretationen mitverpackt.

Nehmen wir umgekehrt an, sie solle seine Sätze wiederholen:
Er erzählt: »Ich war müde von der Arbeit und konnte mich auf der Heimfahrt kaum noch aufs Fahren konzentrieren. Es war regnerisch, und ich war durch den Gegenverkehr stark geblendet. Da lief mir ein Wild vor die Scheibe, das ich streifte. Bestürzt stieg ich aus, um nachzusehen, was los war, und ich war heilfroh, daß nicht mehr passiert war.«

Möglicherweise »wiederholt« sie: »Es war mal wieder spät, natürlich war es inzwischen dunkel, und ich nehme an, du hattest vor, in die Kneipe zu gehen oder warst schon dort. Okay, möglicherweise ist dir ein Reh vor die Windschutzscheibe gelaufen, ich kann ja nicht das Gegenteil beweisen.«

Therapeutische Implikationen:
Was Paare mit gestörter Kommunikation in der Therapie lernen müssen:
– zuhören;
– nicht unterbrechen, interpretieren, bewerten, bevor der andere zu Ende geredet hat;
– versuchen, die Gedanken und Gefühle des anderen zu »verstehen«, das heißt erfassen und nachvollziehen, was der andere meint, was in ihm vorgeht, was seine Beweggründe sind;
– wenn sie etwas nicht verstehen, nachfragen; und *grundsätzlich*
– offene Fragen zu stellen, anstatt zu interpretieren.

Dabei geht es nicht um ein rein intellektuelles Verstehen oder ein mechanisches Wiedergeben der Anliegen des anderen. Es geht um ein emotionales Nachvollziehen des Erlebens und der Beweggründe des anderen. Es geht darum, das, was den anderen bewegt, an sich selbst »herankommen« zu lassen.

Auf den ersten Blick mag es wie ein intellektuelles Defizit erscheinen, wenn Paare nicht in der Lage sind, sinngemäß die verbalen Aussagen ihrer Partner zu wiederholen (das heißt auch, sinngemäß nachzuvollziehen). Da es sich aber bei solchen Paaren um intelligente Menschen handeln kann, die durchaus den Inhalt eines ganzen Romans wiedergeben könnten, liegt die Hypothese nahe, daß es sich nicht um ein Intelligenzdefizit, sondern um eine Beziehungsstörung handelt.

Kommunikationsstörungen sind Indikatoren für Beziehungsstörungen. Das Wesentliche dieser Beziehungsstörungen ist, daß der Partner nicht so sein darf, wie er sich selbst sieht und definiert, sondern wie er in den Augen des anderen sein sollte.

Nehmen wir an, die Frau ist religiös und der Mann lehnt die Religiosität der Frau ab. Wenn die Frau in diesem Zusammenhang sagt: »Ich glaube an Gott«, sagt der Mann: »Du glaubst, an Gott zu glauben.« Oder wenn der Mann sagt, er habe am Abend keine Nerven mehr, sich um die Kinder zu kümmern, da er völlig überarbeitet sei, sagt die Frau: »Du willst dich am Abend nicht mehr um die Kinder kümmern, weil du einfach kein Interesse hast!«

> *Aus der Angst heraus, verstehen hieße recht geben, weigern sich viele Paare, sich gegenseitig überhaupt zu verstehen. Wozu sich einfühlen, wozu nachfragen, wozu verstehen, wenn dies der vermeintlichen Aufgabe der eigenen Vorstellungen gleichkommt? Sich zuhören und sich um Verständnis des anderen zu bemühen unterliegt in der Regel einer gegenseitigen Dynamik des »leben und leben lassen«, während das Abwürgen der Gedanken und Gefühle des anderen, dieses Überhaupt-nichts-mehr-wissen-Wollen vom anderen, der Dynamik der gegenseitigen Unterdrückung unterliegt.*

Kommen wir auf die Querverbindung von symbiotischen Beziehungsstörungen und Kommunikationsstörungen zurück:

Der andere wird nicht mehr wahrgenommen als eigenständige Person, er wird funktionalisiert im Sinne der eigenen Bedürfnisse. »Du mußt so sein, wie ich dich haben will« oder: »Ich weiß besser, wie du bist und wer du bist« ist die grundsätzliche Botschaft, und diese Ausrichtung läßt die Offenheit, den anderen »mit seinen eigenen Augen sehen zu lernen«, nicht zu.

Hintergrund einer solchen Haltung ist in der Regel eine Abhängigkeit vom Partner in mannigfacher Hinsicht. Sei es, daß die Bestätigung vom anderen gebraucht wird, die materielle Versorgung, die gleiche Ausrichtung in der Kindererziehung und vieles andere mehr. Der Wunsch ist auch hier der Vater des Gedankens, jedoch mehr als der Wunsch: die Notwendigkeit, den anderen als solchen zu brauchen. Alles, was von diesem Wunschbild abweicht, ihm widerspricht, wird ignoriert, verzerrt, umgedeutet (»sie könnte, wenn sie wollte«, »sie hatte eine schlimme Kindheit, sonst wäre sie in diesem Punkt völlig anders«, »das wird schon noch kommen«, »er meint es nicht so« ...) oder abgewertet (»was für eine Einstellung! Unmöglich!«).

Der andere muß so sein, wie man ihn haben will. Es gibt keine eigenständige, akzeptierte Vorstellung, wie der andere sich selbst sieht und sein möchte.

Diese Phänomene springen Außenstehenden bei unglücklichen Paaren gleich ins Auge: wie sie sich verkennen, in falschen Hoffnungen wiegen, sich permanent fehlinterpretieren, sich ins Wort fallen, sich gegenseitig etwas vormachen und sich abwerten. Dasselbe zu erkennen und wahrzuhaben fällt den betroffenen Paaren selbst sehr schwer. Jeder ist durch und durch davon überzeugt, den anderen zu kennen und maßgebend beurteilen zu müssen.

Die Paartherapie auf der kommunikativen Ebene muß daher in die Gegenrichtung laufen:

Jeder muß lernen, in bezug auf den Partner *den anderen neu kennenzulernen, offene Fragen zu stellen*, und in bezug auf sich selbst, *sich in den eigenen Belangen (Gefühle, Wünsche Bedürfnisse) und Vorstellungen mitzuteilen.*

Diese Rollen sollten wechselseitig geübt werden.

Bei Paaren mit gestörter Kommunikation (wobei hier unter einer »gestörten Kommunikation« pragmatisch eine solche Kommunikation verstanden werden soll, bei der wechselseitig die Botschaften des Senders fehlerhaft aufgenommen werden) ist in der Regel zunächst nicht auseinanderzuhalten, was Mißverständnis ist und was verdeckter Konflikt ist. Meist handelt es sich um eine komplizierte Mischung von beidem, jedoch nicht immer. Es gibt Paare, die sich häufig mißverstehen, weil sie von falschen Annahmen ihr Gegenüber betreffend ausgehen, sich jedoch im Prinzip einig sind.

So wäre es in unserem vorher genannten Beispiel von Anne und Klaus denkbar, daß Anne gar nicht erwartet, daß Klaus mehr verdienen sollte, Klaus sich also bezüglich Anne unnötig verrückt macht. In bezug auf die ›Geschichte mit dem Hammer‹ wäre ebenfalls denkbar, daß der Nachbar durchaus bereit wäre, dem erwähnten Mann den Hammer auszuleihen, dessen Befürchtungen demnach unbegründet wären. Genauso ist natürlich im Fall von Anne und Klaus denkbar, daß unterschwellig ein tatsächlicher Konflikt zwischen den beiden vorhanden ist, der aber nicht offen ausgetragen wird.

Diese Beispiele zeigen uns, daß es in jedem Fall von Spannungen, Ängsten und Befürchtungen sinnvoll wäre, beim anderen nachzufragen, wie dieser sich zu einer unausgesprochenen Frage konkret stellt. Klaus müßte also fragen: »Findest du, daß ich zu wenig Geld verdiene?«, und der Mann in der Geschichte mit dem Hammer müßte seinen Nachbarn fragen: »Können und wollen Sie mir einen Hammer ausleihen?«

Nun stellt sich aber andererseits die Frage, warum denn diese (Beziehungs-)Fragen, die der Klärung bedürfen, nicht gestellt werden.

Was hier so einfach und naheliegend erscheint, ist für viele betroffene Paare so schwierig, weil sie Angst vor den erwarteten Antworten haben. Die vermeintlich negativen Antworten könnten für sie Ablehnung der eigenen Person, mangelndes Geliebtsein, mögliches Verlassenwerden bedeuten. Damit werden existentielle Ängste angesprochen, denen sich eine Person möglicherweise nicht gewachsen fühlt. Aus therapeutischer Sicht möchte ich jedoch sagen, daß das genau die Themen sind, die der Bewältigung bedürfen.

> *Die Ängste vor Verlassensein und Ablehnung, der Verlust von Selbstwert sind Themen, die nicht der Partner primär lösen kann und für deren Bewältigung er auch nicht verantwortlich und zuständig ist. Es sind Themen, die jeder Mensch für sich allein bewältigen muß, sei es mit oder ohne (Einzel-) Therapie.*

> *Aber auch wenn der Partner nicht für die Bewältigung von Verlassenheitsängsten und Selbstwertproblemen zuständig ist, kann dennoch gesagt werden, daß in einer geglückten Paarbeziehung ein ausreichendes Maß von gegenseitiger Bestätigung und Zuverlässigkeit vorhanden sein sollte, um nicht ständig bezüglich des eigenen Werts und der Verläßlichkeit der Paarbeziehung verunsichert zu sein.*

Verbergen sich hinter Kommunikationsstörungen längerfristig verdeckte Konflikte, die nicht offen ausgesprochen und angegangen werden, erzeugt dies chronische Spannungen in einer Paarbeziehung und Familie, die wiederum über kurz oder lang eine klinische Symptomatik bei einem oder mehreren Mitgliedern der Familie produzieren werden. Im Bereich der Psychiatrie, Suchtbehandlung, Psychosomatik, Erziehungsberatung und anderen Feldern psychotherapeutischer Behandlung können auftretende und beklagte Symptome wiederum als Indikatoren für latente Beziehungskonflikte angesehen werden.

Kapitel 5:

Symmetrie und Komplementarität

»Heute ist's drei Jahre her, daß ich Sie zuerst sah ...
Denken Sie, ich stände vor Ihnen, und dankte Ihnen
stumm für Alles, was Sie für mich an mir getan haben.
Was ich bin und sein werde, verdanke ich mir selbst;
daß ich es bin, zum Teil Ihnen.«

(Friedrich Schlegel an
Caroline Böhmer, 2. Aug. 1796)

Eingangs wurde ein grober Überblick über die Entwicklung von Beziehungsstrukturen vermittelt. Wir stellen uns nun vor, wir gehen in die umgekehrte Richtung. Wir beginnen im Hier und Jetzt, mit der beobachtbaren Kommunikation zwischen einem Paar, worüber wir im letzten Kapitel einiges gehört haben. Die beobachtbare Kommunikation könnte dabei so etwas wie die Oberfläche einer gewachsenen Beziehungsstruktur darstellen. Zum Gesamtverständnis einer Paardynamik reicht diese beobachtbare »Oberfläche« aber nicht aus. Nach einem systemischen Verständnis ist es angezeigt, eine erweiterte Perspektive zu erarbeiten, die die Frage beantworten kann: Welchen »Sinn« hat es, daß ein Paar überhaupt zusammen ist? Und welchen »Sinn« hat es, daß ein Paar sich *so* zueinander verhält?

Der Sinn einer Paarbildung ist ein ganz besonderer: Zwei Menschen tun sich zu einer gemeinsamen Lebensgestaltung zusammen. Sie tun es zum einen um ihrer selbst willen, sie erfüllen sich wichtige Grundbedürfnisse im Zusammensein mit einem anderen Menschen, sie erleben sich vollständiger mit einem anderen Menschen. Sie sind bezogen auf einen anderen Menschen, sei es in der Sexualität, im Streben nach Geborgenheit, in der pragmatischen Lebensgestaltung.

In der Bibel steht: »Es ist nicht gut, daß der Mensch allein sei.« Ebenso wissen wir aus vielfachen gesellschaftlichen und psychotherapeutischen Erfahrungen, daß die Vereinsamung eines Menschen ein krank machendes Phänomen ist. Nur in der Auseinandersetzung mit einer oder mehreren nahen Bezugspersonen kann sich persönliche Identität ausbilden, »Der Mensch wird am Du zum Ich«, um noch einmal Martin Buber zu zitieren (Buber 1957). Wo es kein »Du« gibt, kann auch kein »Ich« werden, denn das »Ich« bildet sich in der Unterscheidung zu seinem Gegenüber und zu seiner Umwelt aus. Wenn lange kein »Du« mehr da ist, droht dem »Ich« Verfall und Einsturz.

Der zweite wesentliche Sinn einer Paarbildung ist der einer Familiengründung. Ein Paar unterscheidet sich auch dadurch von allen anderen nahen Zweierbeziehungen, daß zwei Menschen etwas miteinander schaffen, was beide überlebt, über sie hinausreicht. Damit schafft sich ein Paar einen lebensübergreifenden Sinn und eine Transzendenz, auch eine Verantwortung, in dessen weitreichendem Rahmen das augenblickliche Verhalten, Denken und Empfinden eingebettet ist. Die Paarbildung ist also ein »Unternehmen« von besonderer Tragweite, wie Jürg Willi sagen würde, ein Unternehmen, das einen entscheidenden Einfluß auf die persönliche Identitätsbildung, aber auch die generationsübergreifenden Sinnstiftung hat.

Der einzelne Mensch bettet sich als Paar im Hier und Jetzt und als Familie in der Dimension der Zeit zwischen Gestern und Morgen, zwischen den Erinnerungen an die Großeltern und Träumen von den Kindern, die erwachsen werden und wieder *Kinder haben werden.*

Wir brauchen also Begrifflichkeiten, die diesem Rahmen und dieser Tragweite auch gerecht werden und sie erfassen können. Stellen wir uns vereinfacht vor, zwei getrennte Individuen tun sich zu einem Ganzen zusammen, werden ein Paar. Wir wissen, daß das Ganze mehr als die Summe seiner Teile ist. Ein zweistimmiger Gesang hört sich anders an, als wenn man beide Stimmen getrennt hört. Im Ganzen verändert sich das Einzelne, und das Einzelne mit einem anderen Einzelnen macht das Ganze erst möglich. Kein Mensch kann aus einer Paarbeziehung austreten als derselbe Mensch, der er beim Eintritt in diese Paarbeziehung war.

Wie können wir den einzelnen im Ganzen noch ausmachen? Wir brauchen dafür einen besonderen Begriff: Es ist der Begriff der »Rolle«. Seit der Neuzeit haben wir noch einen anderen Begriff, von dem wir nicht loslassen wollen. Es ist der Begriff des »Individuums«. Damit können wir die Grundspannung erfassen, die uns die nächsten drei Kapitel beschäftigen wird. Wir denken in den Kategorien der »Person«, die es weiterhin gibt, bei allen Verbindungen, die diese »Person« eingeht. Wir denken aber auch in den Kategorien der »Systeme«, in denen diese Person eine »Rolle« spielt.

Eine Person läßt sich nicht allein durch ihre »Rollen« definieren, auch hier ist das Ganze mehr als die Summe seiner Teile. Eine Person äußert aber einen Teil von sich in einer Rolle, die sie in einem System einnimmt.

Wir werden uns zunächst auf der dyadischen Ebene mit den »Rollen«, der Funktion von Rollen für das Ganze und den Hierarchien in einem Paarsystem beschäftigen. Hierarchien, die es in jedem System gibt, können als Ordnungsprinzipien verstanden werden, die wiederum einer Funktion dienen. Wertigkeiten spiegeln dabei hierarchische Positionsbestimmungen wider.

Der Mensch ist das einzige Lebewesen, das seine sozialen Ordnungen selbst schaffen und wieder demontieren kann. Der Mensch kann über seine Ordnungen nachdenken, sie verändern. Im Alltag vieler Paare ist die Diskussion über Rollen und Wertigkeiten direkt und indirekt präsent.

Erweitert man den Blick über die Dyade hinaus auf die Familie oder gar auf die Mehrgenerationenperspektive, können wir wieder »Personen« ausmachen, die zwar »Rollen« haben, aber als »Personen« und damit Entitäten wahrnehmbar sind.

Wir werden uns in den beiden nachfolgenden Kapiteln mit den Personen in einem System und damit mit den Grenzen, die diese Personen erkennbar machen, beschäftigen. Zunächst aber resümmierend zum Verständnis der Dyade: zwei einzelne, die ein Ganzes bilden.

Rollenverteilung und Aufgabenstellungen

Wir beschäftigen uns in diesem Kapitel mit dem pragmatischen Verständnis von Symmetrie und Komplementarität, mit der Frage, wie in einer Paarbeziehung die Rollen verteilt und wie über den Wert der beiden Personen, die eine Paarbeziehung eingehen, verhandelt und entschieden wird.

Um den Begriff der Komplementarität in seiner Bedeutung zu erklären, ist das Konstrukt der »Rollen« hilfreich. Über Komplementarität werden die Aspekte einer Paarbeziehung benannt, in welchen zwei Menschen unterschiedlich sind und sich in dieser Unterschiedlichkeit gegenseitig ergänzen. Es handelt sich um Komplementärrollen, die zusammen ein funktionelles Ganzes ergeben. Über Komplementarität kann also nur nachgedacht werden im Sinne einer Gesamtfunktion. Für sich selbst genommen wäre eine Rolle sinnlos (wie Schauspieler–Publikum).

Wenn wir an dieser Stelle auf das nächste Kapitel vorgreifen, können wir unter diesen Gesichtspunkten der Rollenverteilung über die Aufgabenstellungen eines Paares innerhalb einer Familie nachdenken. Dabei wird meines Erachtens deutlich, daß sich die Komplementarität eines Paares nur über die Aufgabenstellungen definieren läßt, denen sich ein Paar unterworfen beziehungsweise verschrieben hat. Es gibt diesbezüglich eine beträchtliche Variabilität.

Die spezifischen Aufgabenstellungen eines Paares hängen zum einen mit den existentiellen Bedingungen einer Familie zusammen. So wird es eine unterschiedliche Aufgabenstellung in einem Geschäftshaushalt, einer bäuerlichen Familie, einer Arbeiterfamilie und der Familie des Bundespräsidenten geben. Des weiteren hängt die Aufgabenstellung mit der Familienplanung und

Kinderzahl zusammen sowie den gesellschaftlichen Rahmenbedingungen, zum Beispiel Ausbildungsstand der Frauen und Kinderbetreuungsmöglichkeiten, die wiederum eine spezifische Rollenverteilung nahelegen.

Im persönlichen Bereich ist die Rollenverteilung abhängig von den Fähigkeiten und Ressourcen, die jeder mitbringt.

Wenn wir wiederum jeweils von der Gesamtfunktion ausgehen, können wir Rollenverteilungen auf verschiedenen Ebenen und in verschiedenen Funktionsbereichen einer Partnerschaft unterscheiden.

– Wirtschaftliche Aufgaben: Sicherung des Familieneinkommens, Haushaltsführung, Verwaltung der Finanzen;
– generelle familiäre soziale Aufgaben: Kontakte kultivieren, Konflikte regeln (innerhalb und außerhalb der Familie), Familienrituale inszenieren, Kinder betreuen und erziehen;
– spezifische soziale Aufgabenteilungen: Wer verkörpert mehr die Autorität, wer mehr den fürsorglichen Teil in der Erziehung, wer sorgt mehr für Humor, wer mehr für die differenzierte Betrachtung? und so weiter;
– spezifische Familienkultur: Jede Familie hat darüber hinaus spezifische Werthaltungen (das gemeinsame Dritte auch im ideologischen Bereich), worauf sich beide beziehen, wie zum Beispiel ein Engagement im religiösen, politischen, sozialen Bereich. Die besondere Identität einer Familie kann sich auch im Engagement für eine besonders sorgfältige Erziehung und Bildung, in einer vielfältigen Freizeitkultur, in der Entwicklung einer besonderen Essenskultur oder der Würdigung sportlicher Fähigkeiten zeigen.

Diese spezifischen Familienkulturen sind häufig mittel- und oberschichtsorientiert. Es gibt jedoch Familienkulturen über alle sozialen Schichten hinweg. So können wir bei ausländischen Familien die Pflege der kulturellen Traditionen ihrer Ursprungsländer finden, die eine bestimmte Rollenverteilung in der Ehe mit einschließt, oder in ländlichen Familien die Organisation von Feld- und Gartenarbeit, die eine wichtige Rolle im Familienleben spielt. Bei einer Arbeiterfamilie kann ein aktives Gewerkschaftsleben die Identität der Familie entscheidend prägen. All diese Werthaltungen beinhalten Aufgabenstellungen, denen sich ein Paar zugeneigt oder verpflichtet fühlt. Damit werden in bezug auf die Erfüllung der Aufgabenstellungen automatisch auch Rollen verteilt.

Diese verschiedenen Ebenen, auf denen sich Komplementarität findet, sollen lediglich die Vielfältigkeit und Variabilität komplementärer Ergänzungen bei Paaren andeuten. Wichtig ist mir der Gedanke, daß Komplementarität nicht an sich, sondern in bezug auf ein Drittes, in bezug auf einen gemeinsamen Rahmen, stattfindet. Dieses Dritte ist auch Teil des gemeinsamen Selbst, der übergreifenden Identität als Paar, die Arena, in der sich ein Paar bewegt. So wie Schauspieler und Publikum eins gemeinsam haben bei allem, was sie sonst unterscheiden mag: die Liebe zum Theater.

Über *Symmetrie* werden die Aspekte der Paarbeziehung benannt, in welchen zwei Menschen sich gleich sind. Nimmt man den Gesichtspunkt der Hierarchie hinzu, wie diese Begriffe ursprünglich von Bateson (1935) eingeführt wurden, so kann man die Begriffe folgendermaßen definieren: Bei der komplementären Interaktion gibt es ein Oben und Unten, ein Führen und Geführt-Werden (wie zum Beispiel Arzt/Patient, Mutter/Kind, Lehrer/Schüler), während bei der symmetrischen Interaktion die Definition der Ebenbürtigkeit der gemeinsame Nenner der Interaktionen ist.

Übertragen auf die Paarbeziehungen ist es für meine Begriffe denkbar, Komplementarität auch auf der Ebene der Gleichwertigkeit anzusiedeln. Das würde bedeuten, zwei Menschen sind hierarchisch auf der gleichen Stufe (keiner kann dem anderen etwas einseitig bestimmen), aber sie ergänzen sich in ihrer Unterschiedlichkeit.

Ein Paar kann demnach in seinem »Beziehungsvertrag« (s. u. Kapitel 3) festlegen, in bezug auf welche Aspekte des Zusammenlebens Gleichheit und in bezug auf welche Unterschiedlichkeit besteht. Es könnte zum Beispiel eine »Regel« in diesem ungeschriebenen Beziehungsvertrag sein, daß die persönlichen Freiräume beider Partner gleichermaßen gewürdigt werden sollen, daß aber hinsichtlich der Gesamtversorgung der Familie eine komplementäre Rollenverteilung bestehen solle, in dem der Mann (oder die Frau) für das Familieneinkommen sorgt und der andere Teil die Kinder und den Haushalt betreut. Es könnte aber in diesem Beziehungsvertrag auch festgelegt sein, daß trotz unterschiedlicher Rollenverteilung, was die Gesamtversorgung der Familie anbelangt, beide im Bereich der Kindererziehung die gleichen Rechte haben sollen.

Dieser pragmatische Ansatz zum Verständnis von Symmetrie und Komplementarität in Paarbeziehungen zeigt, daß sich Symmetrie und Komplementarität in Paarbeziehungen an spezifischen Inhalten ausrichten, die wiederum eine spezifische Bedeutung im Leben eines Paares haben.

Ich orientiere mich daher als Paartherapeutin weniger an verallgemeinernden Modellen der Partnerwahl, die eine vorgegebene Komplementarität postulieren, wie zum Beispiel das Kollusionskonzept von Jürg Willi (1975). Diese Konzepte gehen davon aus, daß Menschen mit einer bestimmten Persönlichkeitsstruktur sich den dazu komplementär passenden Partner suchen. Dabei wird diese Persönlichkeit auf einige wenige Variablen reduziert. Auch Forschungen auf dem Gebiet der Partnerwahl, die von bestimmten Komplementaritätshypothesen ausgingen (wie zum Beispiel dominant-submissiv oder kontaktoffen-kontaktscheu, vgl. Winch 1958, Sager 1976, Günter 1981), haben letzlich keine nennenswerten und praktisch brauchbaren Ergebnisse gebracht. Dies bedeutet für mich, daß der Mensch außerordentlich komplex organisiert ist und in bezug auf die Partnerwahl ebensolche komplexe, nicht vorhersehbare Motive herrschen. Die Komplementarität eines Paares zeigt sich auf vielen Ebenen, sei es psychisch, materiell oder organisatorisch. Das macht die Paarbeziehung zu einem vieldimensionalen Geschehen. Für die praktische Arbeit erscheint es mir sinnvoller, die Komplementarität und Symmetrie eines Paares spezifisch herauszuarbeiten und daraufhin die vorgetragenen Konflikte zu durchforsten und weniger von einer vorgegebenen reduzierten Komplementaritätskonstruktion auszugehen.

> *Konkret heißt dies: Ich versuche als Paartherapeutin herauszufinden, was ein einzelnes Paar miteinander verbindet.*
> *In welchen Bereichen ergänzen sie sich wie? Welcher Art sind die Rollenverteilungen auf ganz verschiedenen Gebieten, sei es in bezug auf die Familienorganisation oder im persönlich-psychologischen Bereich?*
> *Wie stark sind die einzelnen Partner mit ihrer Rolle identifiziert? Gibt es hier Unstimmigkeiten, Entwicklungs- und Veränderungswünsche und damit Neuverhandlungen, die anstehen?*

Fassen wir zusammen:

Symmetrie und Komplementarität sollen im Rahmen des hier vorgestellten Konzeptes als Aufgabenstellungen und hierarchische Positionsbestimmungen verstanden werden, denen sich ein Paar als dem gemeinsamen Rahmen ihrer Beziehung verpflichtet und zugeneigt sieht. Dieser gemeinsame Rahmen definiert zugleich die Identität des Paares als Paar. Womit können sich beide in ihrem Zusammenleben identifizieren? Was finden sie aneinander, was ihnen ermöglicht, etwas Drittes zu verwirklichen? Was ist das gemeinsame Dritte, das sie verbindet? Wie sind im Rahmen dieser Aufgabenstellungen die Rollen verteilt? Wie ergänzen sie sich dabei gegenseitig? Wo haben sie in bezug auf die Verwirklichung ihrer Zielsetzungen gleiche Rechte und gleiche Pflichten? Wo und wie garantieren sie sich gegenseitig Gleichwertigkeit? Gibt es unterschiedliche Rechte und hierarchische Ordnungen? Sind diese Hierarchien akzeptiert oder gibt es darum einen offenen oder verdeckten Kampf?

Mit der zunehmenden Forderung nach Gleichstellung der Frau in der Gesellschaft und in der Ehe haben sich auch die Zusammensetzung der symmetrischen und der komplementären Anteile in der Beziehungsorganisation vieler Paare verändert.

Darauf weisen zum Beispiel auch Lederer und Jackson (1972) hin.

Wenn die Männer zunehmend lernen, was die Frauen bisher besser konnten (zum Beispiel soziale Fähigkeiten wie Einfühlungsvermögen, Haushaltsaufgaben), und die Frauen lernen, was den Männern bisher vorbehalten war (qualifizierte Berufsausbildung, technische Fähigkeiten, Durchsetzungsvermögen), dann ist klar, daß die »gleichen« Anteile steigen und die komplementären sinken. Häufig kommt es auch bei der Umstrukturierung von fixierten komplementären Rollen zu Übergangskrisen in einer Paarbeziehung, bis die Rollen wieder neu verteilt sind.

Diese Übergangskrisen sind häufig durch symmetrische Auseinandersetzungen gekennzeichnet. Wenn bei einem Paar nach einer traditionellen Rollenverteilung (er Beruf/sie Haushalt) jetzt beide den Haushalt führen, findet eine Auseinandersetzung statt, wer was im Haushalt wie zu machen hat. Wer soll jetzt die Weisungen ausgeben? Wer dominiert wen – oder kann eine partnerschaftliche Konfliktregelung ablaufen, wenn beide zur Haushaltsführung unterschiedliche Vorstellungen haben?

Es handelt sich also hier um eine Übergangskrise, die im ungünstigen Fall zur Dauerkrise werden kann, bis beide sich wieder auf komplementären Positionen eingefunden haben und in diesem Fall ein brauchbares Arbeitsteilungsmodell entwickelt haben, mit dem sich beide identifizieren können.

Dynamik und Eskalation des Systems

Die Begriffe »symmetrisch« und »komplementär« wurden von Bateson erstmals 1935 in seinem Buch ›Naven‹ entwickelt. Auch wenn diese Begriffe heute in der systemischen Literatur eher in einem starren Sinn gebraucht werden, hat Bateson bei der Entwicklung dieser Begriffe gerade auf die Dynamik, die komplementären oder symmetrischen Interaktionen innewohnt, hinweisen wollen, eine Dynamik hin zur Eskalation. Bateson hat also in einem sehr frühen Stadium der Theoriebildung auf etwas hingewiesen, was für uns heute noch als Systemtherapeuten und vor allem als Paartherapeuten, die wir es primär mit der Dyade und mit dyadischen Interaktionsabläufen zu tun haben, sehr interessant ist: Er hat uns auf den »Zwang« bestimmter wiederkehrender Reaktionen hingewiesen, die bestimmte Konstellationen quasi immanent in sich tragen. Bei der Beschreibung der komplementär ausgeformten Interaktionen handelt es sich um die Herausbildung von Rollen. Das heißt, ist man einmal in einer Rolle drin, kommt man schlecht wieder heraus. Setzt der eine die Akzente so, kann ich wiederum fast nur so und nicht anders darauf reagieren.

Hierzu als Beispiel ein Verhaltensexperiment, das H. Jellouschek in einem Workshop inszeniert hatte:

Die Aufgabe war ein Rollenspiel zwischen einem Mann und einer Frau, wobei die Frau dem Mann mitteilen sollte, daß sie ab der kommenden Woche regelmäßig an einer Frauengruppe teilnehmen wolle. Zur Inszenierung des Rollenspiels wurden eine identische Frau und drei verschiedene Männer gewählt. Die Männer wurden aus dem Raum geschickt, bevor das Rollenspiel erläutert wurde. Die Aufgabe der Frau (Rollenspielerin) war nun, den jeweiligen nacheinander auftretenden männlichen Rollenspielern diese Mitteilung in einer bestimmten Weise zu machen.

Die erste Regieanweisung gab vor, sie solle dem Mann mehr unterwürfig, unsicher und tendenziell bittstellerisch diese Mitteilung unterbreiten (zum Beispiel: »Weißt du, es würde mir einfach guttun, mal unter Frauen zu sein. Du brauchst dir keine Sorgen zu machen, das ist kein Emanzenclub, und ich würde dir einfach dein Essen vorher in die Mikrowelle stellen.«).

Die zweite Regieanweisung gab vor, diese Mitteilung eher dominant und bezogen auf den Mann fürsorglich zu machen (zum Beispiel: »Weißt du, ich brauche das jetzt einfach, und für dich ist es doch auch schön, einen Abend für dich allein zu haben!«).

Die dritte Version war, dem Mann indirekt den Streit anzubieten, indem in diese Mitteilung ein paar Spitzen eingebaut werden (zum Beispiel: »Jahrelang bist du zu deinem Fußball gegangen und hast mich nie gefragt, jetzt bin ich einfach mal dran!«).

Die Teilnehmer des Workshops hatten die Aufgabe, vorauszusagen, wie die einzelnen Männer, die ja nichts von der Instruktion der weiblichen Rollenspielerin wußten, auf die jeweiligen Mitteilungen reagieren würden. Die Teilnehmer der Gruppe sagten richtig voraus, daß die verschiedenen männlichen Rollenspieler jeweils die Komplementärrolle zur angebotenen Rolle einnehmen würden. Die unterwürfige Rolle provozierte die gönnerhaft dominante Gegenrolle, die selbstbewußt dominant fürsorgliche die kindlich abhängige Gegenposition beim Mann, und das Kampfangebot (symmetrische Konstellation) provozierte folgerichtig das Annehmen des Kampfangebotes und damit den Streit, das gegenseitige Aufrechnen, wer bei wem in der Schuld stehe und so weiter.

Bateson weist wie beschrieben darauf hin, daß in der Ausformung gewisser komplementärer Rollen (englisch »parts« wäre der treffendere Ausdruck) ein Zwang zur Fortschreibung, zur Ausformung und Überformung der Rollen besteht. Er nennt diesen Prozeß »Schismogenese«. Die beschriebene Progression ist jedoch nicht endlos. Die Eskalation geht meist nur bis zu dem Punkt, an dem das System auseinanderbrechen würde; dann findet eine Gegenregulation statt, um das System wieder zu stabilisieren. Diese Tendenz finden wir oft bei Paaren, die sich so heftig streiten und so gemein beschimpfen, daß man meint, sie müßten sich am nächsten Tag trennen. Meist tritt das Gegenteil ein: Sie beruhigen sich wieder und »versöhnen« sich scheinbar unmotiviert, auch ohne eine Klärung der anstehenden Konflikte erreicht zu haben. Diese Dynamik folgt der Funktion, die Eskalation nur bis zu jenem Punkt zuzulassen, an dem das System in Frage gestellt wird und auseinanderbrechen müßte.

Es kann aber ebensogut passieren, daß die Eskalation genau diesen Punkt überschreitet und ein Entwicklungsgesetz wirksam wird, das der dialektische Materialismus formuliert: den Umschlag von Quantität in Qualität. Jetzt wird die Psyche, das Verhalten des einzelnen neu organisiert. Jeder von uns kennt das Prinzip, daß man bestimmte Zustände nur bis zu einer bestimmten Grenze ertragen will, bevor man sich zum Beispiel wehrt, zum Betriebsrat geht, eine Arbeitsstelle kündigt, die Kinder anbrüllt, sich betrinkt, die Scheidung einreicht oder einen Therapeuten aufsucht. All diese Reaktionen können eine neue Verhaltensstufe markieren, einen Umschlag von Quantität in (neue) Qualität.

Hans-Curt Flemming formuliert es in einem Gedicht so:

> Es gibt viele Gründe
> Alles beim alten zu lassen
> und nur einen
> wirklich etwas zu verändern:
> Du hältst es einfach nicht mehr aus.

Störungen im Bereich der Symmetrie

In der eindeutig patriarchalisch strukturierten Ehe unserer Elterngeneration hatte der Mann zahlreiche Privilegien (zum Beispiel mußte er sonntags nicht arbeiten, bekam das größte Bratenstück und so weiter), die seine obere Position in der Familienhierarchie markierten. Diese Privilegien wurden in der Regel nicht angefochten, weder von der Ehefrau noch von den Kindern. Das hat sich nach unserem heutigen Verständnis der Familienhierarchie verändert. Beide Eltern sollen gleich oben sein. Es soll keine eindeutigen Machtbefugnisse und Privilegien für ein Elternteil geben. Aber die Praxis zeigt auch, wie schwer es ist, Gleichwertigkeit zu praktizieren und sich gegenseitig zuzugestehen. Auch Watzlawick (1969) sagt: »Gern ist eben der eine gleicher wie der andere.« Insofern haben alle symmetrischen Interaktionen und die Definition der Gleichwertigkeit ein labiles Gleichgewicht.

Eine der ältesten niedergeschriebenen Liebesgeschichten steht im Alten Testament (Genesis 29,1-30,24). Es geht um die Geschichte von Jakob und Rahel. Gleichzeitig ist diese Liebesgeschichte aber auch die Beschreibung einer symmetrischen Eskalation im Rahmen einer Dreiecksbeziehung:

(…) Als Jakob etwa einen Monat bei ihm geblieben war, sagte Laban zu ihm: Sollst du mir umsonst dienen, weil du mein Bruder bist? Sag mir, welchen Lohn du haben willst.
Laban hatte zwei Töchter; die ältere hieß Lea, die jüngere Rahel. Die Augen Leas waren matt. Rahel aber war schön von Gestalt und hatte ein schönes Gesicht. Jakob hatte Rahel lieb, und so sagte er: Ich will dir um die jüngere Tochter Rahel sieben Jahre dienen. Laban entgegnete: Es ist besser, ich gebe sie dir als einem anderen. Bleib bei mir! Jakob diente also um Rahel sieben Jahre. Weil er sie liebte, kamen sie ihm wie wenige Tage vor. Dann aber sagte er zu Laban: Gib mir jetzt meine Frau, denn meine Zeit ist um, und ich will nun zu ihr gehen. Da ließ Laban alle Männer des Ortes zusammenkommen und veranstaltete ein Festmahl. Am Abend nahm er aber seine Tochter Lea, führte sie zu ihm, und Jakob wohnte ihr bei. Laban gab seine Magd Silpa seiner Tochter Lea zur Magd. Am Morgen stellte sich heraus: Es war Lea. Da sagte Jakob zu Laban: Was hast du mir angetan? Habe ich dir denn nicht um Rahel gedient? Warum hast du mich hintergangen? Laban erwiderte: Es ist hierzulande nicht üblich, die Jüngere vor der Älteren zur Ehe zu geben. Verbring mit dieser noch die Brautwoche, dann soll dir auch die andere gehören um weitere sieben Jahre Dienst. Jakob ging darauf ein. Er verbrachte mit Lea die Brautwoche, dann gab ihm Laban seine Tochter Rahel zur Frau. Laban gab seine Magd Bilha seiner Tochter Rahel zur Magd. Jakob wohnte Rahel ebenfalls bei, und er liebte Rahel mehr als Lea. Er blieb noch weitere sieben Jahre bei Laban im Dienst.
Als der Herr sah, daß Lea zurückgesetzt wurde, öffnete er ihren Mutterschoß, Rahel aber blieb unfruchtbar. Lea wurde

schwanger und gebar einen Sohn. Sie nannte ihn Ruben (Seht, ein Sohn!); denn sie sagte: Der Herr hat mein Elend gesehen. Jetzt wird mein Mann mich lieben. Sie wurde abermals schwanger und gebar einen Sohn. Da sagte sie: Der Herr hat gehört, daß ich zurückgesetzt bin, und hat mir auch noch diesen geschenkt. Sie nannte ihn Simeon (Hörer). Sie wurde noch einmal schwanger und gebar einen Sohn. Da sagte sie: Jetzt endlich wird mein Mann an mir hängen, denn ich habe ihm drei Söhne geboren. Darum nannte sie ihn Levi (Anhang). Abermals wurde sie schwanger und gebar einen Sohn. Da sagte sie: Diesmal will ich dem Herrn danken. Darum nannte sie ihn Juda (Dank). Dann bekam sie keine Kinder mehr.
Als Rahel sah, daß sie Jakob keine Kinder gebar, wurde sie eifersüchtig auf ihre Schwester. Sie sagte zu Jakob: Verschaff mir Söhne! Wenn nicht, sterbe ich. Da wurde Jakob zornig auf Rahel und sagte: Nehme ich etwa die Stelle Gottes ein, der dir die Leibesfrucht versagt? Sie antwortete: Da ist meine Magd Bilha. Geh zu ihr! Sie soll auf meine Knie gebären, dann komme auch ich durch sie zu Kindern. Sie gab ihm also ihre Magd Bilha zur Frau, und Jakob ging zu ihr. Bilha wurde schwanger und gebar Jakob einen Sohn. Rahel sagte: Gott hat mir Recht verschafft; er hat auch meine Stimme gehört und mir einen Sohn geschenkt. Deshalb nannte sie ihn Dan (Richter). Bilha, Rahels Magd, wurde abermals schwanger und gebar Jakob einen zweiten Sohn. Da sagte Rahel: Gotteskämpfe habe ich ausgestanden mit meiner Schwester, und ich habe mich durchgesetzt. So nannte sie ihn Naftali (Kämpfer).
Als Lea sah, daß sie keine Kinder mehr bekam, nahm sie ihre Magd Silpa und gab sie Jakob zur Frau. Leas Magd Silpa gebar Jakob einen Sohn. Da sprach Lea: Glück auf! So nannte sie ihn Gad (Glück). Als Leas Magd Silpa Jakob einen zweiten Sohn gebar, sagte Lea: Mir zum Glück! Denn die Frauen werden mich beglückwünschen. So nannte sie ihn Ascher (Glückskind).
Einst ging Ruben zur Zeit der Weizenernte weg und fand auf dem Feld Alraunen. Er brachte sie seiner Mutter Lea mit. Da

sagte Rahel zu Lea: Gib mir doch ein paar von den Alraunen deines Sohnes! Sie aber erwiderte ihr: Ist es dir nicht genug, mir meinen Mann wegzunehmen? Nun willst du mir auch noch die Alraunen meines Sohnes nehmen? Da entgegnete Rahel: Gut, dann soll Jakob für die Alraunen deines Sohnes heute nacht bei dir schlafen. Als Jakob am Abend vom Feld kam, ging ihm Lea entgegen und sagte: Zu mir mußt du kommen! Ich habe dich nämlich erworben um den Preis der Alraunen meines Sohnes. So schlief er in jener Nacht bei ihr. Gott erhörte Lea. Sie wurde schwanger und gebar Jakob einen fünften Sohn. Da sagte Lea: Gott hat mich dafür belohnt, daß ich meine Magd meinem Mann gegeben habe. Sie nannte ihn Issachar (Lohn). Noch einmal wurde Lea schwanger und gebar Jakob einen sechsten Sohn. Da sagte Lea: Gott hat mich mit einem schönen Geschenk bedacht. Jetzt endlich wird mein Mann bei mir bleiben, da ich ihm doch sechs Söhne geboren habe. Sie nannte ihn also Sebulon (Bleibe). Schließlich gebar sie eine Tochter und nannte sie Dina. Nun erinnerte sich Gott an Rahel. Gott erhörte sie und öffnete ihren Mutterschoß. Sie wurde schwanger und gebar einen Sohn. Da sagte sie: Gott hat die Schande von mir genommen. Sie nannte ihn Josef (Zufüger) und sagte: Der Herr gebe mir noch einen anderen Sohn hinzu.

Zum Problem der »symmetrischen Eskalation« schreibt Bateson in seinem Buch ›Ökologie des Geistes‹ (1972): »Die symmetrischen Konkurrenzsysteme stehen andererseits in fast genauem funktionalen Gegensatz zu den komplementären. Hier ist der Anreiz, der verstärkte Bemühungen bei A auslöst, die Vorstellung größerer Stärke oder größerer Anstrengung bei B; und umgekehrt, wenn wir A zeigen, daß B wirklich schwach ist, wird A mit seinen Bemühungen nachlassen.«

Bezogen auf die Geschichte von Jakob, Rahel und Lea, oder besser gesagt, die Konkurrenz zwischen Rahel und Lea, bedeutet dies: Lea fühlte sich in ihrer Wertigkeit zurückgesetzt durch ihre mangelnde Schönheit, dies meinte sie durch vermehrte Fruchtbarkeit ausgleichen zu können und damit auch die »gleiche« Liebe bei ihrem Mann zu gewinnen wie Rahel. Rahel fühlte sich in ihrer Wertigkeit durch die mangelnde Fruchtbarkeit herabgesetzt, die sie wiederum versuchte, mit allen Mitteln auszugleichen, wobei zu diesen »Mitteln« auch die Mägde gehörten. Rahel wurde zwar von ihrem Mann geliebt, aber sie hatte nicht das gleiche Ansehen, da es ihr nicht gelang, Söhne zu gebären. Lea hatte dieses Ansehen, aber ihr fehlte die Liebe ihres Mannes. Beide nahmen sich gegenseitig in ihrer Stärke wahr und nicht in ihrer jeweiligen Schwäche, die es genauso gab. Sie erlebten jeweils die andere als stärker und boten alles auf, um sich gegenseitig zu überrunden.

Die Dynamik, die sich regelhaft aus symmetrischen Interaktionen entwickelt beziehungsweise ihnen innewohnt, ist der Wettstreit, der Wettkampf. Der Streit in der symmetrischen Eskalation ist unentscheidbar, es ist eine Auseinandersetzung um die Gleichheit, die nie vollkommen herstellbar ist. Selbst eineiige Zwillinge sind zum Zeitpunkt der Geburt nicht gleich. Wenn zwei gleich sein wollen (gleich viel wert, gleich gut, gleich intelligent, gleich schön und so weiter), wer von beiden sollte das entscheiden können? Die Entscheidung ist nicht innerhalb des Systems zu fällen, gleichwohl wird das von beiden versucht. Darin liegt eine der grundlegenden Paradoxien der menschlichen Kommunikation.

Aber zurück zum labilen Gleichgewicht symmetrisch geformter Beziehungsstrukturen bei den Paaren in unserer Gesellschaft heute. Vielleicht sagt sich ein Paar in harmonischen Zeiten: »Wir sind beide als Eltern gleich gut.« Kaum tritt aber ein Konflikt auf oder der eine hat sich über den anderen geärgert, steigt er oder sie aus der symmetrischen Gleichwertigkeitsbalance aus und definiert die Beziehung wie folgt: »Ich bin eben doch der bessere Elternteil, weil ich ausgeglichener, umsorgender und so weiter bin!« Das wird der Partner vermutlich nicht akzeptieren. Er wird also, um die Gleichwertigkeitsbalance wiederherzustellen, sich besser oder den Partner schlechter machen. Denkbar wäre auch, der Partner akzeptiert die Beziehungsdefinition, auf einem

Gebiet schlechter zu sein, dafür sei er ja auf diesem oder jenem Gebiet besser ... Wenn der andere Partner diesen Ausgleich wiederum akzeptiert, tritt wieder eine Gleichwertigkeitsbalance ein.

Als Idealfall möchte ich daher folgendes postulieren: Beide Partner bemühen sich immer wieder, sich gegenseitig in der Gleichwertigkeitsbalance zu halten. Das ist nur möglich, wenn sie sich in ihrer (Gleich-)Wertigkeit und ihren diesbezüglichen gegenseitigen Beziehungsdefinitionen bestätigen. Es wird in jeder Beziehung immer wieder Ungleichgewichtigkeiten auf der Ebene der gegenseitig zugeschriebenen Wertigkeiten geben, ein »besser« und »schlechter sein« immer wieder und auf allen Gebieten der Persönlichkeit und des Zusammenlebens als Paar. Dieses »besser« und »schlechter sein« hängt auch mit dem Selbstbild, der Selbstdefinition und dem Selbstwertgefühl des einzelnen zusammen. Es ist möglich, sich in einer Beziehung so zu verhalten und so zu denken, daß einer sich mit dem anderen um seine eigene und die Wertigkeit des anderen bemüht. Die Alternative ist: Ich versuche meinen Wert auf Kosten des Wertes des Partners zu etablieren und durchzusetzen.

Das ist die symmetrische Eskalation, der ewige Macht- und Konkurrenzkampf: Ich habe angefangen, meinen (Selbst-)Wert gegen den anderen durchzusetzen. Ich brauche Beweise, daß ich besser bin, daß ich recht habe, daß der andere »schuld« ist (damit moralisch minderwertig) und so weiter. Ich habe Angst zu unterliegen und ergreife die Flucht nach vorn. Wenn ich nicht bessere Karten habe, dann hat sie der andere. Vom kognitiven Schema solcher Streitpaare läuft ein »Nullsummenspiel« ab, das Watzlawick häufig in seinen Arbeiten erwähnt: Ich kann nur gewinnen oder verlieren; was ich gewinne, verliert der andere, und was ich verliere, gewinnt der andere. Die Gewinne und Verluste addieren sich auf Null. Es gibt nichts Drittes. Wenn ich also nicht verlieren will, dann muß ich gewinnen. Auch Mara Selvini Palazzoli et al. (1975) erwähnen die Unfähigkeit zur gegenseitigen Bestätigung der Beziehungsdefinition als Grunddefizit der Familien mit schizophrenogenen Kommunikationsstrukturen:

»(...) als sei die Bestätigung des anderen ein Zeichen von

Schwäche. Mit anderen Worten: Wenn jemand etwas gut macht, so ist klar, daß er dies tut, um gelobt und bestätigt zu werden. In diesem Fall würde eine Bestätigung bedeuten, seiner Forderung nachzugeben, also ein Unterliegen, ein Verlust an Prestige und Autorität. Um die eigene Autorität aufrechtzuerhalten, darf man niemals Bestätigungen geben, sondern muß immer etwas auszusetzen finden: ›Ja ... aber ... man hätte es besser machen können ...‹«

Die Beziehungsdefinition (und Selbstdefinition) des anderen zu bestätigen würde nach diesem Schema bedeuten, ihm recht zu geben und damit schon zu unterliegen.

Was die verhaltenstherapeutisch orientierten Paartherapeuten mit ihren Übungen zur »positiven Kommunikation« machen (vgl. Zimmer 1985), ist also genau bezogen auf die Unfähigkeit vieler Paare, sich gegenseitig zu bestätigen und sich Wert zuzuschreiben. Dabei geht es grundsätzlich nicht um oberflächliche Lobhudeleien, sondern vielmehr um existentielle Vorgänge in bezug auf die persönliche Identitätsbildung und die Aufrechterhaltung eines stabilen Selbstwertgefühls. Ich brauche den anderen zur Ratifizierung meines (positiven) Selbstbildes, ansonsten kann ich irgendwann nicht mehr glauben, daß ich gut und wertvoll bin.

Dies beschreibt Watzlawick (1983) als »eine Vereinbarung auf der Beziehungsebene (unter Umständen ganz unbewußt), wodurch man sich vom anderen als die Person bestätigen und ratifizieren läßt, als die man sich selbst sieht«.

Diese Querverbindung von Identität und Beziehungsstrukturen gilt sowohl für die symmetrischen wie die komplementären Aspekte der Beziehung. Bei den symmetrischen Interaktionen geht es vor allem um die Definition der Gleich-Wertigkeit, bei den komplementären Interaktionen um die inhaltlichen Rollenbesetzungen und ihre hierarchische Zuordnung zueinander.

Therapeutische Implikationen und Interventionsmöglichkeiten

Ich habe es häufig erlebt, daß Paare in der Therapie folgende Fragen implizit verhandeln:
- Wer hat recht?
- Wer ist schuld?
- Wie ist es wirklich?

Diese Fragen stellen Einladungen zum unendlichen Streiten dar. Ich versuche zunächst ein Bewußtsein für diese meist destruktiven Fragestellungen zu schaffen, indem ich diese Fragestellungen benenne, manchmal auch groß an die Tafel schreibe und durchstreiche. Eine Möglichkeit ist auch, solchermaßen streitende Paare humorvoll-paradox aufzufordern, sich von der Klärung dieser Fragen nicht abbringen zu lassen und sich dazu viel Zeit zu nehmen.

Mit M. White (1985) kann man als Therapeut auch demonstrativ die Zeitung lesen, solange ein Paar so streitet, und beiden mitteilen: »Geben Sie mir Bescheid, wenn Sie fertig sind!« Diese Interventionsform ist dann geeignet, wenn ein symmetrisch eskalierendes Streitpaar den Paartherapeuten in eine Schiedsrichterposition bringen will, was in der Regel der Fall ist. Mit dieser Intervention zeigt der Therapeut (als Dritter im Bunde), daß er aus der Rolle des Schiedsrichters aussteigt.

Bei der Frage »Wer hat recht?« wird inhaltlich oft versucht, anhand objektiver Kriterien den Streit zu entscheiden (wie steht es im Lexikon?). Dabei wird auf der Beziehungsebene der Selbstwert der betroffenen Personen verhandelt: Wer weiß es besser? Ist klüger? Hat das bessere Gedächtnis? und so weiter.

Bei der Frage »Wer ist schuld?« geht es um die Ablehnung von Selbstverantwortung. Jeder möchte in die kindlich regressive Position gehen und dem anderen die gesamte Verantwortung für einen Vorfall, eine Entwicklung zuschieben. Außerdem ist die Frage geeignet, dem anderen den moralischen »Schwarzen Peter« zuzuschieben, den keiner haben will, so daß die unbeliebte Karte heftig hin und her geschoben wird.

Die Frage »Wie ist es wirklich?« geht von einer symbiotischen Beziehungswahrnehmung aus: Der andere muß so denken und fühlen wie ich, muß die gleiche Sicht der Dinge haben.

Diese problematischen Interaktionsmuster können im Laufe einer Paartherapie vertiefter aufgerollt und bearbeitet werden. Schließlich sind die Themen, die im Rahmen der erwähnten symmetrischen Interaktionsmuster verhandelt werden (Selbstwert, Selbstverantwortung und Subjektivität der Wahrnehmung, das heißt persönliche Weltsicht) zentrale Themen im Leben eines Menschen. Ein vordergründiger, kognitiver Zugang bietet sich zunächst durch folgende Interventionsmöglichkeiten an:

> *Alternativen: Wie siehst du es? Wie sehe ich es? Lernen, Verschiedenheit wahrzunehmen und zu akzeptieren.*
> *Umdeutung: Verschiedenheit bereichert. Wie langweilig wäre es, wenn wir alles gleich ansehen würden!*
> *Zur Schuldfrage: Was hat jeder von uns zu dieser Entwicklung beigetragen? Und: Bin ich bereit, für meinen eigenen Anteil am Geschehen die Verantwortung zu übernehmen?*

Störungen im Bereich der Komplementarität

Die Struktur der Paarbeziehungen unserer Generation und unserer modernen Industriegesellschaft ist im Vergleich zu den Strukturen der Paarbeziehungen aller früheren Generationen in einem revolutionären Wandel begriffen. Während die Vormachtstellung des Mannes und eine klare Rollenverteilung zwischen Mann und Frau in der Ehe für alle bisherigen Kulturen seit der klassischen Antike kennzeichnend war, sind wir heute in einem Rollen- und Strukturwandel begriffen, der die bisherige Vormachtstellung des Mannes und die Rollenverteilung, die ihn zum Brotverdiener macht und die Frau an das Haus und die Kindererziehung bindet, zumindest in Frage gestellt.

Während die Paarbeziehungen in früheren Generationen durch eine ausgeprägte Komplementarität definiert waren, die gleichzeitig auch als Garant ihrer Stabilität fungierten, kann gerade heute eine zu ausgeprägte und starre Komplementarität, die keine Rollenflexibilität zuläßt, zum Fallstrick einer Paarbeziehung werden. Es ist hinlänglich bekannt, daß in der Regel die Frauen den progressiven Part übernehmen und aus einer starren Rollendefinition, die wenig Raum für eigene Entwicklungen läßt, ausbrechen. So werden ca. 70 Prozent der Scheidungen von Frauen eingereicht. Bei einem hier vorgestellten umfangreicheren und differenzierteren Verständnis von Komplementarität bezieht sich die Aufkündigung einer starren Rollenverteilung nicht nur auf die äußeren (zum Beispiel wirtschaftlich) festgelegten Rollen. Obwohl gerade der wirtschaftlichen Rollenverteilung eine enorme Bedeutung zukommt – denn hierbei geht es um finanzielle Autonomie und gesellschaftlichen Status –, soll das Konzept der Komplementarität auch auf subtile psychologische Rollenverteilungen ausgedehnt werden. Dazu Paul Watzlawick (1983):

»Man suche sich den Partner, der durch sein So-Sein das eigene So-Sein-Wollen ermöglicht und ratifiziert, doch hüte man sich [...] vor dem Ankommen am Ziel.

In der Kommunikationstheorie heißt dieses Beziehungsmuster *Kollusion*. Gemeint ist damit ein subtiles Arrangement, ein *Quid pro quo*, eine Vereinbarung auf der Beziehungsebene (unter Umständen ganz unbewußt), wodurch man sich vom anderen als die Person bestätigen und ratifizieren läßt, als die man sich selbst sieht. Der Uneingeweihte könnte sich hier mit Recht fragen, weshalb man dazu eines Partners bedarf. Die Antwort ist einfach: Stellen Sie sich eine Mutter ohne Kind, einen Arzt ohne Kranken, einen Staatschef ohne Staat vor. Das wären nur Schemen, provisorische Menschen sozusagen. Erst durch den Partner, der die notwendige Rolle uns gegenüber spielt, werden wir ›wirklich‹; ohne ihn sind wir auf unsere Träume angewiesen, und die sind bekanntlich Schäume. Warum also soll irgend jemand bereit sein, diese bestimmte Rolle für uns zu spielen? Dafür gibt es zwei Beweggründe:

1. Die Rolle, die er spielen *muß*, um mich ›wirklich‹ zu machen, ist die Rolle, die er selbst spielen *will*, um seine eigene ›Wirklichkeit‹ herzustellen. Der erste Eindruck ist der eines perfekten Arrangements, nicht wahr? Bemerken Sie bitte, daß es, um weiterhin perfekt zu sein, sich absolut nicht ändern darf. Doch schon Ovid schrieb in seinen *Metamorphosen*: Nichts in der Welt hat Bestand, und immer folgt Ebbe den Fluten. Auf die Kollusion angewendet, heißt das, daß Kinder die fatale Neigung haben, aufzuwachsen; Patienten zu gesunden; und daß damit auf das Hochgefühl des ›Stimmens‹ der Beziehung bald die Ebbe der Ernüchterung folgt und mit ihr der verzweifelte Versuch, dem anderen das Ausbrechen unmöglich zu machen.«

Dieser hervorragenden Beschreibung P. Watzlawicks ist wenig hinzuzufügen. So wie in der Symmetrie einer Beziehung ein labiles Gleichgewicht liegt, ein Gleichgewicht, das leicht entgleist, so ist auch die Passung einer komplementären Beziehung labil, indem sie sich dem Wandel nicht verschließen kann. Wer einmal in wesentlichen Aspekten der Beziehung und gegenseitigen Rollenzuweisungen gut zusammenpaßt, muß das nicht für immer tun. Je stärker die individuelle Entwicklung als Wert favorisiert wird und je mehr wir Angst haben vor der Einförmigkeit der einmal getroffenen Rollenzuschreibungen, um so mehr werden die Komplementaritäten einer Beziehung auf die Probe gestellt.

Da wir aber andererseits in jeder länger dauernden Paarbeziehung Komplementaritäten ausbilden, die zwangsläufig mit einem gewissen Selbstverlust einhergehen, stehen wir vor folgendem Dilemma: Wie ist es möglich, daß man sich einer längerfristigen Paarbeziehung, die eine gewisse Arbeitsteilung und Aufgabe anderer Persönlichkeitsanteile fordert, trotzdem möglichst umfassend persönlich entwickeln kann?

Auch Jürg Willi hat sich mit dieser Fragestellung in seinem Buch ›Koevolution‹ (1989) beschäftigt. Ich stimme Willi zu, daß eine länger dauernde Paarbeziehung die Entwicklung bestimmter Persönlichkeitsanteile fördert, aber auch den Verzicht auf andere mit sich bringt. Ich denke, es liegt an den Ideologien unserer Zeit, daß wir einfach alles haben wollen: die ungebrochene persönliche Entwicklung, aber auch den Schutz und die Zuverlässigkeit einer stabilen Zweierbeziehung. Diese absoluten Anspruchshaltungen werden eine Beziehung eher zum Scheitern bringen, als daß sie ihr dienen. Persönlich halte ich es für hilfreich, in der Paarbeziehung ein Klima zu schaffen, in dem beide Partner »leben« und »atmen« können, in dem Sinn, daß ihr Entwicklungsrahmen nicht zu eng vom anderen gesteckt wird – andererseits aber auch die Notwendigkeit eines Verzichts, eines Opfers, das die Beziehung manchmal fordert, nicht ausgeschlossen wird. In bezug auf die Selbstverwirklichungsideen und die Opfer, die hierfür wiederum jeweils der andere erbringen soll, gilt die Gleichwertigkeitsbalance. Ist die Gleichwertigkeitsbalance gestört (was häufiger zugunsten der Männer praktiziert wird), muß die Beziehung früher oder später auseinanderbrechen oder in einem Klima feindseliger Abhängigkeit weiter aufrechterhalten werden.

Ich möchte Willi in seinen allgemeinen Aussagen zur Komplementarität von Beziehungen hier abschließend zitieren (Willi 1989):

»In jeder vertieften Paarbildung kommt es unabhängig vom Status der Legalisierung zu einer gewissen Funktionsteilung zwischen den Partnern. Sie helfen sich gegenseitig, ergänzen sich und erfüllen stellvertretend füreinander gewisse Aufgaben. Jeder übernimmt seinen Neigungen und Eignungen entsprechend gewisse Aspekte des Paarlebens, die ihm näher liegen als dem Partner. Das erhöht die Effizienz des Paares und verschafft den Partnern Befriedigung, läßt die Partnerschaft als sinnvoll erscheinen und erzeugt eine zunächst durchaus gewünschte Interdependenz und Zusammengehörigkeit. Die Partner spielen sich aufeinander ein. Es bildet sich in ihrer Beziehung ein ›gemeinsames Selbst‹, das das psychische Leben des einzelnen nicht mehr unabhängig von demjenigen des Partners sich entfalten läßt. Die Bildung dieses ›gemeinsamen Selbst‹ kann sich als gefährlich erweisen und zur Quelle destruktiver Gebundenheit werden.«

Hier also gleich der Hinweis von Willi, daß konstruktive Komplementarität in destruktive »umkippen« kann. Für die destruktive Form der Komplementarität steht sein Kollusionskonzept, das das Zusammenspiel verschiedener neurotischer Störungen beschreibt, so daß sich diese neurotischen Störungen gegenseitig verfestigen. So beschreibt Willi (1975) die Kollusion in der oralen, analen, ödipalen und narzißtischen Fixierung von jeweils zwei Partnern, wobei einer den »progressiven« und einer den »regressiven« Part übernimmt. Die Definitionen im einzelnen:
– anale Kollusion: Einer ergreift Besitz vom anderen, und der andere läßt Besitz ergreifen;
– orale Kollusion: Einer versorgt den anderen, und der andere läßt sich versorgen;
– phallisch-ödipale Kollusion: Einer bewundert den anderen über alle Maßen, und der andere braucht diese Bewunderung; und schließlich die
– narzißtische Kollusion: Liebe als Eins-Sein und Einander-ganz-Gehören.

Darüber hinaus sind als destruktive Komplementärmuster von Anne Wilson Schaef (1986) die Beziehungsstruktur vom Abhängigen und dazugehörigem »Co-Abhängigen« beschrieben worden. Es gibt auch Arbeiten in der Klinischen Psychologie, die sich mit Beziehungsstrukturen von bestimmten Symptomträgern und ihren Partnern beschäftigen, so zum Beispiel Depressive und Angstpatienten (Agoraphobiker) mit ihren Partnern. Hier verallgemeinernde Aussagen zu machen ist jedoch sehr schwierig und nicht unbedingt anzuraten, da sie der Komplexität und Vielschichtigkeit des Einzelfalls nicht gerecht werden.

Woran läßt sich nun ermessen, ob die Komplementarität eines Paares mehr destruktive oder mehr konstruktive Züge hat? Um diese Frage zu entscheiden, möchte ich zwei Kriterien anführen:

1. Das Maß an persönlicher Zufriedenheit, das in der Paarbeziehung erlebt wird (Querschnitt; hier und heute).
2. Das Maß an Entwicklung und Ausgestaltung der Persönlichkeit, das die Beziehung im Längsschnitt für beide zuläßt.

(Hierzu eine Anmerkung: Diese Kriterien spiegeln Leitvorstellungen und normative Zielsetzungen von mir als Therapeutin wider, normative Zielsetzungen, die auch Ausdruck unseres gesellschaftlichen Wandels sind. Ein konservativer Ehetherapeut würde hier andere Kriterien anführen.)

Entwicklung und Krisen

Weder die Festlegung von gemeinsamen Regeln des Zusammenlebens (s. u. Kapitel 8, Paarbildungsphase), die Entwicklung von gemeinsamen Aufgabenstellungen und Zielsetzungen noch die Herausbildung einer gewissen Rollenverteilung sind fixierte Größen. Sie unterliegen einer fortwährenden Revision und Veränderung. Diese Veränderungen sind zum einen bedingt durch die Phasen des Familienzyklus, wobei sich die Zahl der Familienmitglieder und die Struktur des Familienverbandes immer wieder verändert, zum anderen durch das Älterwerden und die Neudefinitionen der Rollen den Kindern gegenüber, die Rückwirkungen auf das Zusammenleben des Paares haben. Das Älterwerden bedeutet aber oft auch Krankheit, Einschränkung der Mobilität und Pflegebedürftigkeit, was wiederum die Rollen eines Paares zueinander verändert.

Des weiteren können »Krisen« (im Sinne von Schwellensituationen, die eine Herausforderung dafür sind, das System und die Beziehungen zueinander neu zu organisieren und zu definieren) psychologisch evoziert werden, zum Beispiel durch ein neues Selbstverständnis eines der beiden Partner. Das alte Selbstverständnis, das auch mit einer bestimmten Rollenverteilung in der Partnerschaft einherging, stimmt nicht mehr; das neue Selbstverständnis fordert zu einer neuen Rollenverteilung heraus. Nicht nur die Frauen leiden manchmal unter einer gegebenen Rollenverteilung. Auch Männer können durch ihre alleinige materielle Verantwortung und übermäßigen beruflichen Druck überfordert sein.

Krisen können aber auch extern evoziert werden, zum Beispiel durch eine berufliche Veränderung eines Partners oder beider Partner, durch Arbeitslosigkeit, durch einen Unfall und eine überraschende Krankheit, die einem der beiden Partner widerfährt. Ebenso können Krisen durch die soziale Mobilität verursacht werden, die die Familie trennt oder sie herausfordert, sich in einem neuen sozialen Umfeld einzufinden und sich dort zu integrieren. Intern kann das zu einer Verschiebung der Kräfteverhältnisse und Aufgabenverteilungen führen: Vielleicht war die Frau bisher mehr der »Außenminister« in der Beziehung, aber durch die Fremdheit und die Isolation am neuen Wohnort kann sie dieser gewohnten Funktionsteilung, die auch ihrem Selbstverständnis entspricht, nicht mehr gerecht werden.

Bei der Neudefinition der Beziehung, die eine Krise naturgemäß erfordert, wird das Gelingen der Neudefinition von der Rigidität beziehungsweise der Elastizität des Systems abhängen. Hier stehen sich die Kräfte Bewahrung und Veränderung im dialektischen Zusammenspiel gegenüber. Ein System, das sich nicht verändern will, hat keine Anpassungsfähigkeiten an veränderte Anforderungen und Bedingungen; es wird gegebenenfalls an seiner Rigidität zerbrechen. Dagegen hat ein System, das zu veränderlich und zu veränderungsbereit ist, in sich zuwenig Stabilität. Es fällt leicht auseinander, da es innerhalb des Systems zuwenig feste Größen gibt (zum Beispiel Regeln, Traditionen, Ideologien, Rollenverteilungen), an denen sich das System bei aller Bewegung immer wieder stabilisieren kann. Zwischen Bewahrung und Veränderung gibt es also ein Kontinuum, ein Optimum im mittleren Bereich.

Eine Übergangskrise fordert die Neuformierung des Systems. Die Kräfte der Veränderung sind also jetzt besonders stark gefragt. Ist ein System zu rigide ausgerichtet, kann es die Neudefinition der Beziehung nicht leisten und wird in bezug auf seine bisherige Funktionsfähigkeit scheitern. Dies ist der Fall, wenn die Komplementarität in einem System erstarrt ist.

Wenn ein System, im Sinne einer bestimmten Zielsetzung, die vom einzelnen subjektiv erlebt wird, nicht mehr funktionell ist, sich aber auch nicht auflösen kann (zum Beispiel durch übergeordnete Systeme, die Auflösung verbieten oder erschweren; man denke an die Erschwernis der Trennung und Scheidung durch moralische Normen, soziale und materielle Konsequenzen), dann kommt es zu einer Dauerkrise, zu einem Dauerkonflikt und zu einer subjektiv anhaltenden Unzufriedenheit. Dasselbe gilt, wenn zwei Partner sich von Anfang an in ihren mitgebrachten Vorstellungen zur Beziehung, die in der Regel unausgesprochen und oft auch unbewußt sind, gegenseitig verfehlen, wenn sich also die Beziehungsvorstellungen nicht komplementär ergänzen und zusammenpassen. Dies sind dann mangelhafte Übereinstimmungen in bezug auf die impliziten Beziehungsverträge, die sich ebenfalls als Dauerkonflikt und Dauerkrise bemerkbar machen werden.

Kapitel 6:

Grenzen – das Ich-Du-Wir-Dreieck

> Wo
> W i r sind
> bist da auch D u und bin I C H?
> Wo D u bist und I c h bin,
> sind da auch W I R ?
> Wo D U bist, bin da auch I c h?
> Wo I c h bin, bist da auch D U?
>
> (Chr. Sch.-F.)

In diesem und auch im folgenden Kapitel soll die Frage behandelt werden, wie ein Paar in einer länger dauernden Paarbeziehung in bezug auf den Umgang mit persönlichen Grenzen eine befriedigende und entwicklungsorientierte Beziehung führen kann.

Familientherapeutische Grundlagen des Begriffs »Grenzen«

Wir verdanken Salvador Minuchin (1977) als dem Begründer der »strukturellen« Familientherapierichtung wesentliche theoretische und normative Beiträge, um den Zusammenhang zwischen den Aufgabenstellungen einer Familie, ihrer Struktur und ihrer Funktionsfähigkeit zu begreifen.

Wenden wir uns zunächst den Aufgabenstellungen einer Familie in unserer Gesellschaft zu: Jürg Willi (1975) schreibt, daß die Familie ein »Unternehmen« sei, das auf die Dauer von fünfzehn bis zwanzig Jahren angelegt ist. Er bezieht sich dabei primär auf die Reproduktionsaufgaben der Familie. Solle die Familie diese Aufgabe relativ ungestört erfüllen können, bedürfe es bestimmter vertraglicher Regelungen und einer subjektiven wie objektiven Verbindlichkeit (die sich zum Beispiel im Akt der Eheschließung ausdrücken kann), die in einem adäquaten Verhältnis zur Schwierigkeit und zur Dauer der gestellten Aufgabe stünden. Willi meint dazu wörtlich: »Ohne ein Mindestmaß an Schutz und Sicherheit würde man sich ja auch im Berufsleben nicht in ein derartig risikoreiches Abenteuer einlassen.«

Minuchin (1977) weist nun darauf hin, daß die Familie, um diesen umfangreichen Reproduktionsaufgaben gerecht werden zu können, zum einen vor der Aufgabe steht, allen Mitgliedern ein gewisses Maß von Schutz und Sicherheit zu bieten (psychisch, sozial, wirtschaftlich), daß sie einen Zusammenhalt gewährleisten muß, der auch gegenseitige Anpassung verlangt; daß sie aber auch allen Mitgliedern ein gewisses Maß an Autonomie zubilligen und gewährleisten muß, um dem einzelnen optimale Entwicklungsbedingungen und subjektives Wohlbefinden vermitteln zu können. Diese zwei Aufgabenstellungen bedeuten ein Spannungsfeld, eine dauernde Herausforderung.

Um die Positionen innerhalb dieser Spannungsfelder immer wieder neu bestimmen zu können, führt Minuchin das Konstrukt der »Grenzen« ein. Es meint Grenzen zwischen den einzelnen Familienmitgliedern (um persönliche Rechte zu garantieren) und der Gesamtfamilie als sozialer Einheit (die andererseits wieder die Einschränkung bestimmter Persönlichkeitsrechte fordert, um den Zusammenhalt und die übergeordnete Erfüllung ihrer Aufgaben zu gewährleisten).

Minuchin unterscheidet aber nicht nur zwischen dem einzelnen und der Gesamtfamilie, sondern er unterscheidet innerhalb der Familie gewisse »Subsysteme«: Teilsysteme im Familienverband wie das Elternpaar und die Kinder. Das Elternpaar wird wiederum unterschieden in seiner Eigenschaft als Paar und als Eltern. Auch die weiblichen und männlichen Mitglieder der Familie können als getrennte Subsysteme wahrgenommen werden.

Die Trennung der verschiedenen Subsysteme soll ihre jeweiligen unterschiedlichen Aufgaben und Funktionen im Familienverband widerspiegeln. Dazu ein kurzer Abriß der Familie in bezug auf die verschiedenen Funktionsebenen »Paar«, »Eltern« und »Kinder«. Dies sagt uns auch etwas über den phasentypischen Verlauf einer Familiengründung mit den jeweiligen Aufgabenstellungen, die sich aus diesem Verlauf ergeben:

Zunächst müssen sich zwei Menschen unterschiedlichen Geschlechts als Paar zusammenfinden. Um eine stabile Funktionsebene als Paar miteinander zu finden, müssen sie eine gewisse Aufteilung in unterschiedliche Rollen finden, die sich gegenseitig ergänzen und der Funktion des Ganzen – auch im Hinblick auf die künftige Familie – dienen. Sie müssen weiterhin gegenseitige Anpassungsleistungen vollbringen in Hinblick auf gemeinsame *Regeln*, die das Zusammenleben leiten und organisieren helfen. Da beide aus unterschiedlichen Familien kommen, in denen wiederum unterschiedliche Werthaltungen und Regeln gegolten haben, müssen sie in einem schwierigen Prozeß das gemeinsame dritte Regelwerk erarbeiten, das als Basis für die jetzige Familie und die jetzige Paarbeziehung gelten soll.

Kommen Kinder dazu, treten zwei weitere Subsysteme in Kraft: das der Eltern und das der Kinder (s. Abbildung S. 178).

Minuchin geht im besonderen auf die Elternfunktionen (als Subsystem) ein und betont die Bedeutung von Autorität und klaren Generationsgrenzen, um den Erziehungsaufgaben den Kindern gegenüber gerecht werden zu können. Aber auch den Kindern soll eigener »Raum« zugebilligt werden, Entwicklungsspielraum, in dem sie mit Gleichaltrigen Erfahrungen sammeln können, zum Beispiel hinsichtlich dem spielerischen Austragen von Rivalitäten, dem Erwerb von Kompetenzen im Spiel. Kinder sollen in ihrer Welt bleiben und nicht für die Bedürfnisse von Erwachsenen im Sinne eines Partnerersatzes mißbraucht werden.

Die Arbeiten von Minuchin berühren die überwiegend pragmatischen Aspekte der Paarbildung, die im Hinblick auf die gemeinsame Familie bewältigt werden müssen. Diesem Grund-

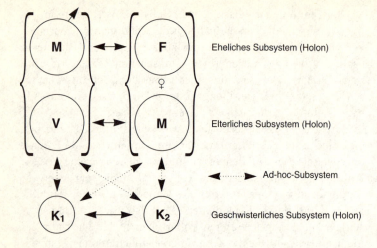

verständnis der Familie und Partnerschaft sehe ich mich auch in meiner Eigenschaft als Familien- und Paartherapeutin verpflichtet.

Dem möchte ich jedoch folgende Überlegungen hinzufügen: Mit der sinkenden Kinderzahl in unserer Gesellschaft und einer durchschnittlichen Kinderzahl von ca. 1,5 Kindern pro Familie sinken die Reproduktionsaufgaben der Familie in ihrer Wertigkeit zugunsten anderer Aufgaben und Zielsetzungen, denen sich Paare verpflichtet und zugeneigt sehen. Die psychologischen Bedürfnisse nach Nähe und Intimität in einer zunehmend anonymisierten Gesellschaft, ebenso die Paarbeziehung als »Erholungsort« im Kontrast zu wachsenden Leistungsanforderungen im Arbeitsleben stehen heute im Vordergrund vieler Paarbildungen, nicht zuletzt der zahlreichen kinderlosen Paare.

Diese veränderten Zielvorstellungen, auf die ich im Eingangskapitel näher eingegangen bin, bringen aber in bezug auf die realisierbaren Erwartungen, die sich an eine Ehe und Paarbeziehung knüpfen, neue Schwierigkeiten mit sich. Die Forderungen nach Autonomie, die auf der einen Seite immer vehementer vertreten werden, auch von den Frauen, und auf der anderen Seite die Forderung nach Nähe und Intimität schließen sich in einem gewissen Grade aus und führen zu erheblichen Spannungspotentialen in den Partnerschaften unserer Gesellschaft.

Grenzziehungsprozesse bei Paaren

Im folgenden soll nun das Ideal der klaren (im Sinne von eindeutigen), aber durchlässigen Grenzen, wie sie Minuchin für den Familienverband postuliert, spezifisch auf die Gestaltung von Paarbeziehungen übertragen werden. Ich folge dabei einer Darstellung von Willi (1975).

Das Abgrenzungsprinzip:
Es geht hier um die Abgrenzungsproblematik des Paares gegen außen und gegen innen: Wie nahe kann man sich in einer Paarbeziehung kommen, ohne sich aufzugeben? Wie stark sollte sich ein Paar gegen außen abgrenzen? Ich glaube, daß jedes Paar sich seine Position auf einem Kontinuum zwischen Verschmelzung und rigider Abgrenzung suchen muß. Der Mittelbereich zwischen diesen Extremen erlaubt ein normales Funktionieren einer Paarbeziehung.

Grenzziehungen innerhalb und außerhalb eines Paares:

	pathologischer Bereich	Normalbereich	pathologischer Bereich
intradyadische Grenze	starr	klar und durchlässig	diffus
extradyadische Grenze	diffus	klar und durchlässig	rigid

Die Begriffe »diffus«, »klar und durchlässig« und »rigide abgegrenzt« in bezug auf Grenzziehungsprozesse dürfen dabei nicht als fixierte Einheiten angesehen werden; vielmehr ordnen sich diese Begriffe auf einem Kontinuum an, wobei »diffus« und »rigide abgegrenzt« die einander gegenüberliegenden Pole markieren. Zur Veranschaulichung dieser Begriffe seien die Merkmale solcher Beziehungsformen konkreter beschrieben.

Diffuse Grenzen zwischen einem Paar

Beide Partner gestehen sich gegenseitig keine persönlichen Bereiche zu. Man muß sich alles mitteilen können, es darf nichts geben, wozu der andere im Prinzip keinen Zutritt hat. Es gibt nur die Intimität der Zweierbeziehung, aber keinen persönlichen Intimbereich. Keiner darf für sich etwas entscheiden, ohne den anderen zu fragen. Man muß sich über alles einigen können, zu einer Meinung kommen. Man geht ineinander auf und lebt füreinander. Das »Wir« ist stärker ausgeprägt als das »Ich«. Daß einer aus der Zweierbeziehung ausscheiden könnte, sei es durch Tod oder Trennung, ist unvorstellbar, daher tabuisiert. Die Beziehung ist konvergent, alle Energie wird nach innen auf die Befestigung der Beziehung gerichtet; wenn der andere etwas abrückt, muß man ihn zurückholen. Was draußen außerhalb der Beziehung ist, wird eher bedrohlich erlebt. »Ich« und »Du« können innerhalb der Paarbeziehung von beiden nicht mehr eindeutig unterschieden werden.

Beispiel:
Ein Ehepaar wollte eine besonders innige und harmonische Beziehung miteinander leben. Sie kam aus einem Elternhaus, in dem viel gestritten wurde (das sollte jetzt anders sein), und er kam aus einem Elternhaus, in dem die Beziehungen eher herb, unterkühlt und distanziert waren. Beide hatten keinen eigenen Freundeskreis, ja überhaupt wenig Freunde. Sie konnten sich kaum nach außen orientieren, denn es gab immer intern viel zu bereden und zu klären. Die kleinsten Uneinigkeiten, zum Bei-

spiel was jetzt zum Sperrmüll getragen werden sollte und was nicht, türmten sich zu riesigen Problemen auf, denn sie hatten sich vorgenommen, alle Unstimmigkeiten bestens und einvernehmlich zu regeln, vorher durfte nicht gehandelt werden.

Das führte dazu, daß schon Wochen vor dem Sperrmülltermin darüber verhandelt wurde, was jetzt auf die Straße durfte und was nicht. Dazu kam als weitere Erschwernis der Lage, daß sie nicht streiten durften. Wie sollten die Unterschiedlichkeiten, die ja unbedingt beseitigt werden mußten, beseitigt werden ohne Streit? Sie versuchten es beide mit gutem Zureden, sie wollten einander »zur Einsicht« bewegen. Aber was ist, wenn der andere bei seiner Ansicht bleibt und nichts »einsehen« will? Man ärgert sich. Jetzt kommen wir zu einer weiteren Schwierigkeit, denn auch Sich-Ärgern durfte in dieser Paarbeziehung nicht sein. Ärger war ja ein Zeichen, daß man sich nicht mehr zugeneigt war, daß man sich nicht verstand und vielleicht gar nicht mehr liebte? Wer weiß, was aus einem kleinen Ärger werden kann…?

Die Kinder wurden ähnlich »harmonisch« und aufreibend einvernehmlich erzogen, was später in der Pubertätszeit der Kinder zu großen Problemen mit den Eltern führte. Bleiben wir aber in diesem Zusammenhang beim Paar. Das Zulassen von mehr »eigenem Leben« für jeden und die Öffnung der Paarbeziehung nach außen hätten eine unüberschaubare Gefahrenquelle für den Zusammenhalt und die Harmonie bedeutet. Sie beschlossen daher (unbewußt), sich zu schützen, um dieser Gefahr ein für allemal aus dem Wege zu gehen: Sie entwickelte eine Agoraphobie (»Platzangst«), das heißt, sie konnte jetzt einfach nicht mehr unbefangen allein ausgehen, selbst wenn sie gewollt hätte. Er entwickelte eine Depression (auch infolge seiner sozialen Schwierigkeiten am Arbeitsplatz), die ihn zu sozialem Rückzug veranlaßte.

Mit diesen Symptomen waren zwei Fliegen mit einer Klappe geschlagen: die Versuchung, mehr nach draußen zu gehen, war erledigt, und diese Symptome stärkten aufs neue den Zusammenhalt: Sie mußte sich jetzt viel um die Probleme ihres Mannes kümmern, ihn immer wieder aufrichten; und sie konnte das um so besser, da sie ja nicht durch außerfamiliäre Beziehungen abgelenkt war. Er konnte sich immer darauf verlassen, daß sie bei ihm blieb und ihn nicht ablehnte, so wie er in seinem Leben schon viel Ablehnung verkraften mußte.

Der Mann hatte während der Therapie einen Traum: Er ging über eine Brücke und sah auf einen Fluß hinunter. Der Fluß war aber ausgetrocknet. Er sah nur mehr ein steiniges Flußbett. Es war nicht schwer, diesen Traum zu deuten: Der Beziehung fehlte »Leben« (Wasser als Symbol des Lebens). Das Leben muß von außen kommen, über neue Erfahrungen, Impulse, über getrennte Erfahrungen, so daß sich beide wieder befruchten und austauschen konnten. Der Fluß in seinem Traumbild braucht Regen, Wasser, das von »außen« kommt.

Beide mußten in der Paartherapie lernen, von ihren idealistischen Leitvorstellungen Abschied zu nehmen, die von einer starken Gegenidentifikation mit dem Elternhaus geprägt waren. Sie mußten in kleinen mühsamen Schritten lernen, auf immerwährende Einigung zu verzichten und fair streiten zu lernen. Sie mußten ihre Angst vor Aggressionen überwinden und Aggressionen als legitimen Bestandteil der Emotionalität in einer intimen Zweierbeziehung ansehen lernen. Sie machten die Erfahrung, daß sich hinter Aggressionen meist ein Wunsch verbarg, der in der Zweierbeziehung scheinbar keinen Platz hatte. Sie mußten lernen, sich eigene Freiräume und Entfaltungsmöglichkeiten zuzugestehen und mehr auf die persönlichen Wünsche zu achten.

Die Therapie wurde beendet, nachdem der Mann ein Wohnmobil gemietet hatte (ein Traum, den er unausgesprochen seit Jahren hegte) und mit seinen Töchtern ein verlängertes Wochenende gestaltete (ohne seine Frau). Die Frau dagegen belegte einen Nähkurs, ebenfalls ein Traum, den sie seit Jahren hegte und für dessen Verwirklichung sie »nie Zeit« gehabt hatte. Entsprechend gingen die klinischen Symptome beider Partner zurück.

Abschließend zur Beschreibung dieser Form der Paarbeziehung Jürg Willi (1975, 1990):

»Bei den Paaren mit diffusen internen Grenzen haben wir die dyadische Verschmelzung, bei der die Partner, eine symbiotische Einheit, ein gemeinsames Selbst bilden. Häufig sind diese Paare gegen Außenstehende rigide abgegrenzt und halten ihre extradyadischen Grenzen (die Grenzen nach außen) undurchlässig. Diese Extremform ist meist das Leitbild in der Phase der Verliebtheit. Man möchte ganz eins sein, einander ganz gehören und sich auf eine totale Harmonie einstellen. Es kann dabei leicht zur ›Überintimität‹ kommen mit Verlust der Ich-Grenzen, des eigenen Selbst [...], und Unterdrückung aller aggressiven und oft auch sexuellen Strebungen. Gleichzeitig hält man die Beziehung für so einmalig und ideal, daß man sie wie ein Mysterium vor dem Einblick Außenstehender bewahren will. Man möchte der Außenwelt gegenüber nur als geschlossenes Paar in Erscheinung treten.«

Minuchin nennt diese Form der Beziehungsgestaltung mit diffusen interpersonellen und intradyadischen Grenzen innerhalb der Familie »Verstrickung«. Für die Belange dieses Buches soll jedoch zwischen den chronischen symbiotischen Verstrickungen in Paarbeziehungen und der Phase der Verliebtheit, in der ja wie beschrieben ein ähnliches Beziehungsmuster herrscht, unterschieden werden (dazu mehr im Kapitel 7 und 8).

Nach innen rigide und nach außen diffuse Grenzen

Dieses Beziehungsmodell kann folgendermaßen beschrieben werden: Es gibt viele Dinge, von denen beide Partner gegenseitig nichts wissen. Die Betonung der persönlichen Bereiche, in die der andere keinen Einblick hat und die er nicht antasten darf, ist sehr ausgeprägt. Es gibt eine rigide Arbeits- und Funktionsteilung, keiner darf dabei dem anderen dreinreden. Die körperliche Nähe und gemeinsame Sexualität ist in der Regel ein großes Problem, obgleich oft einer mehr die fordernde Rolle und der andere die abwehrende Rolle einnimmt. Die Gefahr, daß sich beide einander entfremden und die Intimität mehr in Außenbeziehungen (welcher Art auch immer) gesucht wird, ist sehr groß. Es werden häufig von beiden Signale der Art gesendet: »Laß mich in Ruhe, das geht dich nichts an, das verstehst du sowieso nicht!«

Das »Ich« ist in solchen Beziehungsformen mit starren intradyadischen und diffusen extradyadischen Grenzen stärker ausgeprägt als das »Wir«. Die Angst vor Vereinnahmung ist groß.

Beispiel:
Beide Partner haben getrennte Zimmer und halten sich in ihrer Freizeit, das heißt, auch nachdem die Familienaufgaben erledigt sind, in diesen Zimmern auf. Der Mann hat in seinem Zimmer einen kleinen Mini-Haushalt mit Kochgeschirr, Fernseher und so weiter, so daß er auch über längere Phasen die Gemeinschaftsräume der Familie meiden könnte. Eine gemeinsame Zeit im gemeinsamen Wohnzimmer gibt es so gut wie gar nicht, es sei denn, es sind Gäste da. Der Mann hat sich sexuell weitgehend zurückgezogen, was die Frau sehr kränkt. Es fehlen Absprachen jeder Art, zum Beispiel was die gemeinsamen Unternehmungen am Wochenende, Einladungen, Erziehungsaufgaben anbelangt und so weiter. Die Abgrenzungsbedürfnisse gehen allerdings stärker vom Mann aus. Trifft er Absprachen, fühlt er sich leicht »gezwungen«, pflegt er Gemeinsamkeit, fühlt er sich leicht »vereinnahmt«.

Über den biographischen Hintergrund solcher Haltungen kann man leicht Vermutungen anstellen; wahrscheinlich ist ein solcher Mensch früher stark vereinnahmt worden, sind also in der Herkunftsfamilie die Generationsgrenzen diffus gewesen. Aber es wirkt nur auf den ersten Blick so, als ob der Mann nur die Abgrenzung, die Frau dagegen die Gemeinsamkeit will. Die Frau neigt dazu, mit anderen Menschen außerhalb der Familie innige und intime Verhältnisse zu pflegen. Sie sucht sich immer Menschen, mit denen sie über ihren »schlimmen« Mann klagen kann. Auch außereheliche Liebhaber treten gelegentlich auf die Bildfläche (die Frau ist sehr hübsch). Der Mann wiederum hat regen Kontakt mit seinen Schwestern und seiner Mutter, die ohne Absprache mit der Ehefrau in der gemeinsamen Wohnung auftauchen.

Der Mann hatte ein Alkoholproblem, die Frau eine Agoraphobie. Der Mann betrachtete das Alkoholproblem als seine Privatsache, seine Frau gehe das nichts an. Die Agoraphobie hatte zunächst die Funktion, den Mann mehr zu binden (er mußte sie immer außer Haus begleiten), die Ehe wäre sonst längst auseinandergefallen. Nachdem der Mann sich aber immer heftiger über die Einbindung seiner Person beschwerte und die Frau eine Therapie begonnen hatte, suchte die Frau andere Personen außerhalb der Familie als Begleiter. Jetzt fiel die Beziehung tatsächlich auseinander. Die Frau entwickelte einen heftigen Trennungswunsch; sie wollte ihre Selbständigkeit erproben. Jetzt hielt der Mann sehr an der Beziehung fest. Die Frau mußte einen Rechtsanwalt bemühen, um den Mann zu veranlassen, endlich auszuziehen. Es ging also nicht ohne dramatische Auseinandersetzungen und Verletzungen ab.

Erst nachdem sie getrennt waren, konnten sie sich erstmalig damit auseinandersetzen, was sie eigentlich aneinander finden, und verbrachten den ersten gemeinsamen Urlaub. Es kam wieder zu einer Annäherung im sexuellen Bereich, die auch vom Mann stark mitgetragen war. Die Frau stellte jedoch fest, daß ihr Mann für sie nicht der Liebhaber war, den sie sich vorstellte. Sie konnte sich das jetzt freimütiger eingestehen, während sie früher ihren Mann immer nur sexuell »gefordert« hatte. Die Frau machte im Jahr nach der Trennung Erfahrungen mit anderen Liebhabern, und es kam zu sehr schönen und teilweise innigen und/oder aufregenden sexuellen Beziehungen. Sie wollte demnach ihren früheren Mann nicht mehr in die Rolle eines Liebhabers drängen, die er nach ihren Vorstellungen doch nicht ausfüllen konnte. Sie wollte sich mehr auf die Aspekte dieser Beziehung konzentrieren, die wirklich übereinstimmend und befriedigend verlaufen konnten.

So entwickelte sich zwischen beiden eine freundschaftliche, nacheheliche Beziehung und eine überwiegend konstruktive, fürsorgliche, gemeinsame Elternschaft auch nach der Trennung als Paar. Beide konnten sich in ihren jeweiligen Verantwortlichkeiten nach der Trennung besser organisieren als vorher.

Die Frau empfand die Zeit nach der Trennung oft als anstrengend, sehr bewegt, aber auch lebendig und befreit. Sie mußte sich auch ihrer Rolle als alleinerziehende und verantwortliche Mutter bewußt werden. Manchmal war die Versuchung groß, einfach wieder Verantwortung abzugeben und in eine Versorgungsehe einzutreten. Sie dehnte ihren Aktionsradius motorisch, beruflich und sozial aus. Es kam zu einem befriedigenden Einstieg ins Berufsleben mit neuen lebendigen Beziehungen. Die Agoraphobie entwickelte sich weitgehend zurück.

Werfen wir noch einmal einen Blick zurück auf die Zeit der pathologischen Beziehungsstruktur während der Ehe: Willi (1975) beschreibt diesen Beziehungstyp wie folgt: Für diese Beziehungsform »stehen die Partner, die aus Angst vor Selbstverlust sich rigide gegeneinander abgrenzen und Intimität fürchten. Intradyadisch steht zwischen den Paaren ein Schutzwall, häufig einhergehend mit diffusen extradyadischen Grenzen. Die Intimität zu Drittpersonen dient als Schutz vor allzu grober dyadischer Nähe. Man verbindet (verbündet) sich mit Kindern, Freunden und Verwandten, um sich um so sicherer vom Partner abgrenzen zu können.«

Abschließend möchte ich zur Charakterisierung der Paarbeziehungen mit starren intradyadischen Grenzen einen schwäbischen Witz von Thaddäus Troll erzählen, der von der Abgrenzungsfähigkeit der Männer, die sozialisationsbedingt viel ausgeprägter sein soll als die der Frauen (vgl. Schellenbaum 1986), handelt:

Ein schwäbischer Bauer sitzt nach Feierabend auf dem Sofa und liest die Zeitung. Seine Frau sitzt daneben und strickt.

Bäuerin: Du, Franzl, ma sait, dia Grombachers Liesl soll a Kend kriaga ...

Bauer: Des isch ihr Sach!

Bäuerin: Aber Franzl, ma sait, des Kend isch von dir!

Bauer: Des isch mei Sach!
Bäuerin: Aber Franzl, wenn des wohr isch, no breng i me om!
Bauer: Des isch dei Sach!

Überschneidungen

Im Sinne eines klareren Verständnisses sind hier die zwei Störungen in den Grenzziehungsprozessen eines Paares unterschieden worden und beide Störungen (nach innen diffus, nach innen starr abgegrenzt) einem Beziehungstyp zugeordnet worden. In der Realität finden wir diese Störungsformen jedoch häufig sich überschneidend und vermischt vor, ja es kann sogar ein innerer Zusammenhang zwischen diesen beiden Störungsformen angenommen werden.

Wie schon angedeutet, besteht bei Partnern, die sich rigide voneinander abgrenzen, gleichzeitig eine Angst vor Vereinnahmung. Diese Angst ist um so ausgeprägter, je mehr die Betroffenen selbst innerlich nicht klar Ich und Du unterscheiden können. Der Mann im genannten Beispiel grenzt sich äußerlich überdeutlich räumlich ab, aber innerlich ist er besorgt, welche Macht seine Frau weitergehend über sein Leben hat und haben wird. Er hat Angst vor den Verleumdungen und Verunglimpfungen seiner Frau, die sie anderen gegenüber äußert (»sie macht mich schlecht« kann auch heißen: »sie *macht* mich schlecht«). Dies bedeutet: Das Selbstbild und die Selbstbewertungen sind nicht genügend autonom gesichert, der Einfluß der Frau auf die Selbstbewertung des Mannes ist zu groß; hier sind die Grenzen diffus.

Gleiches kann auch in bezug auf die Gestaltung von Vaterschaften passieren: Der Mann hat Angst, daß ihm eine Vaterschaft aufgenötigt wird, daß er nicht gefragt wird, ob er Vater werden möchte. Auch dies hat etwas mit Vereinnahmung zu tun. Vielleicht kann er selbst hier seine Position nicht deutlich genug machen? Vielleicht ist er hier selbst diffus, weiß nicht recht, was sie will und was er selbst will? Das Ganze wächst ihm über den Kopf. Was innerlich nicht richtig sortiert ist, wird zumindest äußerlich überdeutlich sortiert: Hier bin ich, und da bist du.

Und was sind ihre Ängste? Sie ist die »Patientin« in der Beziehung. Sie hat ein eindeutiges, nach außen sichtbares Symptom: Panikattacken. Es ist so offensichtlich, daß sie Probleme hat. Was hat das noch mit der Beziehung zu tun? Er lokalisiert das Problem bei ihr und verbindet damit eine Abwertung und eine Schuldzuweisung: »Du arbeitest nicht genug an deinem Problem!« Sie kann sich gegen diese Bewertungen nicht abgrenzen. Sie fühlt sich moralisch ganz unten, ihr Selbstwertgefühl ist miserabel. Sie hat Angst vor Abwertungen, denen sie glaubt, innerlich nichts entgegensetzen zu können. Sie hat Angst davor, nach draußen zu gehen (Agoraphobie), da sie glaubt, andere Menschen würden sie ebenso moralisch niedermachen. Ihr Selbstbild und ihr Selbstwertgefühl sind wie beim Mann nicht autonom gesichert. Sie ist zu empfindlich gegenüber Kritik. Sie hält diesbezüglich nichts aus, da sie sich innerlich nicht abgrenzen kann.

Auch beim Beziehungstyp »diffuse innere Grenzen« gibt es diese Überschneidungen. In der Regel gehen zwei Partner nicht gleichmäßig ineinander auf, sondern einer geht mehr im anderen auf als der andere. Ich sagte vorhin bei der Beschreibung dieses Beziehungstyps: Das »Wir« ist stärker ausgeprägt als das »Ich«. Dies mag soweit funktionieren, jedoch nicht für beide im gleichen Maße.

Es gibt eine stark ausgeprägte gemeinsame Identität für das Paar, dies ist das »Wir«. Hinter diesem »Wir« kann sich manchmal aber im Extremfall ein einzelnes »Ich« verbergen. Der eine identifiziert sich so stark mit dem »Ich« des anderen, daß ein »Wir« daraus wird. So wird zum Beispiel in den Ehen führender Politiker das »Wir« dieser Ehen wohl kaum von der Ehefrau bestimmt. Dies gilt im besonderen für die Ehen männlicher konservativer Politiker, in denen die Rolle der Ehefrau sich auf eine Erfüllungsgehilfin für die Karriere des Ehemannes reduziert. Daß es auch im politischen Bereich andere Beziehungsmodelle gibt, beweist das derzeitige amerikanische Präsidentenpaar. Auch hier ist die Rolle der Ehefrau die einer Erfüllungsgehilfin – sie hat aber noch so viel eigenes Profil, daß die eigenständige Person erkennbar wurde. Dieser Zustand der eigenständigen Profilierung der Präsidentengattin hielt allerdings nicht lange an: Die öffentliche Meinung als übergeordnetes System wirkte gegenregulierend zugunsten eines »Wir« des amerikanischen Präsidentenpaares, das das »Ich« des Präsidenten eindeutig betont.

Im privaten Zusammenleben von Paaren, die sich besonders harmonisch und einheitlich gebärden, lohnt es sich, in einem zweiten Schritt genauer hinzusehen, welches Ich mehr für das Wir steht, und danach zu suchen, wo das andere Ich (des Partners) abgeblieben ist. Dies würde darauf hinauslaufen, beiden Ich-Repräsentanz und Gleichrangigkeit in der Paarbeziehung zu gewährleisten.

Störungen und Krisen der Grenzziehungsprozesse in einer Familie

Außenbeziehungen:
Wenn ein Partner eine längere und intensivere Liebesbeziehung zu einem Menschen außerhalb der Paarbeziehung pflegt, ist die Geborgenheit und Sicherheit in der Beziehung in Frage gestellt. Worauf kann man sich beim anderen noch verlassen? Was sind die Verbindlichkeiten, was ist der »Rahmenvertrag« in ihrer Beziehung? Wieviel Orientierung nach außen ist erlaubt und für beide zu verkraften, ohne daß die Paarbeziehung in ihren Fundamenten ins Wanken gerät?

Die Priorität in der emotionalen Zuwendung und Liebe ist nicht mehr eindeutig. Sie muß neu verhandelt und geklärt werden. Manchmal kommt es zum Bruch einer Paarbeziehung, wenn sich herausstellt, daß ein Partner einem Menschen außerhalb der Paarbeziehung nähersteht. Es kann zu einer neuen Paarbildung mit dieser Person kommen. Für den zurückbleibenden

Partner geht dies meist mit einer Selbstwertkrise einher. Es kommt zu Kränkungs- und Enttäuschungserlebnissen. Der Partner hat in den Augen des zurückbleibenden Partners den »Beziehungsvertrag« verletzt. Die Intimität der Zweierbeziehung ist einseitig aufgebrochen worden.

Die Symmetrie kann manchmal wiederhergestellt werden, indem beide Partner entsprechende Außenbeziehungen führen. Die Prioritäten und Balancen in der emotionalen und sexuellen Zuwendung müssen aber dennoch geklärt (und eventuell verhandelt) werden. Solche Beziehungsgefüge haben in der Regel ein zerbrechliches Gleichgewicht, nicht zuletzt dadurch, daß sie in unserer Gesellschaft nicht institutionalisiert sind.

Als Gegenbeispiel möchte ich polygame Eheformen, die es in arabischen und afrikanischen Gesellschaften, auch bei den religiösen Minderheiten wie zum Beispiel den Mormonen, gibt, anführen. Hierbei werden die polygamen ehelichen Beziehungen in einen institutionellen Kontext eingebettet, wobei im Zusammenleben nicht nur Fragen der emotionalen und sexuellen Zuwendung, sondern auch Versorgungsfragen, Hierarchien innerhalb der Vielehe und Pflichten in bezug auf die Kindererziehung geregelt sind.

Grenzen nach außen zu dicht:
Bei dieser Beziehungsform wird die Beziehung selbst als Bastion erlebt, als Gefängnis. Es kommt kaum zu Begegnungen mit anderen Menschen, die beleben und inspirieren. Der einzelne hat Angst, nähere Kontakte zu anderen Menschen zu entwickeln. Meist spielen generelle Kontaktschwierigkeiten eine Rolle, Ängste, von anderen nicht gemocht oder nicht für interessant befunden zu werden. Bei Frauen findet sich häufig auch ein Rückzug aus dem Berufsleben in der Phase der Kindererziehung oder eine mangelnde Qualifikation, die fördernd auf die familiäre Isolation und mindernd auf das Selbstwertgefühl wirkt. Finden die Betroffenen auch in der Paarbeziehung zu wenig Liebe und Aufmerksamkeit, kommt es zu einem generellen Verstärkerverlust mit Selbstwertkrisen und zur Entwicklung von Depressionen.

Grenzen nach innen zu diffus:
Es handelt sich wie beschrieben um die symbiotischen Beziehungsstörungen. Für das persönliche Erleben und die persönlichen Krisen ist entscheidend, daß persönliche Zielsetzungen und Selbstverantwortung für die eigene Lebensplanung nicht mehr ausgemacht werden können. Der einzelne erlebt sich als zutiefst abhängig vom anderen, dem Wohlverhalten des anderen ausgeliefert. Dies führt zu Gefühlen der persönlichen Insuffizienz, zu Aggressionen, Ressentiments und beherrschenden Kränkungs- und Rachegefühlen im Falle von Enttäuschungen. Auch diese können in die Depression münden. Zudem kommt es in der Regel zu zahlreichen Schwierigkeiten auch im sozialen Kontakt mit anderen, die sich die »ewig gleichen Geschichten« nicht immer anhören wollen, was zu neuerlichen Kränkungsgefühlen diesen anderen Menschen gegenüber führt, von denen sich der Betroffene unverstanden und im Stich gelassen fühlt. Eine sogenannte »Jammerdepression« mit schwierigem, anspruchlichem und vereinnahmendem Sozialverhalten ist demnach eine häufige Begleiterscheinung symbiotischer Beziehungsstörungen mit diffusen internen Grenzen.

Grenzen nach innen zu dicht (rigide Abgrenzung):
Es kommt zu wenig Intimitäts- und Geborgenheitserleben in der Beziehung auf. Dies zeigt sich vor allem auf zwei Ebenen: im Bereich der Sexualität und im Umgang mit Anlehnungsbedürfnissen (Kind sein dürfen in der Partnerschaft), das heißt im Bedarfsfall wechselseitig Trost, Zuspruch und Unterstützung zu finden, wenn sich einer schwach und angeschlagen fühlt. Im sexuellen Bereich gibt es Ängste, sich treiben und fallen zu lassen, zum Beispiel im Orgasmus, und bewußtseinsmäßige Kontrollen vorübergehend aufzugeben.

Das Vertrauenserleben dem Partner gegenüber ist angesprochen: Wie geht er/sie mit mir um, wenn ich nicht auf mich aufpassen kann und möchte? Und umgekehrt: Kann ich auch den anderen lieben und fürsorglich behandeln, wenn er sich mir überläßt? Inwieweit fühle ich mich vom anderen überhaupt sexuell angezogen? Geht es mehr um sexuelle Anziehung oder um Macht, Kontrolle und Selbstbestätigung? Das wechselseitige und vorübergehende Sich-fallen-lassen-Können berührt demnach zum einen die sexuellen Impulse, die körperliche Leidenschaft, aber auch Aspekte der Geborgenheit: sich dem anderen vorübergehend anvertrauen zu können und zu wollen.

*Grenzen zum Partner zu dicht und den
Kindern (einem Kind) gegenüber zu diffus (offen, nah):*
Für diese Beziehungsstörung innerhalb der Familie gibt es den Namen »Parentifizierung« (oder »Parentifikation«), der in der Familientherapie aller Richtungen ein geläufiger Begriff ist. Schon Sigmund Freud hat dieses Problem mit dem »Ödipus-« beziehungsweise »Elektra-Komplex« beschrieben. Ein Kind fungiert als Partnerersatz für einen Elternteil. Implizit schwingen in dieser Beziehung erotische Phantasien mit: Im kleinen Mädchen wird die Frau für den Vater gesehen und im kleinen Jungen der Mann für die Mutter.

Die Parentifizierung kann über alle Altersstufen hinweg eine Rolle spielen. Von Familientherapeuten wird sie also nicht auf die »ödipale Phase«, das Alter von vier bis fünf Jahren beim Kind, eingegrenzt. Aus familientherapeutischer Sicht geht es auch nicht nur, vielleicht nicht einmal primär, um die sexuellen Phantasien oder auch Mißbrauchshandlungen, die tatsächlich in der Mutter-Kind-Interaktion oder der Vater-Kind-Interaktion ablaufen (obwohl das im Einzelfall ein primäres Thema sein kann!). Mehr geht es um die Funktion des Kindes als Vertrauensperson und Gesprächspartner jenes Elternteils, der sich offensichtlich vom anderen Elternteil als Partner im Stich gelassen fühlt.

Kinder, die in diesem Sinn »parentifiziert« werden, werden ihrer Kindheit in vielen Bezügen beraubt. Sie müssen Ratgeber sein, wo sie selbst Rat brauchen, sie müssen Gespräche mit Erwachsenen führen, sich um deren Sorgen kümmern, wo sie lieber spielen, toben und lernen wollen. Die Kinder fühlen sich für das Wohl ihrer Eltern verantwortlich – und das oft ein Leben lang –, wo sich die Eltern für das Wohl der Kinder verantwortlich fühlen sollten. Alles Verhalten wird primär daran ausgerichtet, ob Mutter oder Vater das »aushalten«, was sie, die Kinder, gerne machen möchten.

Grenzziehungsprozesse und Krisen im Familienzyklus:
Die Grenzziehungsprozesse einer Familie verlaufen nicht statisch. Mit jeder Phase des Familienzyklus müssen die Grenzen zwischen den Subsystemen und den einzelnen Bezugspersonen neu definiert werden. So werden zum Beispiel die Intimität und Geschlossenheit der Paarbeziehung in besonderer Weise aufgebrochen, wenn das erste Kind kommt. Aus paartherapeutischer Sicht ist es wichtig, die »Paarebene« im Laufe der Familienentwicklung bewußt zu pflegen und zu hüten, da sie häufig von den aktuellen familiären Anforderungen absorbiert wird. Viele Interventionen aus der verhaltenstherapeutischen und systemischen Paartherapie dienen der Förderung einer Paarbeziehungskultur, so wie das von Hahlweg, Schindler und Revenstorf (1980) entwickelte Ritual der »Verwöhnungstage«, das von Selvini Palazzoli propagierte wöchentliche, regelmäßige Ausgehen eines Paares (ohne Kinder!) und andere Rituale, die einem Paar eine ritualisierte Form von wiederkehrender und die Beziehung stärkender Begegnung und Belebung der Paarbeziehung vermitteln.

Ist die Paarebene nämlich einmal verdorrt und ausgedünnt, ist es auch sehr schwer, sie noch einmal fruchtbar zu machen und zu beleben. Ich arbeite daher gern mit der Metapher des »Paarbeziehungs-Gartens«, der bepflanzt und gepflegt, gedüngt und gewässert sein möchte, der aber auch Jahreszeiten hat, die eine unterschiedliche Zuwendung erfordern und mit sich bringen (»Was möchten Sie gerne, welche Pflanzen sollen in Ihrem Paarbeziehungs-Garten wachsen?«).

Therapeutische Implikationen und Interventionsmöglichkeiten

Zunächst einmal sind wir in unserem systemischen Denken als Diagnostiker gefordert: Wie verlaufen die Grenzen in diesem uns vorgestellten System? Anhand der Klagen jeweils beider Partner können wir einiges ablesen und erste Hypothesen bilden, in welcher Weise die Grenzziehungsprozesse gestört sind: Fehlen dem Paar die nötige Intimität, Geborgenheit und Vertrauen im Umgang miteinander? Dann sind die Grenzen nach außen hin offen.

Wir können die Metapher vom »Haus« verwenden, in dem es keine Türen gibt; jeder kann ein und aus gehen, wie er will. Man weiß nie, wer jetzt gerade kommt beziehungsweise wen der andere eingeladen hat und mitbringt. Es kann auch sein, daß einer immer ausfliegt und der andere weiß nicht, wann er oder sie nach Hause kommt. In einer solchen Beziehung herrschen Zugluft und dauernde Unruhe. Geborgenheit und Intimität können nicht aufkommen und nicht gepflegt werden. Wie soll ein Paar in Ruhe Sexualität entfalten können, wenn symbolisch und real der Telefonhörer nie abgelegt wird?

Eine mangelnde Abgrenzung kann auch nach innen, den Kindern gegenüber, ablaufen, wenn die Bedürfnisse der Kinder immer Vorrang haben. Auch das wird der Intimität der Paarbeziehung auf Dauer schaden und die Paarbeziehung in ihrer Substanz aushöhlen. Symbolisch und real gesehen, ist das Schlafzimmer der Eltern den Kindern jederzeit zugänglich.

Bleiben wir bei der Metapher »Haus«. Es gibt Häuser, die haben innen vielleicht keine abgetrennten Räume, nach innen ist alles offen. So gibt es vor allem häufig Häuser, in denen die Kinder zwar ihre eigenen Zimmer haben, aber die Eltern haben nur ein gemeinsames Schlafzimmer. Mann und Frau (die Eltern) haben keinen persönlichen Raum für sich. Manchmal werden auch die Grenzen zum Kinderzimmer mißachtet: Die Tochter ist die heimliche oder offene Geliebte des Vaters und der Sohn der offene oder heimliche Lebensgefährte der Mutter.

Spannungen in einer Familie und Paarbeziehung weisen in der Regel immer auch auf gestörte Grenzziehungsprozesse hin. »Verletzungen«, die thematisiert werden, sind oft Grenzverletzungen. Dabei stellen sich Frauen manchmal als Opfer dar. Sie sagen: »Ich bin verletzt worden«, sie wählen die passive Form. Könnte man auch sagen, sie haben sich nicht genügend abgegrenzt, nicht genügend für sich gesorgt?

Wir können häufig beobachten, daß Männer sich besser abgrenzen können als Frauen. Dies ist zum einen sozialisationsbedingt, hängt aber auch bei den Frauen mit den biologischen Funktionen und Erfahrungen der Schwangerschaft und des Mutterseins zusammen. Frauen achten häufiger auf die Grenzen nach außen: Es soll Nestwärme entstehen; Verläßlichkeit und Geborgenheit sind ihnen hohe Werte. Männer achten mehr auf die Grenzen nach innen: auch wenn sie eine Frau lieben, heißt das noch lange nicht, daß sie sich aufgeben. Sie haben eine klarere Vorstellung von dem, was sie aus ihrem Leben machen wollen. – Aus meiner Sicht können beide Geschlechter voneinander lernen.

> *Konflikte in der Paarbeziehung sind häufig auch Grenzkonflikte: Braucht einer mehr Öffnung oder mehr Abschirmung, um sich in der Beziehung wohl zu fühlen?*

Welche Bereiche sollten für das Wohlergehen der Einzelperson mehr gesichert werden? Braucht jemand im Zusammenleben
– mehr persönliche Freiräume?
– mehr Ruhe und Erholung?
– mehr Bestätigung und Ermutigung?
– ein autonomeres Selbstwertgefühl?
– einen eigenständigen Bereich zur Entfaltung und Erprobung von persönlichen Fähigkeiten und Verantwortung?
– Was für Gemeinschaftsräume sollten für das Paar hergestellt, ausgeschmückt, eingerichtet werden?

Und welchen Stellenwert für beide haben folgende Punkte:
- sich Zeit füreinander nehmen;
- Gespräch (was jeden bewegt und beschäftigt, Austausch, im Kontakt bleiben);
- Zeit für Zärtlichkeit und Nähe, Sexualität;
- offene Auseinandersetzungen;
- Absprachen und Kooperation in der Kindererziehung;
- Leid und Unglück miteinander teilen;
- genießen und glücklich sein (miteinander Essen, Tanzen, Ausflüge machen, Faulenzen, Kino, Lachen und Blödeln, Gäste einladen und Feste feiern, Sport, kreative Gestaltungen, ein Haus entwerfen und bauen, Urlaub, und vieles andere).

Grenzziehungsprozesse, -konflikte und -störungen können durch verschiedene Medien in der Paar- und Familientherapie dargestellt und transparent gemacht werden.

Die Grenzen (beziehungsweise Nicht-Grenzen) gegenüber den Kindern zeigt die klassische *Familienskulptur* nach V. Satir. Dabei stellt ein Familienmitglied nach einer Instruktion des Therapeuten seine Familie oder Paarbeziehung als »Skulptur«, indem die anwesenden Familienmitglieder mit einer bestimmten Körperhaltung hingestellt werden (sie können auch liegen oder sitzen). Die Beziehungen in der Familie werden durch eine entsprechende Körperhaltung, Mimik und Gestik dargestellt.

Diese nonverbale Form der Darstellung von Familienbeziehungen bezieht sich immer auf die Perspektive der Person in der Familie, die eine Skulptur darstellt. Für die eigene Person im Gesamtbild wird vertretungsweise eine andere Person genommen, zum Beispiel ein Praktikant. Ist eine Familie vollzählig in der Sitzung anwesend, kann die Skulptur – wie ursprünglich von V. Satir entwickelt – mit den anwesenden Personen dargestellt werden.

Die Skulptur zeigt als lebendiges Bild Nähe und Distanz der einzelnen Familienmitglieder zueinander, ihre gegenseitige Zu- und Abwendung, ihre Beziehungskonstellation und die »Themen« ihrer jeweiligen Beziehungen. So kann zum Beispiel die ausgestreckte Hand eines Familienmitgliedes als Wunsch nach Zuwendung oder Verständnis verstanden werden und eine abgewandte Haltung mit trotzigem Gesichtausdruck als Enttäuschung, als Wut, aber auch als Einsamkeit.

Ist die Familie nicht vollständig oder nur das Paar in der Sitzung, kann die Familienskulptur auch mit anderen Medien gestellt werden, so mit Münzen, mit Kissen, Stühlen, Schachfiguren, variablen Spielfiguren (zum Beispiel Tierfiguren) beziehungsweise Figuren aus dem Scenotest (der Scenotest ist ein psychoanalytisch orientierter Test für Kinder zur Diagnostik von Familienbeziehungen).

Beispiel:
Münzskulptur einer Bulimiepatientin, die als junge erwachsene Frau ihre Herkunftsfamilie darstellt:

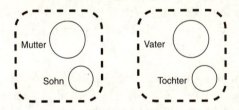

Wir sehen hier zwei starke Koalitionsbildungen und Subsysteme in der Familie: eine Allianz von Mutter und Sohn und eine Allianz von Vater und Tochter. Die Patientin stellt den Zeitraum ihrer Pubertät dar.

Es gab heftigste Auseinandersetzungen mit der Mutter, die für ihre beginnende Weiblichkeit und Lebenslust »null« Verständnis und Toleranz aufbrachte. Der Vater dagegen protegierte die hübsche Tochter sowohl beruflich (Lehre) wie finanziell, erlaubte ihr großzügigere Freiheiten beim Ausgehen. Der Sohn wurde wiederum von der Mutter protegiert, hatte größere Freiheiten, mehr Verständnis und vor allem das Privileg einer akademischen Ausbildung.

Über die Ehe der Eltern weiß die Patientin wenig zu sagen. Von einer »Ehe« habe sie bei den Eltern nicht viel gesehen ..., außer daß es eben um sie heftige Auseinandersetzungen in Erziehungsfragen während der Pubertät gegeben habe.

Grenzen in der Familie werden aber auch durch Befragung nach Raumaufteilung und Zeit, die die einzelnen Familienmitglieder miteinander verbringen, deutlich:
– Wer verbringt wieviel Zeit mit wem in und außerhalb der Familie?
– Wie sind die Räume in der Familie aufgeteilt?
– Gibt es Geheimnisse in der Familie? Wie verlaufen die Grenzen des Informationsflusses in der Familie? Wer darf was wissen?
– Wer tauscht mit wem Zärtlichkeiten aus? Wer tauscht mit wem keine Zärtlichkeiten aus?
– Wer hat wem was zu sagen?

All das gibt Hinweise über die Grenzen in einer Familie, was Intimität und Hierarchie anbelangt.

Führen wir uns einmal die bekannte Skulptur der drei Affen vor Augen: Der eine hält sich den Mund zu, der andere die Augen, der dritte die Ohren, und nehmen wir an, dies wäre eine Beziehungsskulptur in einer Paartherapie. Was könnte es sein?

Ein Paar mit Außenbeziehung (Liebhaber/Geliebte)? Ein Paar mit parentifiziertem Kind? Ein Paar mit Schwiegermutter?

Die Grenzen nach außen mit entsprechenden Konfliktfeldern (Außenbeziehungen der Partner, Herkunftsfamilie eines Partners, Nachbarn, Freunde, Expartner und Kinder aus früheren Verbindungen, die außerhalb der Familie leben) können im Rahmen einer erweiterten Familienskulptur dargestellt werden. Auch hier kann mit denselben Medien wie oben beschrieben gearbeitet werden.

Wichtig ist dabei: Beide Partner stellen eine Skulptur, und zwar eine, die ausdrückt, wie sie die Beziehungen sehen, und eine, die ausdrückt, wie sie sie wünschen (die sogenannte Wunschskulptur). Insgesamt werden also jeweils zwei Skulpturen einander gegenübergestellt.

Über Nähe und Distanz zwischen einem Paar, über Zuwendungen nach innen (Intimität, Geschlossenheit) und Zuwendungen nach außen (Öffnung) und damit über Grenzziehungen kann verhandelt werden. Es gelten hier die gleichen Regeln wie bei jeder anderen Form von Konflikten in der Paarbeziehung.

So gibt es in Gast-Stieffamilien häufig einen starken Konflikt zwischen dem Paar darüber, welchen Stellenwert die Kinder aus einer früheren Verbindung einnehmen, wie oft sie zu Besuch kommen und ob der andere Partner in die Verabredungen einbezogen wird. Ähnliches gilt oft für die Gestaltung der Beziehung zur Mutter eines Elternteils, die vielleicht im Haus oder in der Nähe wohnt und zu der eine enge Verbindung besteht.

Nicht zuletzt sind Außenbeziehungen und außereheliche Liebesverhältnisse, sowohl offene wie verdeckte, ein starker Unruheherd für die Paarbeziehung.

Läßt sich in wesentlichen Grenzziehungsfragen kein Konsens erreichen, kann das bedeuten: Es gilt auch, die Grenzen der Verhandlungsmöglichkeiten anzuerkennen, denn was nicht zusammengeht, das geht nicht zusammen. Häufig lockert sich aber der Konflikt, wenn gegenseitig die Bedürfnisse klarer werden und grundsätzlich jeder bereit ist, das Anliegen des anderen anzuerkennen.

Meist haben die betroffenen Partner auch *innerlich* ein Problem mit der Gestaltung der Beziehung zu der umkämpften dritten Person außerhalb der Paarbeziehung, zum Beispiel eine mangelhafte Ablösung oder Schuldgefühle der betroffenen Person gegenüber. Dieses innere Problem kann schwer angegangen und gelöst werden, wenn die Beziehung gleichzeitig vom anderen Partner stark angegriffen wird, so daß die Beziehung insgesamt verteidigt werden muß.

Bei Paaren und Familien, die länger dauernde chronische Beziehungsschwierigkeiten haben, erscheint es mir hilfreich, nach einem vertieften Verständnis der gestörten Grenzen Ausschau zu halten.

Was ist passiert, wenn sich eine Frau mehr den Kindern zuwendet und weniger dem Mann? Was ist passiert, daß der Mann immer seltener nach Hause kommt und sich zu Hause zurückzieht? Was ist passiert, wenn ein Paar sich kaum noch Zeit zusammen nimmt und das Nötigste miteinander spricht? Was ist passiert, wenn einer den anderen nicht in Ruhe lassen kann, ihm/ihr keinerlei Recht auf privaten (Lebens-)Raum zugesteht?

Welche Beziehungsmodelle stehen den beiden jeweils vor Augen? Wo treten sie ungewollt in die Fußstapfen ihrer Eltern, und wo wollen sie um jeden Preis *nicht* wie die Eltern sein? Haben sie überhaupt jemals gelernt, sie selbst zu sein und sich auch von anderen, die ihnen nahestehen, bei Bedarf abzugrenzen? Haben sie jemals gelernt, die Integrität eines anderen Menschen anzuerkennen und zu würdigen? Was geben sie an ihren Partner direkt und indirekt weiter, was sie mit ihren Eltern erlebt haben?

Beispiel:
Ein Mann berichtet in der Einzeltherapie, er könne nur manchmal, eigentlich nie unterscheiden, was er selbst wolle oder was er nicht wolle, weil seine Frau damit nicht einverstanden sei. Wenn er an etwas denke, was er sich vielleicht wünsche, dann sehe er *sie* (seine Frau, die ihm dann nach seiner Vorstellung eine Szene machen wird) und dann sei er sich nicht mehr sicher, ob er sich das überhaupt wünsche, beziehungsweise er vergesse es einfach, es sei weg. Seine Frau stehe heute für ihn da, wo früher für ihn als Kind der liebe Gott gestanden habe.

Der Mann kam in Therapie wegen Depressionen und »Depersonalisationsphänomenen«, das heißt, er hatte oft das Gefühl, »neben sich« zu stehen, er spürte sich häufig gar nicht selbst. Wenn er zum Beispiel Volleyball gespielt hatte, dann fragte er sich nach dem Spiel: »War ich das? Habe ich gespielt?« Es war ihm, als hätte jemand anders gespielt. Er hatte Angst, verrückt zu werden.

Dieses Beispiel zeigt eine sogenannte »Ich-Störung«, das heißt eine Wahrnehmungsstörung, wobei eine Person zwischen Ich und Du nicht mehr unterscheiden kann. Die Anpassung an einen anderen Menschen kann so weit gehen, daß man sich selbst beziehungsweise Wünsche, die nicht opportun sind, »vergessen« kann. Ein Mensch mit intaktem Selbstgefühl kann damit umgehen, daß er nicht nur das ist, was die anderen von ihm wollen. Wer sich der eigenen Ich-Grenzen, gerade auch in der konflikthaften Unterscheidung von anderen, nicht mehr versichern kann, muß zwangsläufig über die Konturen und Inhalte des eigenen Selbst ins Wanken kommen. Ein intaktes Ich-Bewußtsein definiert sich sowohl über die Identifikation mit anderen (ich möchte so sein wie du, da bin ich gleich wie du) wie auch über den Unterschied (ich bin anders).

Im folgenden soll noch einmal ein Überblick über verschiedene Störungen in bezug auf Grenzziehungsprozesse bei Paaren in Zusammenhang mit ihrer Gesamtproblematik vermittelt werden:

Beispiel 1:
Er hat eine nahe Beziehung zu seinem Zwillingsbruder. Sie hat eine sehr nahe Beziehung zu ihrem Kind. Beide lebten nie, bevor ihr gemeinsames Kind kam, als Paar zusammen. Sie zogen erst in eine gemeinsame Wohnung, kurz bevor das Kind kam. Beiden gelang es nie, einen gemeinsamen Lebensstil und gemeinsame Werthaltungen, sei es in der Wohnform, in der Rollenverteilung, in Erziehungsfragen, im Umgang mit Freunden und den Herkunftsfamilien zu finden. In den impliziten Beziehungsvorstellungen kam es zu schweren Irrtümern und Mißverständnissen, was die gemeinsame Lebensform und die Rollenverteilung anbelangt. So haben sich beide in ihren ursprünglichen Erwartungen verfehlt. Für ihn war es selbstverständlich, daß er eine Frau nicht versorgen muß, daß eine Frau immer arbeitet.

Für sie war selbstverständlich, daß sie ein Kind haben darf, wenn sie es möchte, und daß der Mann dann für sie und das Kind aufkommt. Zwei Individualisten fanden keine gemeinsame Basis.

In der alltäglichen Kommunikation bestimmten erbitterte und schweigsame Feindseligkeiten den Umgangston.

Was fehlt: Raum für die Paarbeziehung, gemeinsame Elternschaft;

Symptome bei ihr: Selbstwertkrise, Depressionen;

Symptome bei ihm: Erschöpfungssyndrom, agitierte Depression.

Beispiel 2:
Sie hat eine enge Beziehung zu den Kindern. Er hat eine enge Beziehung zu den Kindern. Beide konkurrieren um die Gunst der Kinder. Sie akzentuiert sehr stark ihr Eigenleben. Er hat auch ein ausgeprägtes Eigenleben, vor allem was spezielle Hobbys anbelangt. Er möchte mehr Gemeinsamkeit auf der Paarebene, was sie ablehnt.

Beide sind in unterschiedlichem Sinn abhängig voneinander: Bei ihr fehlt es an persönlicher und erotischer Zuneigung und Wertschätzung dem Mann gegenüber, sie traut sich aber eine Trennung und ein Leben als alleinerziehende Mutter mit mehreren Kindern nicht zu. Er wiederum wirbt seit Jahren erfolglos um die Gunst und Zuneigung seiner Frau und ist in seiner Selbstbejahung und seinem Selbstwertgefühl von ihr abhängig.

Was fehlt: Raum für die Paarbeziehung, gemeinsame Elternschaft;

Symptome bei ihr: Schlafstörungen, Depressionen, Erschöpfungssymptome, sexuelle Aversion, Zornausbrüche;

Symptome bei ihm: agitierte Depression, Überanpassung, mangelndes Selbstwertgefühl.

Beispiel 3:
Beide haben eine enge Beziehung zu den vier gemeinsamen Kindern und konkurrieren um die Gunst der Kinder bezie-

hungsweise konkurrieren darum, wer der »bessere« Elternteil sei. Sie hat eine besonders innige Beziehung zu ihrer jüngeren Schwester. Er hatte längere Zeit eine Außenbeziehung. Insgesamt sind beide noch sehr den jeweiligen Herkunftsfamilien verhaftet, die manchmal wie zwei Armeen gegeneinander aufgeführt werden.

Was fehlt: Raum für die eigene Person, Raum für die Paarbeziehung, gemeinsame Elternschaft. Beide verfügen über mangelhafte Fähigkeiten, ihr Leben eigenständig und autonom, sowohl im psychischen wie im materiellen Sinn, zu führen. Das Selbstwertgefühl und Abgrenzungsfähigkeiten sind bei beiden gering. Jeder brauchte vom anderen Bestätigung und Ermutigung für die Bewältigung der anstehenden Lebensaufgaben (Beruf, Elternschaft), die sie sich aber gegenseitig verweigern. Dafür findet eine laufende gegenseitige Entwertung statt, weil einer nicht den idealen Vorstellungen des anderen entspricht.

Symptome bei ihr: verbale Wutausbrüche, häufige Infektionen, sexuelle Aversion, larvierte Depression;

Symptome bei ihm: aggressive Kontrollverluste, wobei die Ehefrau geschlagen und gewürgt wird, Depression, Arbeitsstörungen.

Beispiel 4:
Ein unverheiratetes Paar lebt mit dem Sohn der Frau aus einer früheren Verbindung zusammen. Sie hat eine enge Beziehung zu diesem Sohn, er hat eine enge Beziehung zu seiner Tochter aus der früheren Ehe und sieht die frühere Ehefrau noch häufig, mit der er in einem Bürogebäude beruflich weiter zusammenarbeitet (beide Rechtsanwälte). Das hier vorgestellte Paar ist trotz gegenseitiger Kritik gern zusammen, auch die körperliche Beziehung wird von beiden positiv erlebt; sie tun sich jedoch schwer, das Kind der Frau in die Paarbeziehung zu integrieren. Der Mann sucht mehr die exklusive Paarbeziehung, die Frau möchte das Kind nicht ausgeschlossen haben. Die Frau hat einen heftigen Kinderwunsch nach einem gemeinsamen Kind, dem der Mann mit Ambivalenz begegnet.

Infolge der häufigen Auseinandersetzungen um die Grenzziehungen nach innen und nach außen kommt sowohl der Raum für die Paarbeziehung wie auch der Raum für die neue (Stief-) Familie zu kurz.

Symptome bei ihr: Selbstwertprobleme, Nervosität, gelegentliche Wutausbrüche und heftige Eifersucht auf das Kind des Mannes;

Symptome bei ihm: Es werden keine Symptome beklagt. Der Mann rationalisiert sehr stark. Er sieht alle Probleme bei der Frau, über die er ganz »rational« nachdenkt.

Beispiel 5:
Er geht ganz in seiner Arbeit auf, sie hat eine enge Beziehung zu ihrer Mutter (die hochambivalent ist) und eine enge Beziehung zu den Kindern. Er hat eine symbiotische Beziehung zu seiner Frau, sieht sie gern als seinen verlängerten Arm an und möchte, daß sie eine von ihm »kontrollierte« Eigenständigkeit entwickelt. Der Mann leidet unter Trennungsängsten, fürchtet die Verselbständigung seiner Frau und hält sie gern mit guten Ratschlägen klein und abhängig. Dies wiederum treibt die Frau zur Raserei, die sich äußerlich gegen die »herablassenden« Ratschläge wehrt, aber innerlich zu wenig autonomes Selbstvertrauen hat, um sich nicht »runtermachen« zu lassen. Die Frau flüchtet manchmal aus dem Haus, kümmert sich viel um den Hund und fremde Tiere, die sie pflegt. Beide Partner bringen sich jedoch viel Zuneigung entgegen.

Was fehlt: gemeinsamer Raum für die Paarbeziehung, in dem beide ihre Wünsche und Interessen einbringen können. Gemeinsame Elternschaft. Raum für die Vater-Kinder-Beziehung, die unterentwickelt ist. Raum für »echte«, das heißt von Selbstvertrauen und Gelassenheit getragene Eigenständigkeit bei der Frau; Raum auch für Eigenständigkeit und Vertrauen, allein leben zu können, bei ihm.

Symptome bei ihr: gelegentlicher massiver Alkoholmißbrauch, Depressionen, Suizidversuch;

Symptome bei ihm: larvierte Depression, Arbeitsstörungen,

Versagensängste. Vordergründig werden kaum eigene Symptome beklagt, denn er geht davon aus, daß vor allem *sie* ein Problem hat.

Fassen wir am Schluß zusammen:
Die grundsätzlichen Probleme in Paarbeziehungen, was Grenzziehungsprozesse anbelangt, zeigen sich demnach
1.) *im Lebensraum für die Paarbeziehung*, der dezimiert ist, und
2.) *im Lebensraum für die Einzelperson*, der dezimiert ist, wodurch die persönliche Entwicklung hin zu mehr Autonomie innerlich und äußerlich unterbrochen ist.

Der mangelhaft ausgestattete Raum für die Paarbeziehung ist eine Folge längerer und tiefergehender Beziehungskonflikte und/oder der Entfremdung zwischen beiden Partnern.

Eine gemeinsame Elternschaft im konstruktiven Sinn kann häufig nicht erreicht werden, so daß nicht nur die Paarbeziehung, sondern auch die Kinder Schaden erleiden und die Familie in ihrer Gesamtsubstanz angegriffen ist.

Viele Interventionen im Bereich der Paartherapie zielen darauf ab, der Paarbeziehung wieder Raum und Leben zu geben, sei es durch eine bestimmte Form der Beziehungskultur (sich Zeit füreinander nehmen, miteinander ausgehen, miteinander reden, partnerschaftliche Konfliktbewältigung, Belebung der Sexualität und so weiter), der Aufarbeitung von Beziehungsgeschichte mit den impliziten Erwartungen an die Partnerschaft sowie Austausch von Entwicklungswünschen, Zukunftsphantasien, was das gemeinsame Leben und die Gestaltung der Beziehung anbelangt.

Manche Interventionen zielen aber auch auf die Stärkung der Einzelperson: lernen, sich abzugrenzen; lernen, eigene Bedürfnisse herauszufinden, mitzuteilen und in einem bestimmten Rahmen auch zu verwirklichen. Dieser »Rahmen« ist letztlich das Paarsystem selbst, ein System, das mehr oder weniger elastisch und entwicklungsfähig ist. Von daher ist es nicht ausgeschlossen, daß manche lang gehegten Bedürfnisse und Entwicklungswünsche ein Partnerschaftsgefüge auch sprengen können.

Die Stärkung der persönlichen Autonomie, vor allem im psychischen Sinn, bedeutet auch lernen, Unterschiede auszuhalten und zu bejahen (in der Unterschiedlichkeit auch eine Bereicherung sehen), lernen, sich selbst Wert zuzusprechen und Entwertung zurückzuweisen.

Kapitel 7:

Sei so, wie ich dich brauche – symbiotische Beziehungsstörungen

> Es ist nicht die Aufgabe, einander näherzukommen,
> so wenig wie Sonne und Mond zueinander kommen
> oder Meer und Land.
> Unser Ziel ist, einander zu erkennen und
> einer im anderen das zu sehen und ehren zu lernen
> was er ist:
> des anderen Gegenstück und Ergänzung.
>
> (Hermann Hesse)

In der Beziehung zwischen einem Paar wird es nie reibungslos ablaufen, nicht primär, wie ich meine, weil es sich um Angehörige verschiedener Geschlechter handelt, sonst hätten ja die homosexuellen Paare vergleichsweise viel weniger Schwierigkeiten, sondern weil es sich um eine sehr nahe Beziehung handelt.

Wer sich nah ist, kann sich zu nahekommen, wer Abstand hält, kann sich entfremden. Mit den Paaren, die sich in der Entfremdung verlieren, sei es, daß sie so zusammenbleiben oder sich irgendwann einmal trennen, haben wir es in der Paartherapie weniger zu tun; wohl aber mit denen, die sich immer wieder zu nahekommen. Jenen eben, die Grenzen zum anderen hin überschreiten, weil sie sie nicht wahrnehmen, oder jenen, die die Grenzen zwar wahrnehmen, sie aber nicht respektieren.

Unter »symbiotischen Beziehungsstörungen« möchte ich vor allem Interaktionen und Beziehungsmuster verstehen, wobei die persönlichen Grenzen im Umgang mit einer nahen Bezugsperson nicht wahrgenommen werden. Es handelt sich demnach um den psychologischen Versuch der Vereinnahmung eines anderen Menschen.

Eine wahrgenommene, aber ignorierte Abgrenzung eines anderen, wie zum Beispiel die Mißachtung eines klaren »Nein«, ist ein eindeutiger Übergriff. Daß solche Übergriffe vom moralischen Verständnis unserer Gesellschaft sogar relativ erlaubt sind, zeigt allein der Tatbestand, daß Vergewaltigung und sexuelle Nötigung in der Ehe erst jüngst im juristischen Sinn ein Delikt darstellen. Gewalttätigkeiten in einer Ehe konnten vorher zwar geahndet werden, jedoch mit wesentlich milderen Maßstäben wie vergleichsweise zwischen Eltern und Kindern oder gar nicht verwandten Personen. Nach diesem Verständnis sind die Grenzen von Pathologie zur Kriminalität bei symbiotischen Beziehungsstörungen fließend. Ich möchte mich aber im nun folgenden Kapitel mehr auf den pathologischen, noch nicht kriminellen Bereich konzentrieren.

Entwicklungspsychologische Gesichtspunkte

Die symbiotische Grundhaltung ist ihrem Wesen nach egozentrisch. Die Bezugspersonen werden nur bezogen auf die eigenen Bedürfnisse und Pläne wahrgenommen. In diesem Sinn werden die Bezugspersonen der eigenen subjektiven Erlebniswelt einverleibt. Schon Piaget (1923) beschreibt in seinen grundlegenden entwicklungspsychologischen Arbeiten die Überwindung der egozentrischen Sichtweise beim Kind als Entwicklungsschritt. Die Möglichkeit, sich in einen anderen Menschen hineinzudenken, einen anderen Menschen losgelöst von sich mit »anderen Augen« zu sehen, ist demnach eine kognitive und psychische Leistung, ein Reifungsschritt. So schreibt Oerter in seinem entwicklungspsychologischen Standardwerk (Oerter 1972) über die Arbeiten von Piaget (1923) und Vygotsiki (1964):

»Sprache hat zunächst eindeutig kommunikative Funktion. Solange aber das Kind nicht andere Rollen übernehmen und sich in die Lage (Rolle) des anderen versetzen kann, gelingt eine Verständigung nur unvollkommen.« (Oerter 1972)

Weiter heißt es in seiner Zusammenfassung der wichtigsten entwicklungspsychologischen Arbeiten, die sich mit der Entwicklung und der Überwindung der Egozentrik beim Kind und Jugendlichen beschäftigen:

»Die Tendenz, sich selbst als den Mittelpunkt der Welt zu betrachten, um den sich alles dreht, erwächst aus dem Primat der Selbsterfahrung. Je mehr sich das Selbst von der Außenwelt scheidet, desto mehr findet man andere Formen der Erkenntnis. Die Egozentrik zeigt sich in Wahrnehmen, Denken (Vorstellen), Sprechen und Handeln gleichermaßen. Sie scheint im Laufe der Entwicklung mehr und mehr zurückzutreten oder andere Formen anzunehmen, so daß sie das soziale Zusammenleben nicht übermäßig beeinträchtigt. Aber auch beim Erwachsenen ist die egozentrische Haltung keineswegs verschwunden. Der Differenzierungsvorgang während der Entwicklung erzeugt starke individuelle Unterschiede in der egozentrischen Haltung.« (Oerter 1972)

Mit diesen »starken individuellen Entwicklungsunterschieden« haben wir es in der Paartherapie zu tun. Dabei handelt es sich keinesfalls um intellektuelle Fertigkeiten und Wissen oder Intelligenzunterschiede. Auch hochintelligente Menschen können im sozialen Umgang mit nahen Bezugspersonen von einer geradezu verblendeten Egozentrik geprägt sein. Es handelt sich um einen Bereich des sozialen Lernens, der in der Herkunftsfamilie und in späteren nahen Beziehungen mehr oder weniger gut vermittelt und eingeübt wurde.

Wurde in einer Familie zum Beispiel eine Kommunikationsform eingeübt, die es jedem Familienmitglied ermöglicht, seine Sicht- und Erlebnisweise zu einem Sachverhalt darstellen zu können und zu dürfen, und wurden diese Sicht- und Erlebnisweisen mit einer gewissen Gleichrangigkeit gewürdigt, ist es naheliegend, daß ein Kind aus einer solchen Familie gelernt hat, die Meinungen, die Sicht- und Erlebnisweisen der anderen nachzuvollziehen und sie zu respektieren. Herrschte dagegen in einer

Familie ein Kommunikationsstil, der mehr einem autoritären Muster folgte, das heißt, bestimmte Personen hatten mehr Recht auf ihre Sichtweise als andere und konnten ihre Ansichten als die einzig »wahren« und geltenden Ansichten gegen die anderen zumindest äußerlich durchsetzen, wird ein Kind aus einer solchen Familie mehr den Machtkampf als Beziehungsmuster lernen: Entweder man kann sich mit seinen Ansichten durchsetzen, oder man kann es nicht und bleibt im Hintertreffen. Jedenfalls kann sich nur eine Ansicht offiziell Geltung verschaffen.

Auch hier sehen wir die enge Verbindung von Symbiose und Macht sowie Geltungsbestrebungen. Wie soll ein Sohn, der sich von seinem Vater unterdrückt und abgewertet gefühlt hat, lernen, sich in die Position seines Vaters hineinzuversetzen? Und wie soll ein Vater lernen, seinen Sohn zu verstehen, der nicht seinen Vorstellungen entspricht und der ihn enttäuscht hat? Je mehr ich als erwachsener Mensch der Vorstellung folge, der andere muß so sein, wie ich ihn haben will, um so weniger bin ich in der Lage, den anderen zu verstehen und mich in seine Gedankenwelt und seine Bedürfnislage hineinzuversetzen.

Es ist möglich, das nachträglich zu lernen, was in einer Familie nicht (spielend und alltäglich) gelernt wurde, aber leicht ist es nicht. Bei der Überwindung der egozentrischen Sichtweise beziehungsweise der Überwindung symbiotischen Verhaltens beim erwachsenen Menschen handelt es sich um komplexe soziale Lernprozesse, die einen gemeinsamen Nenner haben: lernen, sich in die Position, in die Lebensgeschichte, in das Denken und Fühlen des anderen hineinzuversetzen und diese andere Position zu würdigen.

Mahler et al. (1975) haben sich mit der Überwindung der Symbiose von Mutter und Kind unter entwicklungspsychologischen Gesichtspunkten beschäftigt. Im Zentrum ihrer Aufmerksamkeit steht die frühkindliche Phase bis zum zweiten Lebensjahr. Einiges, was sie zur Theorie der Symbiose zwischen Mutter und Kind und deren Überwindung entwickelt haben, ist auch für symbiotische Störungen bei Paaren übertragbar. Zur Definition der Symbiose schreiben sie:

»Die Bezeichnung Symbiose stellt in diesem Zusammenhang eine Metapher dar. Anders als beim biologischen Symbiosekonzept beschreibt sie nicht, was tatsächlich zwischen zwei getrennten Individuen verschiedener Spezies zu beiderseitigem Nutzen vor sich geht. Sie beschreibt jenen Zustand der Undifferenziertheit, der Fusion mit der Mutter, in dem das ›Ich‹ nicht vom ›Nicht-Ich‹ unterschieden ist und Innen und Außen erst allmählich als verschieden empfunden werden.« (Mahler, S. 63)

Und weiter:

»Zweitens benutzen wir die Bezeichnung Symbiose (Mahler und Furer 1966) in ähnlicher Weise, um einen intrapsychischen und nicht so sehr einen Verhaltenszustand zu beschreiben, es handelt sich also um einen Zustand, der auf einer Schlußfolgerung beruht. Wir sprechen nicht etwa von anklammerndem Verhalten, sondern vielmehr von einem Merkmal primitiven, kognitiv-affektiven Daseins, in dem es keine Unterscheidung zwischen dem Selbst und der Mutter gibt oder eine Regression zu jenem nicht zwischen Selbst und anderen differenzierenden Zustand stattgefunden hat (der die symbiotische Phase kennzeichnete). In der Tat bedarf dieser nicht unbedingt der körperlichen Anwesenheit der Mutter, er kann vielmehr auf primitiven Imagines des Einsseins und/oder der Skotomisierung oder *Verleugnung der entgegengesetzten Wahrnehmungen* beruhen (s. auch Mahler 1960).« (Mahler et al. 1975, Hervorhebung durch d. A.)

Was beim Säugling und Kleinkind eine natürliche und notwendige Phase ist, ist bei Erwachsenen eine soziale Beeinträchtigung bis hin zur ausgeprägt pathologischen Störung (zum Beispiel im wahnhaften Denken). Die Merkmale dieser symbiotischen Grundhaltung bei Erwachsenen und Paaren möchte ich folgendermaßen kennzeichnen:
– Der andere wird für die Erfüllung der eigenen Bedürfnisse unreflektiert vereinnahmt. Es wird als »selbst-verständlich« (was ich verstehe, mußt du genau so verstehen) erachtet, daß der Partner zur Erfüllung dieser Bedürfnisse zur Verfügung

steht. Es wird daher als unerhört angesehen, daß sich der Partner der Erfüllung dieser Bedürfnisse überhaupt widersetzen kann beziehungsweise daß er eigene Bedürfnisse hat, die dem entgegenstehen, was man selbst möchte.
– Die Botschaften dem anderen gegenüber sind im Falle abweichender und gegensätzlicher Bedürfnisse: Das darfst du nicht! Das gehört sich nicht! Das ist unmöglich! Oder andersherum: Das ist doch »selbst-verständlich«, daß du das für mich machst.

> *Die Bewältigungskonzepte im Konfliktfall legen den Schwerpunkt auf die Veränderung des Partners und nicht auf die Erweiterung der eigenen Verhaltensoptionen.*

– Im Rahmen der Denkweise, daß der Partner einem zur Verfügung steht, ist es naheliegend, den Partner so verändern zu wollen, wie man es haben möchte.
– Der Partner wird nicht in seiner Eigenständigkeit wahrgenommen. Ihm wird grundsätzlich kein Recht zuerkannt, eigene Bedürfnisse, Werthaltungen, eine eigene Geschichte und eigene Zukunftsvorstellungen zu haben. Der andere wird nur wahrgenommen in seiner Funktion für die eigene Person.

Wir finden das Problem der egozentrischen Sichtweise auf allen Ebenen des gesellschaftlichen Lebens. Wir sehen Eltern, die nicht in der Lage sind, sich in die Erlebniswelt ihrer Kinder hineinzuversetzen. Wir finden Lehrer, die keine Ahnung haben, was in ihren Schülern vorgeht. Wir finden Völker, die andere Völker kolonialisieren und ihnen ihre Weltanschauung aufdrängen. Spätestens hier kann man die Verbindung von einer egozentrischen Sichtweise zum Machtanspruch sehen.

Erscheinungsformen und Interaktionsmuster symbiotischer Verstrickungen

Die Verwischung der Ich-Grenzen:
Eine Symbiose kann auch lange Zeit harmonisch gelebt werden, indem zwei sich in einem gemeinsamen »Ich« auflösen. Eine Bekannte sagte mir kürzlich, als ihr Mann sich auf eine besser dotierte Stelle in einem Ingenieurbüro bewarb: »Wir haben uns gut auf das Vorstellungsgespräch vorbereitet.« Hier wird nicht mehr unterschieden, wer das Vorstellungsgespräch hat. Eine Symbiose in diesem Sinn kann lange Zeit gut funktionieren, denn beide ergänzen sich in ihrem Tun und sehen den anderen als verlängertes Ich an. Beide definieren sich hauptsächlich über das »Wir«. Erst im Konfliktfall zeigt sich, ob eine symbiotische Beziehungsstörung vorliegt oder nicht.

Sind beide in der Lage, den anderen als eigenständige Person auch losgelöst von den eigenen Bedürfnissen wahrzunehmen, ihm das Recht auf diese Eigenständigkeit zuzugestehen und sich diesbezüglich entsprechend partnerschaftlich ihm gegenüber zu verhalten, dann liegt keine symbiotische Beziehungsstörung vor, auch wenn beide sich in harmonischen Zeiten sehr eng aufeinander bezogen haben. Entscheidend ist, daß beide (im Konfliktfall) sich selbst und den anderen als eigenständige Personen wahrnehmen können.

Bei einem symbiotisch verstrickten Paar sind beide für eine adäquate Konfliktbewältigung schlecht gerüstet. Eine Möglichkeit ist, daß sie sich zu einem chronischen Streitpaar entwickeln: Die gegenseitigen Ansprüche und Vereinnahmungstendenzen werden aggressiv ausgetragen. Es kommt zu häufigen Streits mit Vorwürfen, Beschuldigungen und Rechthabereien. Im interaktionellen Verhalten zeigen sich offene und verdeckte Machtkämpfe in Form von manipulativen Verhaltensformen; Verhaltensformen, die dadurch gekennzeichnet sind, den anderen unbedingt zu etwas bringen oder von etwas abhalten zu wollen, wobei Drohungen, Behinderungen und appellatives Verhalten eingesetzt werden, das im anderen Schuldgefühle oder Mitleid erzeugt. Auch körperliche Übergriffe wie Schlagen müssen hier erwähnt werden, ebenso Übergriffe im sexuellen Bereich wie Nötigung und Vergewaltigung. Übergriffe auf das, was dem anderen wichtig und »heilig« ist, sind an der Tagesordnung. Die Privatsphäre des anderen, seine persönliche Integrität werden nicht respektiert.

Im Alltag werden häufig in der Diskussion von Sichtweisen und Meinungen Machtkämpfe inszeniert: Jeder glaubt sich »im Recht«, das heißt, jeder möchte seine Wahrheit, seine Sichtweise dem anderen aufdrängen. Jeder hat die Annahme, der andere müsse eigentlich so denken wie er selbst, müsse das gut und richtig finden, was er selbst gut und richtig findet. Daraus wird ein unlösbarer Streit, wenn jeder an diesem Anspruch festhält. Im Rahmen dieses Interaktionsmusters werden häufig Drittpersonen als Schiedsrichter oder Bündnispartner für den einen oder anderen eingesetzt, um die eigene Position zu bekräftigen und damit so etwas wie eine Entscheidung herbeizuführen.

Inneres Erleben bei symbiotischen Verstrickungen

Vom inneren Erleben finden wir im Konfliktfall aggressive Gefühle, eine Enttäuschungs-Wut; des weiteren Empfindungen, vom anderen verraten, im Stich gelassen und nicht verstanden worden zu sein. Letzteres könnte genauso in eine depressiv getönte Enttäuschung und depressive Vorwurfshaltung münden: das Gefühl, machtlos zu sein, dem anderen ausgeliefert zu sein, »wieder einmal« nicht geliebt und als Person akzeptiert zu werden. Der andere sollte eigentlich die Position einer versorgenden und alles verstehenden Mutter einnehmen. So wie jüngere Kinder nicht registrieren, daß Mütter eigene Bedürfnisse haben und ihre Bedürfnisse mit Vehemenz einklagen, so verhalten sich erwachsene Paare zueinander, die in eine regressive symbiotische Beziehung zueinander eintreten.

Depressive und aggressive Empfindungen mit den entsprechenden Kognitionen und Verhaltensweisen dem anderen gegenüber können sich abwechseln. Sie entspringen dem gemeinsamen Grundmuster der symbiotischen Verstrickung.

Diese kann im übrigen weit über eine räumliche Trennung hinausreichen. Die »innere Trennung« kann nicht vollzogen werden: Der andere muß immer noch dem entsprechen, was man sich einmal vorgestellt hat und was man sich jetzt noch vorstellt.

Tod und Scheidung bei symbiotisch verstrickten Paaren

Wenn einer der Partner stirbt, ist der Partner, der überlebt, über viele Jahre wie gelähmt. Er oder sie hat größte Mühe, sein oder ihr Leben neu und selbständig zu organisieren. Die Trauer um den verlorenen Partner nimmt Züge an, die über ein normales Maß weit hinausgehen. Alles wird immer nur in bezug auf den anderen wahrgenommen: »Wenn sie/er noch da wäre, wäre alles anders, könnte es mir gutgehen ... Er/sie würde jetzt sagen ...« und so weiter.

Bestimmte Lebensaufgaben und Funktionen für die eigene Bedürfniserfüllung sind an den Partner delegiert worden und können nun, auch nach dem Tod, nur schwer zurückgenommen werden.

So wie der andere bei der symbiotischen Verstrickung kein eigenes Leben haben darf, so darf er auch nicht sterben oder weggehen und anderweitig ein »eigenes Leben« führen. Das Problem der psychologischen Symbiose kann also weit über den Tod und eine Trennung der Paarbeziehung hinausgehen. Man bleibt in einer Weise an den anderen gebunden, daß Energien zur eigenen Lebensgestaltung nicht konstruktiv und schöpferisch genutzt werden können, sondern dadurch verbraucht werden, daß dem anderen immer noch eine bestimmte Rolle zugewiesen wird, die er längst nicht mehr einnehmen will oder kann und vielleicht auch nie wollte.

Das *Los-Lassen* eines anderen Menschen, ihm das Recht zu geben, so zu leben, wie er selbst möchte, ist also der grundlegende Reifungsschritt, der bei der Überwindung der Symbiose von beiden Partnern verlangt wird und ihnen die Möglichkeit gibt, sich als gleichberechtigte Menschen zu begegnen.

Therapeutische Implikationen: Neuformulierung des impliziten Beziehungsvertrages

Ich möchte an dieser Stelle noch einmal zurückkommen auf die Neuformulierung von impliziten Beziehungsverträgen in der Partnerschaft, die im Falle symbiotisch verstrickter Paare besonders schwierig ist.

In bezug auf die Neuformulierung des Beziehungsvertrages ist die hier vorgeschlagene konstruktive Grundeinstellung entscheidend: Der andere muß nichts, er kann. Auch ich muß nichts, ich kann und ich darf vielleicht. Die Basis der Beziehung muß eine freiwillige sein, ansonsten kann sie nicht glücklich werden. Ich kann den anderen nicht zwingen, etwas für mich zu erfüllen, und sei es mir noch so wichtig.

Es ist schmerzhaft, sich von nicht erfüllbaren Wünschen zu verabschieden, Wünsche, die mir vor allem der andere nicht erfüllen kann. Aber es macht zugleich den Weg frei, anderweitig vielleicht Möglichkeiten zu finden, wie ich das bekommen kann, was ich brauche (sei es Bestätigung, Erotik, Herzlichkeit, Zärtlichkeit, Geld und materielle Sicherheit, Abwechslung und Abenteuer, soziales Prestige). Ich muß eine Reihe von Delegationen (was der andere anstelle von mir für mich erfüllen soll, vgl. Stierlin) zurücknehmen, um meine persönliche Autonomie und meine eigenen Entwicklungsmöglichkeiten zu fördern.

Je mehr ich dabei bleibe, vom anderen etwas zu fordern, was dieser nicht geben kann oder nicht geben will, und je mehr ich auch selbst vom anderen überfordert werde, diesem etwas zu geben und zu sein, was ich nicht geben will, nicht geben kann und ihm nicht sein will, um so mehr ist der chronische Partnerkonflikt und das längerfristige Unglücklichsein in der Partnerschaft vorprogrammiert.

Ich muß also lernen, Forderungen durch die Formulierung von Wünschen zu ersetzen, vorgegebene Antworten durch Fragen, Fragen vor allem an den anderen: was willst du mir geben und was willst du mir sein?

Ich muß lernen, das Nein des anderen in bezug auf bestimmte Aspekte der Beziehung oder auch generell zur Partnerschaft zu akzeptieren.

Ich muß mehr Verantwortung für mich selbst übernehmen, was die Erfüllung meiner Bedürfnisse und meiner Lebenszufriedenheit anbelangt. Ich muß mich auf meinen eigenen Lebensplan, den »Auftrag«, den ich selbst in meinem Leben sehe, besinnen.

Ich muß lernen, von Scheinsicherheiten Abschied zu nehmen. Es gibt bestimmte juristische Aspekte der Beziehung, die sich absichern lassen, wie zum Beispiel die anteilige materielle Versorgung, das Recht, die Kinder zu erziehen oder zu sehen. Aber es gibt keine psychologische Versicherung gegen den Verlust eines Menschen, sei es durch Tod, Trennung oder Scheidung. Es gibt keine psychologische Möglichkeit, über einen anderen Menschen zu verfügen.

Dieses innere Loslassen in bezug auf meine Verfügungsansprüche ist der eigentliche Reifungsschritt in eine »erwachsene« Partnerschaft, die sich von kindlichen regressiven Ansprüchen, die zwei Partner aneinander richten können, unterscheidet.

So wie das kleine Kind nach der Mutter schreit, weil es die Mutter existentiell braucht, weil es ohne die Mutter nicht überleben kann, weil es ohne die Mutter eine tödliche Angst bekommt, so will das kleine Kind natürlich über die Mutter verfügen. Es hat noch keine Möglichkeit, die Mutter als ein eigenständiges Wesen zu erkennen. Es kann noch nicht die eigenen Bedürfnisse von denen der Mutter unterscheiden. Erwachsene Menschen, die sich in ihrer Partnerschaft in eine symbiotische

Verstrickung begeben haben, handeln so wie ein kleines Kind der Mutter gegenüber. Die Regression in eine kindliche Anspruchshaltung – und sei sie auch ganz intellektuell formuliert – ist das dominante Beziehungsmuster.

Was einer dem anderen bedeutet: Geschenk oder Selbstverständlichkeit?

Den Partner als »Geschenk« zu betrachten ist eine therapeutische und ethische Metapher, die das Spannungsmoment zum Ausdruck bringt: Mir wird etwas gegeben, aber ich besitze es nicht. Es wird gleichsam der Moment des Geschenktbekommens festgehalten: Das Geschenk ist ein Stück vom anderen, eine Gabe, die mir jetzt zuteil wird. Ich habe keinen Anspruch auf ein Geschenk wie zum Beispiel auf eine fällige Begleichung einer Rechnung. Wenn ich das Geschenk bekommen habe, »gehört« es mir, aber auch in diesem Besitz liegt noch ein gewisser Vorbehalt in bezug auf die wahllose und willkürliche Verfügung über dieses Geschenk. So gibt es ja eine moralische Hemmung, Geschenke wegzuwerfen oder weiterzuverschenken. Im Umgang mit dem Geschenk bewahrt man sich den Respekt vor demjenigen, der geschenkt hat.

Um den Moment des Schenkens und nicht des Besitzens zu betonen, wird der Partner nicht als einmaliges Geschenk betrachtet, sondern als wiederkehrendes und immer wieder neues Geschenk. Dies entspricht auch der Vorstellung, daß der Partner sich verändert und sich in einer Entwicklung befindet.

Als alltägliches Beispiel für die Modalitäten gegenseitiger Wahrnehmung in Paarbeziehungen fand ich in unserer Tageszeitung einen Lokalbericht über eine goldene Hochzeit. Die Überschrift lautete: Rosa Maria und Johann B. feiern heute goldene Hochzeit. Dann wird die Geschichte des Kennenlernens des Paares, der schweren Kriegs- und Nachkriegsjahre und schließlich des Zusammenlebens in bescheidenen Verhältnissen erzählt. Es folgt ein Bild des Hochzeitspaares, darunter der Kommentar:

»Rosa Maria und Johann B.: Bei uns bedankt sich noch eins beim anderen. So wird ein Eheleben nie selbstverständlich.«

Ich gehe davon aus, daß sowohl die einfach wie die komplex denkenden Menschen sich in ihren nahen Zweierbeziehungen mit dem Symbiose-Sog auseinandersetzen müssen. Daher möchte ich zum Abschluß dieses Kapitels noch einen berühmten Zeitgenossen zu Wort kommen lassen:

Dich

Dich
Dich sein lassen
ganz dich
Sehen
daß du nur du bist
wenn du alles bist
was du bist
das Zarte
und das Wilde
das was sich anschmiegen
und das was sich losreißen will

Wer nur die Hälfte liebt, der liebt dich nicht halb
sondern gar nicht
der will dich zurechtschneiden
amputieren
verstümmeln

Dich dich sein lassen
ob das schwer oder leicht ist?
Es kommt nicht darauf an mit wieviel
Vorbedacht und Verstand
sondern mit wieviel Liebe und mit wieviel
offener Sehnsucht nach allem –

und allem
was **du** ist
…
Dann
ist dieses
dich dich sein lassen
vielleicht
gar nicht so schwer

(Erich Fried)

Teil III:

Struktur und Wandel

… Kapitel 8:

Die Phasen der Paarbeziehung

> Daß auch nur zwei Menschen, die aufeinander angewiesen sind,
> in Frieden miteinander leben, ist seltener und schwieriger als
> jede andere ethische und intellektuelle Leistung.
>
> (Hermann Hesse)

Wir können die Phasen der Paarbeziehung nach mehreren Gesichtspunkten unterscheiden. Im folgenden sollen daher verschiedene Phasenmodelle vorgestellt werden.

Die folgenden Phasenmodelle gehen alle in meine Betrachtung der langen gemeinsamen Entwicklung eines Paares mit ein. An Willis Phasenbeschreibung gefällt mir die lebensnahe und pragmatische Schilderung, so daß ich sie relativ ausführlich wiedergeben möchte.

Zunächst aber ein stichpunktartiger Überblick über »Schwellensituationen«, also markante Veränderungen in der Familien- und Paarorganisation.

Die Phasen im Familienzyklus

Mit dem Begriff »Zyklus« ist hier zum einen ein abgerundeter Phasenverlauf gemeint, zum anderen aber die Mehrgenerationenperspektive angedeutet: Ein Paar beginnt sein gemeinsames Leben normalerweise »allein zu zweit«, bevor die Kinder kommen, und beendet sein Zusammenleben auch im Normalfall wieder allein, wenn die Kinder erwachsen sind und das Elternhaus verlassen haben. Die letzte Phase eines Paares wieder allein überschneidet sich im Normalfall wiederum mit den ersten Phasen des Familienzyklus des Kindes oder der Kinder, die inzwischen feste Paarbildungen gegründet haben und im weiteren Gefolge ihre Kinder bekommen.

Jede unterscheidbare Phase im Familienzyklus bedeutet eine Veränderung des Gesamtsystems und damit auch ein Krisenpotential für die Partnerschaft und die Gesamtfamilie, sofern Kinder da sind. Nach meinen Erfahrungen sind folgende Phasen krisenanfällig für die Paarbeziehung:

1. Kennenlernen des Partners, Verliebtheit, Paarbildung.
2. Zusammenleben als Paar, Organisation der Paarbeziehung im Alltag und in einer gemeinsamen Wohnung.
3. Schwangerschaft und Geburt des ersten Kindes.
4. Die Frau (der Mann) gibt ihre (seine) Berufstätigkeit auf.
5. Weitere Kinder, eventuell ungeplant.
6. Das letzte Kind kommt in den Kindergarten, die Schule.
7. Die Frau nimmt die Berufstätigkeit wieder auf.
8. Die Kinder sind erwachsen und verlassen das Elternhaus.
9. Der Mann geht in Pension.
10. Einer der beiden Partner wird krank/zum Pflegefall.
11. Einer der beiden Partner stirbt.

Sodann sind krisenanfällig Stieffamilien (Zusammenleben als Paar mit einem Kind/Kindern aus einer früheren Verbindung eines Partners. In dieser Familienform fehlt eine wichtige Phase im Aufbau einer Familie) und das alleinige Zusammenleben als Paar.

Es versteht sich von selbst, daß ein Paar nicht alle Phasen bewältigen muß beziehungsweise einzelne Phasen sich überlappen können. Jede Phase stellt für sich selbst eine Herausforderung dar. Dies können auch andere Schritte im Familienzyklus sein, die hier nicht benannt worden sind, wie zum Beispiel die Einschulung des ersten Kindes. Besonders schwierig wird es aber dann, wenn das Paarsystem sich auf mehreren Ebenen neu organisieren muß, wenn also zum Beispiel das Zusammenwohnen gleichzeitig mit der Geburt eines Kindes stattfindet, die Frau ihre

Berufstätigkeit im Zusammenhang mit einem weiteren ungeplanten Kind aufgibt, die Kinder ausziehen und der Mann gleichzeitig in Pension geht.

Hier sollen nur kurze Anregungen gegeben werden bei der Betrachtung und Analyse von Paarproblemen, um die Familie in ihrem phasentypischen Verlauf als Hintergrund mit im Auge zu behalten. So ist zum Beispiel der Raum für die Paarbeziehung zwangsläufig in der Kleinkindphase eingeschränkt, und man würde als Paartherapeut an den Realitäten einer Familie »vorbeitherapieren«, wenn man diesem Paar Aufgabenstellungen gäbe, die im gegenseitigen Zusammenleben viel Zeit, viel Geld und viel Ruhe erfordern. Gleichzeitig ist gerade bei den Paaren, die kleine Kinder haben, wichtig, daß »die Paarebene« nicht ausstirbt und austrocknet, um längerfristig Freude und Interesse aneinander aufrechtzuerhalten.

Hier kann ein gemeinsamer Abend pro Woche (miteinander ausgehen) wahre Wunder wirken.

Die Phasen im Lebenszyklus (nach Jürg Willi)

Jürg Willi unterscheidet vier Phasen der Paarbeziehung:

1. *Die Phase der stabilen Paarbildung*
Während die Paarbildungen in der Jugend noch instabil sind und hauptsächlich dem Sammeln sexueller Erfahrungen, der Selbstbestätigung und Identitätssuche dienen, werden in der Phase der Adoleszenz die meisten längerdauernden (ersten) festen Partnerschaften und Ehen geschlossen. In dieser Phase fordert die Entwicklung dem jungen Menschen Entscheidungen ab, die zur Festlegung teilweiser irreversibler Rollen und zur Ausgestaltung seiner persönlichen Identität führen. Dies gilt für den Beruf ebenso wie für die Partnerschaft. Die Entscheidung für eine Möglichkeit bedeutet gleichzeitig den Verzicht auf andere Möglichkeiten, was manchen jungen Menschen in schwerwiegende Identitätskrisen führen kann.

Wenn man sich auf einen Partner festlegt, sucht man jetzt nicht mehr nur eine vorübergehende Befriedigung oder Bestätigung, sondern will mit einem Partner zusammen seine Lebensgeschichte gestalten. Die Partner wollen miteinander ein eigenes Heim aufbauen, eine Familie gründen und einen eigenen Lebensstil finden. Die zukünftigen Aufgaben verleihen der Paarbildung den Ernst, der in einem angemessenen Verhältnis zu den zu erwartenden Schwierigkeiten steht.

2. Die Aufbau- und Produktionsphase der Ehe
Diese Phase umfaßt die ersten Ehejahre und ist meist die aktivste Phase der Ehe. Das Paar sucht nach der Heirat seine Identität als Paar zu festigen. Es muß sich seinen Platz in der Gesellschaft schaffen und all die vielen Entscheidungen treffen, die ihm schließlich eine festumrissene Gestalt verleihen. Während in der Jugend alles träumerisch zukunftsgerichtet war, ist jetzt die Stunde, wo sich realisiert, worauf man hingelebt hat. Das Paar richtet sich ein eigenes Heim ein, dessen Ausstattung den Lebensstil des Paares ausdrückt und rückwirkend wiederum prägt. Der Mann (eventuell auch die Frau) ringt um die berufliche Situation, die nicht nur seine Identität prägt, sondern die soziale Stellung der Familie und deren Identität entscheidend bestimmt.

Das Zusammenleben führt zu einer gewissen internen Funktionsteilung, deren Festlegung ein langwieriger Prozeß ist. Die Dyade ist jetzt als Kleingruppe nach außen klar formiert, nach innen sind die Rangpositionen und Rollen aber noch nicht fixiert. Das Finden des eigenen Lebensstils ist ein Prozeß intensiver Auseinandersetzung. Die Partner ringen um eine Übereinkunft bezüglich der Normen und Werte, aber nicht mehr nur abstrakt und theoretisch, sondern auf die Realität des Alltags bezogen, auf das Verteilen von Aufgaben und Verantwortung, auf das Gestalten des Tagesablaufs, der Arbeit und Freizeit, auf die sozialen Beziehungen und Freundschaften, auf den Umgang mit dem Geld, auf die konkreten Zielsetzungen ihrer Gemeinschaft. Dabei ist das Paar besonders gefordert, konstruktive Formen der Auseinandersetzung zu finden, Trennendes und die Andersartigkeit des Partners anzunehmen und nicht in einen Machtkampf oder in einseitige Überanpassung zu entgleisen.

In dieser Phase werden sodann die Beziehungen zu den Herkunftsfamilien neu geregelt, wobei oftmals eine klare Abgrenzung aus Angst oder Schuldgefühlen heraus nicht gelingt. Manchmal entspinnt sich auch ein Kampf um das Besitzrecht zwischen den Eltern und dem einen Partner um den anderen Partner. Nach meiner Erfahrung geschieht dies in der Regel mehr zwischen der Mutter des Mannes und der Frau um den Mann; und eine klare Abgrenzung zu den Eltern kann auch erschwert sein, wenn die Eltern in die Betreuung von Kleinkindern stark involviert sind oder die Eltern schon alt und krank sind, ein Elternteil gestorben ist oder ähnliches.

Des weiteren formiert sich in dieser Phase die Paarbeziehung neu, wenn das erste Kind kommt. Es kommt zu Intimitätsverlusten in der Paarbeziehung, die sich zugunsten der Intimität zwischen Mutter-Kind und Vater-Kind entwickeln. Hier kommt es nicht selten zu Eifersuchtsgefühlen bei einem oder beiden Partnern – in der Regel mehr des Mannes, der sich vor allem in der ersten Lebenszeit des Kindes in bezug auf die Mutter-Kind-Dyade zurückgesetzt und ausgeschlossen fühlt.

3. Die Krise der mittleren Jahre

In der Aufbau- und Produktionsphase erzeugte die Fülle von äußeren Schwierigkeiten, die vom Paar zu bewältigen waren, ein hohes Maß an dyadischer Kohäsion. Selbst bei tiefgehenden ehelichen Differenzen und Problemen ließen die Größe und der Ernst der gemeinsamen Aufgabe die Möglichkeit des Auseinandergehens in den Hintergrund treten.

In den mittleren Jahren ändert sich die Situation grundlegend. In der Aufbau- und Produktionsphase lebte das Paar auf konkrete, in naher Zukunft zu realisierende Ziele hin, die jetzt entweder erreicht worden sind oder deren Erreichbarkeit unmittelbar abgeschätzt werden kann. Die berufliche Karriere des Mannes und/oder der Frau ist jetzt soweit festgelegt, daß deren zukünftiger Verlauf in relativ geringer Schwankungsbreite voraussehbar geworden ist. Damit ist auch der soziale Status der Familie bestimmt und der finanzielle Rahmen, in dem die Familie leben wird, gesteckt. Die Polstergruppe ist angeschafft, der Fernsehaltar aufgebaut, das Einfamilienhäuschen geplant oder bezogen; es besteht kaum ein Ziel von einiger Relevanz, worauf das Paar hinlebt und wodurch es zusammengehalten und strukturiert wird. Die Kinder sind nicht mehr in einem Alter, in dem die Anwesenheit beider Eltern für deren Entwicklung unbedingt erforderlich ist. Während das Paar in der Aufbau- und Produktionsphase bis an die Grenze seiner Leistungsfähigkeit beansprucht worden war und beide Partner sich nach mehr Ruhe und Freizeit sehnten, breitet sich jetzt, wo dieser Zustand erreichbar wird, eine große Leere aus (meiner Erfahrung nach muß dies jedoch nicht zwangsläufig so kommen).

Der gemeinsame Aufbau ist so weit gediehen, daß die Vollendung des Werkes das Paar nicht mehr zusammenschweißen wird. Willi beschreibt eine zweite Identitätskrise beider Partner, eine Art zweiter Pubertät. Bisherige Werte werden in Frage gestellt, es wird nicht mehr alles dem Aufbau und dem Zusammenhalt der Familie subsummiert. Willi meint in diesem Zusammenhang: »Der Nachholbedarf versagter und geopferter Lebensmöglichkeiten wird durch das bevorstehende Alter gewaltig gesteigert.« Er betont trotz gleichartiger Züge den Unterschied, den diese Situation in unserer Kultur für den Mann und die Frau bedeutet. Für den Mann sind beruflicher Erfolg und Prestige Werte, die eher schal geworden sind, gleichzeitig mag er nicht auf den bisher erworbenen Komfort verzichten. Häufig wird eine neue Belebung durch eine Liebesbeziehung mit einer jüngeren Frau gesucht. Auch Berufswechsel in diesem Alter dienen der Suche nach dem neuen Lebenssinn und Selbstbild.

Willi beschreibt die Situation der Frau in dieser Phase sehr negativ. Die Frau wird durch die jüngere Geliebte entwertet, erleidet einen hohen Verlust an körperlicher Attraktivität durch die ersten Falten. Sie muß ihre »Opfer« für die Familie in Frage stellen und hat – falls sie den Wiedereinstieg ins Berufsleben sucht – von ihrer beruflichen Qualifikation her schlechte Karten. Es ist für sie besonders schwer, eine lohnende neue Aufgabe zu finden.

Hierzu ein paar persönliche Bemerkungen: An dieser Stelle ist besonders deutlich, daß das Buch von Willi 1975 veröffentlicht wurde, also zu einer Zeit, in der tatsächlich viel weniger Bewußtsein und Selbstbewußtsein in bezug auf die Belange der Frau gerade in der zweiten Lebenshälfte vorhanden war.

4. Die Altersehe

Alter heißt für viele: Pensionierung des Mannes, Rückzug aus dem aktiven Leben ins Ghetto der Betagten, Witwen und Rentner, heißt Gebrechlichkeit, Krankheit und nahender Tod. Die alten Freunde und Bekannten sterben, die vertraute Umwelt verändert sich, man ist am Weltgeschehen nicht mehr direkt beteiligt und kommt in vielen Fragen nicht mehr mit. Das Paar rückt wieder enger zusammen.

Das Gleichgewicht verschiebt sich jetzt häufig zugunsten der Frau. Der Mann hält sich zu Hause auf, im Reich der Frau, wo sie ihn jetzt ganz für sich beanspruchen kann, ihn eventuell als Hausdiener hält oder ihn abhängig und hilflos macht. Die Partner hängen wieder mehr aneinander, sie blicken auf ein langes gemeinsames Leben zurück.

Besonders belastend ist der Tod eines Partners. Die wechselseitige Abhängigkeit und die Vertrautheit der Liebe haben das bisherige Leben erleichtert. Der Hinterbliebene muß nicht nur den Verlust des Partners, der ein Teil seines Lebens war, überwinden, er muß sich zusätzlich in die Abhängigkeit anderer, ihm eventuell fremder Menschen begeben. Die Frau ist in der Regel eher in der Lage, den Verlust des Mannes zu verarbeiten, weil sie gewohnt ist, den Haushalt zu führen.

Die Phasen als psychischer Entwicklungsprozeß unter den Gesichtspunkten Integration und Abgrenzung

Ich möchte an dieser Stelle ein eigenes Modell der Phasen der Paarbeziehung vorstellen, das wesentliche Gedanken bisher genannter Autoren enthält, jedoch eine eigenständige inhaltliche Ausgestaltung und Weiterführung enthält. Dabei gehe ich auf die erste Phase der Beziehungsgründung besonders ausführlich ein, da sich in dieser Phase die grundlegenden Beziehungsphantasien, die Motivation der Paarbindung und damit letztlich die Beziehungsfundamente selbst darstellen.

1. Phase: Kennenlernen und Verliebtheit

Die Symbiose in der Verliebtheit wird in der paartherapeutischen Literatur oft negativ bewertet (s. hierzu J. Böhm, Familiendynamik, 2, 88). Kritisch faßt Böhm zusammen: »Allenthalben wird von falschem Romantizismus, blinder Verliebtheit, unrealistischen Erwartungen, Regression auf narzißtische Entwicklungsstufen mit narzißtischer Idealisierung sowie von symbiotischer Verstrickung gesprochen.«

Nun liegen meines Erachtens hier Pro und Kontra zum Thema »Symbiose« besonders nahe zusammen und können leicht verwechselt werden. Ich möchte mit Böhm übereinstimmen, daß der Verliebtheit als Paargründungsphase eine wichtige und tragende Funktion für die spätere Paarbeziehung zukommt. Andererseits sehe ich durchaus die Gefahren, die in der romantischen Verliebtheit liegen. Es kann zu schweren Irrtümern im impliziten Beziehungsvertrag und entsprechenden Verkennungen des Partners kommen, wie schon an anderer Stelle beschrieben wurde (s. u. Kapitel 3).

Häufig ist auch der Übergang von der ersten Phase der Verliebtheit zur zweiten Phase, den mehr pragmatischen Auseinandersetzungen im Zusammenleben, sehr schwierig. Die gesellschaftlichen Ideologien mit ihrer Verherrlichung der romantischen Verliebtheit tragen das Ihre dazu bei. Nicht umsonst entscheiden sich immer mehr Singles, sich häufig zu verlieben, aber den Alltagskram tunlichst für sich allein zu bewältigen. Trotz all dieser Einschränkungen soll im folgenden die Phase der Verliebtheit in der Paarbeziehung beschrieben und gewürdigt werden.

Wie D. Revenstorf (1986) ausführte, sind die Symptome der Verliebtheit als Gegenstand wissenschaftlicher Erforschung und als wissenschaftliches Thema erst etwa seit Anfang der siebziger Jahre salonfähig geworden. Dion & Dion (1973) machten eine Faktorenanalyse des emotionalen Zustandes »jemanden zu lieben« und fanden dabei einen Generalfaktor, der auf so unterschiedlichen Gefühlen beruht wie
- Euphorie
- Depression
- Tagträumen
- Agitiertheit
- Schlaflosigkeit und Unkonzentriertheit.

Diese »Symptome« erinnern allerdings mehr an den Zustand der Verliebtheit. Tennov (1979) unterscheidet so auch wissenschaftlich zwischen Liebe und Verliebtheit und prägte den englischen Ausdruck »limerence« für Verliebtheit im Unterschied zu »love« für Liebe, da es im Englischen kein entsprechendes Wort für Verliebtheit gibt. Sie findet für Verliebtheit folgende Merkmale (durch mehrere Befragungen ermittelt):
- ständiges Kreisen der Gedanken um das limerence-Objekt (die geliebte Person);
- starkes Verlangen nach Erwiderung der Gefühle;
- Abhängigkeit der Stimmung von dem Verhalten des limerence-Objekts beziehungsweise dessen subjektiver Interpretation;
- Unfähigkeit, auf mehr als eine Person gleichzeitig »limerent« zu reagieren;
- Angst vor Zurückweisung und gelegentlich völlig lähmende Schüchternheit gegenüber dem anderen;
- Intensivierung der Gefühle bei Auftreten tatsächlicher oder eingebildeter Hindernisse;

- starke Sensibilisierung gegenüber Handlungen und ähnlichen Umständen, die als Gunst ausgelegt werden können, beziehungsweise geradezu akrobatische Rationalisierungen, um solche wahrscheinlich werden zu lassen (vgl. hierzu Patricia Highsmith: ›Der süße Wahn‹, Anm. d. A.)
- Schmerzen in der Herzgegend, wenn die Unsicherheit sehr groß wird;
- ein Gefühl von Beschwingtheit bei Anzeichen von Gunst;
- andere Belange treten weit in den Hintergrund;
- selektive Abstraktion: das Positive am limerence-Objekt wird hervorgehoben und das Negative heruntergespielt oder umgedeutet.

Die Verliebtheit kann in schlimmen Formen an eine Wahnsymptomatik grenzen. Das Selbstwertgefühl ist außerordentlich stark angesprochen, sei es im Sinne einer Bestätigung (und auch Idealisierung der eigenen Person) oder auch im Sinne einer Verwerfung und Kränkung im Falle einer einseitigen Verliebtheit. So wie es in einem Lied von Sally Oldfield heißt: You are the morning of my life, you are my darkest night!

Im negativen Fall kann Verliebtheit zu schweren Selbstzweifeln und Depressionen, zur Auslösung einer Psychose, zu Suchtmittelmißbrauch und auch zu Suizid führen. Verliebtheit kann Bindungs- und Verlustängste aktualisieren.

Im Falle einer gegenseitigen Verliebtheit sind allerdings starke Glücksgefühle die Regel, ebenso gehobenes Selbstbewußtsein, ein Gefühl des Getragen-, Geborgen- und Wertvoll-Seins. Die schon angesprochene Idealisierung der eigenen Person wirkt sich gegenseitig bestärkend auf das eigene Selbstwertgefühl aus. Das körperliche und psychische Erleben der Vereinigung mit einem anderen Menschen ist im Zustand der Verliebtheit besonders ausgeprägt, was auch Wechselwirkungen mit der Intensität der erlebten körperlich-erotischen Beziehung widerspiegelt.

> You. You are just under my skin ...
> You are deep in my heart
> It's just you're a part of me
> you, you are under my skin

In diesem Lied von Clifford Brown finden wir eindrucksvoll beschrieben, wie die Wahrnehmung der Ich-Grenzen im Zustand der Verliebtheit verfließt. Das Beziehungserleben ist demnach symbiotischer Natur. Aber im Gegensatz zu den beschriebenen chronischen symbiotischen Beziehungsstörungen hat es hier beim Aufbau einer Paarbeziehung eine positive Funktion.

J. Dominan (1981) führt hierzu wichtige Gesichtspunkte an: Die Verliebtheit, das heißt die erhöhten emotionalen und sexuellen Erwartungen, die gegenseitige Idealisierung und die Beziehungsphantasien werden als Grundlage für die erhöhte Anpassungsbereitschaft und -fähigkeit angesehen, die auch den Mut und die Kraft für Neuschöpfungen (Kinder) und Aufbauleistungen sowie für die Lösung aus alten Beziehungen (Eltern) geben. Alte Wunden aus bisherigen Lebenserfahrungen können in dieser engen Bindung geheilt werden. Verena Kast soll hier im gleichen Sinn zu Wort kommen. Sie schreibt in ihrem Buch ›Paare‹ (1984), daß aus uns in der Liebe durch einen anderen Menschen unsere besten Möglichkeiten »herausgeliebt« werden. Und weiter: »Diese Idealisierung entspricht dem Wesen der Liebe. Sie bewirkt, daß unsere besten Möglichkeiten entbunden werden und wir uns über unser Gewordensein hinaus verändern können. Als Liebende sehen wir uns selbst, aber auch den Partner so, wie Gott uns gemeint haben könnte. Das ist das ungeheuer Stimulierende an der Liebe, daß sie uns in Beziehungsphantasien selber in einem neuen Lichte zeigt.«

Im Verliebtsein wird also das Trennende, was uns sonst oft im Zusammenleben mit anderen viel Kraft kostet, aufgehoben. Das Erleben von Eins-Sein im körperlich-seelischen Erleben ist das bestimmende Moment. In diesem Erleben des Eins-Seins findet sich auch die Dimension des Aufgehobenseins, des Beschützt- und Geborgenseins. Die Parallelen zum Erleben des Kindes, das sich im Mutterschoß gewiegt, aufgehoben und geborgen fühlt, sind daher sehr nahe. So gibt es im Amerikanischen das häufig gebrauchte Kosewort »Baby«, das Verliebte im Umgang miteinander verwenden. Dasselbe gilt natürlich für andere Koseformen bei Verliebten, die eine Verniedlichung und Verkindlichung andeuten. Auch wenn für Außenstehende diese Umgangsformen leicht den Charakter einer Karikatur bekommen, ist es für die Betroffenen selbst doch ein glückliches Abtauchen in eine kindliche Regression, in ein kindliches Aufgehobensein im Vertrauen auf die schützende und wohlwollende Hand eines anderen Menschen. Diese Empfindungen gehen im genannten Sinn sehr tief, da sie an Urerfahrungen unserer eigenen Existenz anknüpfen. Auch in manchen religiösen Vorstellungen, vor allem wenn es sich um personifizierte Gottesbilder handelt, werden in der Liebe zu Gott und zu göttlichen Figuren die gleichen Ursehnsüchte nach Geborgenheit und Aufgehobensein angesprochen.

Davon zeugt zum Beispiel der folgende Vers aus dem Weihnachtsoratorium (6. Teil) von Johann Sebastian Bach:

> So geht! Genug, mein Schatz geht nicht von hier,
> Er bleibet da bei mir,
> Ich will ihn auch nicht von mir lassen,
> sein Arm wird mich aus Lieb
> Mit sanftmutsvollem Trieb umfassen;
> Er soll mein Bräutigam verbleiben,
> Ich will ihm Brust und Herz verschreiben.
> Ich weiß gewiß, er liebet mich,
> Mein Herz liebt ihn auch inniglich
> Und wird ihn ewig ehren.
> Was könnte mich nun für ein Feind
> Bei solchem Glück versehren!
> Du, Jesu, bist und bleibst mein Freund.

Neben den Wünschen nach Geborgenheit und Unterstützung in bezug auf die angesprochenen Beziehungsphantasien spielt die Bewunderung des anderen eine wichtige Rolle. Mit Schellenbaum (1986) möchte ich die These vertreten, daß der andere in bestimmten Wesenseigenschaften, äußerlichen Attributen und Fähigkeiten ein Selbst-Ideal der verliebten Person verkörpert. Umgekehrt sieht der andere etwas in der angesprochenen Person, was er bewundert, was ihn fasziniert, was er auf jeden Fall bejaht und fördern möchte. Diese gegenseitige Dynamik der Idealisierung und Bestätigung wird insbesondere von Kast positiv hervorgehoben.

Ich möchte daran folgenden Gedanken anknüpfen: Der andere sagt »ja« zu mir, zu meiner Eigenart, er meint *mich*. Diese grundsätzliche Bestätigung, daß ich gut bin und daß ich Bedeutung habe für jemanden, der mir nahesteht, daß ich in diesem Sinn eine Existenzberechtigung habe, ist vielleicht ein psychologisches Urbedürfnis des Menschen, notwendiger als jemals zuvor aber in unserer modernen Industriegesellschaft. Je weniger es selbstverständlich ist, daß ich im Familienverband meinen Platz habe, allein durch die Blutsverwandtschaft und die Wirtschaftsgemeinschaft, die ich mit meinem Familienverband bilde, der das Überleben aller sichert, um so individueller die Beziehungen gestaltet werden und auf dem Grundprinzip der freien Wahl beruhen, um so mehr brauche ich die Bestätigung, daß ich es wert bin, gewählt zu werden, daß es meine persönliche Eigenart ist, die vom anderen gesucht wird, und umgekehrt. Nach Kast brauche ich die Liebe des anderen, um mich in bestimmten Persönlichkeitsanteilen bestätigt zu sehen, mich ermutigt zu sehen, diese Eigenschaften zu fördern und persönlich zu wachsen. Sie formuliert es folgendermaßen:

»In der (Beziehungs-)Phantasie zeigt sich nicht nur, was dieser Partner etwa für mich sein könnte, was ich in ihm sehe, sondern auch meine Vorstellung davon, was er oder sie aus mir herausliebt, welche besten oder schlechtesten Züge er oder sie in mir belebt.« (Kast 1984)

Auch Watzlawick (1969) geht auf die Notwendigkeit der Bestätigung zwischen zwei Menschen, die eine Paarbeziehung eingehen, ein. Er meint weniger eine inhaltliche positive Bestätigung, sondern vielmehr den Vorgang der Selbstdefinition, der nicht unabhängig vom anderen vor sich gehen kann. Sein Grundgedanke ist, daß zwei Menschen im Umgang miteinander eine *Wirklichkeitskonstruktion* herstellen, wie einer *sei*. Martin Buber sagt es in seinem berühmten Satz: »Der Mensch wird am Du zum Ich« (vgl. hierzu Kapitel 4).

Im umgekehrten Fall, der Nicht-Bestätigung, der Nicht-Liebe durch den anderen, fühle ich mich also verworfen, bedeutungslos – möglicherweise nicht nur für ihn, sondern überhaupt. Es erklärt, warum eine unglückliche Liebe uns bis ins Innerste trifft, uns Fragen nach unserer grundsätzlichen Daseinsberechtigung nahelegt. Wie Hermann Hesse sagte: »Allem Anfang wohnt ein Zauber inne«, so ist es sicher in besonderem Maße mit der Begegnung zweier Menschen, die sich ineinander verlieben. Dieser Zauber geht in vielen Beziehungen verloren und weicht der bitteren Enttäuschung, daß das Leben, das sie miteinander führen, leider nicht viel mit dem gemein hat, was sie sich einmal vorgestellt haben. Diese Enttäuschungen hängen meines Erachtens tatsächlich mit unrealistischen Beziehungserwartungen und unausgesprochenen Vorstellungen in bezug auf die Leistungen des anderen zusammen.

Manchen Paaren gelingt es, einigermaßen den Blick für die Realitäten eines Zusammenlebens zu behalten und dennoch einen Funken dieses frühen Zaubers zu bewahren beziehungsweise ihn gelegentlich neu zu zünden. Aus paartherapeutischer Sicht können wir einen Beitrag leisten, diesen Funken noch einmal aufleuchten zu lassen. Manchmal lasse ich ein Paar ein gemeinsames Bild malen über ihre erste Begegnung. An welche Situation(en) können sie sich erinnern? Wie war ihre Lebenssituation damals? Was hat ihnen am anderen besonders imponiert? Welche Vorstellungen haben sie mit einer Paarbeziehung mit diesem Mann/dieser Frau verbunden? Ich nenne diese Bilder »Bilder der ersten Begegnung«. Die Übung kann als Eröffnung dienen, sich mit dem impliziten Beziehungsvertrag auseinanderzusetzen. Sie kann aber auch die Funktion haben, sich an die guten Zeiten der ersten Begegnung zu erinnern und sich bewußtzumachen, was am anderen so bezaubert hat.

Die Zeit und die Erfahrungen in der Partnerschaft verändern auch die Erinnerung und die Bewertung des Kennenlernens und der ersten Begegnung als Paar. Für manche Paare stellt diese Erinnerung eine Ressource dar, sie erinnern sich gern an diese Zeit und können sich immer mal wieder neu ineinander verlieben – was bedeutet, daß sie das, was sie im anderen gesucht haben, wiederfinden und sich aufs neue in ihrer Partnerwahl bestätigen können.

Für andere ist es eher eine Quelle der Enttäuschung, eine Bestätigung, daß der andere nicht das gehalten hat, was er damals (scheinbar) versprochen hat.

Auch dann ist die Erinnerung an die erste Begegnung therapeutisch von Bedeutung, denn sie macht in besonderer Weise die Beziehungsphantasien deutlich, die bestanden haben. In diesen Beziehungsphantasien liegen ja unsere geheimen Wünsche, Sehnsüchte und Träume, was eine Paarbeziehung anbelangt – und diese Wünsche bestehen normalerweise fort, auch wenn sie sich nicht erfüllt haben. Die Beziehungsphantasien, die ich an eine Paarbildung knüpfe, sagen mehr über mich aus als über den anderen ...

2. Phase: Alltagsbewältigung, Auseinandersetzung

In dieser Phase lernen viele Paare den anderen als Konfliktpartner kennen. Während bisher die Vereinheitlichung und Idealisierung im Vordergrund stand, gibt es jetzt ein Erkennen des anderen als Menschen mit anderen Bedürfnissen, Werthaltungen und Interessen. Der Übergang von der »ersten« zur »zweiten Liebesphase«, wie Walter Hollstein und Eva Jaeggi dies in ihrem Buch ›Wenn Ehen älter werden‹ (1985) benennen, wird von vielen Paaren als besonderer Seiltanzakt erlebt. Jaeggi und Hollstein zitieren in diesem Zusammenhang Christa Wolfs Erzählung ›Der geteilte Himmel‹:

»Sah sie ihn denn zum erstenmal? Das nicht. Doch wer kennt nicht die Schwierigkeit, den wirklich zu sehen, den man liebt? In diesen wenigen Sekunden rückte Manfred aus der unscharfen Nähe in einen Abstand, der erlaubt zu mustern, zu messen, zu beurteilen. Es heißt, dieser unvermeidliche Augenblick sei das Ende der Liebe. Aber es ist nur das Ende der Verzauberung. Einer der vielen Augenblicke, dem die Liebe standzuhalten hat.«

Der Geliebte wird zum Gegenüber. Christa Wolf bemerkt nur zu Recht, daß solches mitnichten das Ende der Liebe bedeutet. Aber die Liebe nimmt eine andere Realität an; es ließe sich auch sagen, daß sie sich erweitert. Bewunderung, Verzauberung und Vereinigung bleiben, wenn die Partnerschaft einzuhalten vermag, was entstandene Liebe versprochen hat und vor allem auszuhalten imstande ist, was räumliche Nähe ganz einfach bedingt: Die Liebenden treten aus der Idealisierung der räumlichen Distanz und der ersten Verzückung hinaus und werden in der Gemeinsamkeit des Ortes und der Zeit im Alltag sichtbarer. (Jaeggi/Hollstein 1986)

Der Übergang von der ersten zur zweiten Liebesphase ist die Überwindung der Symbiose. Sie ist notwendig in jeder Paarbeziehung, will sie auf längere Sicht beiden Partnern psychische Gesundheit erhalten und ermöglichen. Manche Paare versuchen lange Jahre diesen oft schmerzhaften inneren Trennungsprozeß zu vermeiden, und nach vielen Ehejahren heißt es immer noch: »Aber damals hast du, bist du ...« Der Ehepartner wird immer noch nicht als Gegenüber gesehen – als ein Gegenüber, über das man nicht verfügen kann, sondern mit dem man sich nur einigen kann. Oder ein Gegenüber, das man loslassen muß, falls die Gegensätze zu unüberwindlich erscheinen.

Im positiven Fall gelingt es vielen Paaren, die Verschiedenheit als Bereicherung anzusehen und sie als Potential für die Paarbeziehung und gegebenenfalls für die Familie zu nutzen. Die Paare sind in dieser Phase besonders gefordert, Konflikte offen und fair auszutragen, soziale Kompromisse zu erarbeiten und gegenseitiges Einfühlungsvermögen zu entwickeln. Dies setzt jedoch die Würdigung des anderen als einen von der eigenen Person verschiedenen Menschen voraus. Manche Paare trennen sich auch in dieser Phase wieder. Einer oder beide stellen fest, daß die Verschiedenheiten zu groß sind und kaum eine gemeinsame Basis gefunden werden kann.

Im ungünstigen Fall bleiben die Paare trotz schwerwiegender Unverträglichkeit zusammen und versuchen sich gegenseitig im gewünschten Sinn zu verändern und zu manipulieren. Das sind die beschriebenen Formen des Machtkampfes und der gegenseitigen Entwertung. Einer wirft dem anderen vor, sich »falsch« zu verhalten. Es werden Bündnispartner gesucht, die bestätigen sollen, daß man selbst »richtig«, der andere aber »falsch« liegt. Kommuniziert wird in der Regel mit negativen »Du-Botschaften«, die besonders geeignet sind, daß Konflikte nicht zur Lösung kommen, sich dafür aber ein feindseliges und angespanntes Verhältnis chronifiziert.

Manchmal werden die anstehenden Konflikte auch nicht ausgetragen. Einer oder beide haben Angst vor der offenen Auseinandersetzung. In der Regel geht es dabei um Trennungsängste und Phantasien, eine offene Auseinandersetzung würde so schwerwiegende Konflikte ans Licht bringen, daß die Beziehung daran scheitern müßte. Dabei wirken sich die nicht ausgetragenen Konflikte in der Paarbeziehung in der Regel ähnlich destruktiv aus wie die aggressiven und machtorientierten Formen der Auseinandersetzung. Die Konflikt-Vermeidungshaltungen führen zu Verunsicherung und zu Entfremdung sowie einer schleichenden Aushöhlung des Selbstwertgefühls bei einem oder beiden Partnern.

3. Phase: Sich selbst wiederfinden

In dieser Phase, in der Regel nach einigen Jahren seit Gründung der Paarbeziehung (und eventuell Familiengründung), setzt bei vielen Paaren ein gegenseitiger Prozeß der Rückbesinnung auf die eigene Person, eigene Werte und Zielsetzungen, eigene Interessen und Freunde und so weiter ein. Wünsche werden laut nach dem eigenen Zimmer, dem Ausgang mit anderen Freunden, auch mal ohne den Partner. Viele Frauen streben den Wiedereinstieg ins Berufsleben an. Im Grunde ist diese Phase genauso notwendig und aufbauend wie alle anderen, sie enthält aber auch spezifische Krisenmomente und die Möglichkeit, destruktiv zu entgleisen.

Nachdem die Jahre zuvor der Aufbau der Paarbeziehung und die Familiengründung im Vordergrund gestanden haben, ist jetzt eine Rückbesinnung auf die eigene Person auch im Sinne einer Lebensbilanz notwendig. Hat sich einer zu sehr für die Beziehung aufgegeben und in eigenen Lebensplänen beirren lassen? Was sind Wünsche und Bedürfnisse, die im Laufe der Zeit zu kurz gekommen sind? Gibt es einen eigenen privaten Raum, der in der Beziehung respektiert wird? All diese Fragen und Bestandsaufnahmen helfen, die eigene Person im Rahmen der Zweierbeziehung auszumachen und ihre Konturen zu umschreiben. Das Gefühl der persönlichen Identität auch im Rahmen einer langjährigen Zweierbeziehung muß erhalten bleiben, damit beide auf Dauer gesund bleiben können.

Die Krisenmomente dieses Auf-sich-selbst-Besinnens liegen in der Angst des einen, der andere könne sich zu weit von ihm entfernen. Die Betonung des Eigenlebens wird als Signal für die Trennung angesehen und damit bedrohlich erlebt. Die Beziehung braucht einen gewissen Bestand und eine vertrauensvolle Basis, damit jeder sich beruhigt auch auf sich selbst besinnen kann. Andererseits kann bei chronisch konfliktträchtigen Beziehungen die Rückbesinnung auf die eigene Person auch ein hilfreicher Ausgangspunkt sein, um die Trennung einzuleiten und sich persönliche Autonomie zu erobern.

4. Phase: Reintegration

In dieser Phase geht es darum, das Eigenleben, das, was jede Person ist und bleibt, im Rahmen einer Zweierbeziehung zu integrieren. Schrankenloser Individualismus schließt eine tragfähige Paarbeziehung aus, und ebenso kann sich einer nicht im anderen auflösen. Hier müssen also die Konturen gefunden werden, die der Paarbeziehung ebenso wie der einzelnen Person Lebensraum gewährleisten.

Ist ein Paar nie für sich allein, wird der Lebensraum des Paares (Intimität, Wir-Bewußtsein und Geschlossenheit) ruiniert, ist die Einzelperson nie für sich allein, wird ihr (Er-)Lebens- und Entwicklungsspielraum verkümmern.

Jede Phase stellt eine eigene Herausforderung und einen Reifungsschritt in der Entwicklung einer tragfähigen Paarbeziehung dar. Auch wenn eine gewisse Chronologie nicht zu bestreiten ist, versteht es sich hier von selbst, daß Überlappungen der einzelnen Herausforderungen und Krisenmomente möglich und denkbar sind. In diesem Sinn werden die Defizite (das, was bisher nie konstruktiv gelernt worden ist) immer wieder auftauchen, auch in späteren Paarbeziehungen.

Die graphische Darstellung des Prozeßmodells:

1. Phase: Symbiose, Verliebtheit

Das Wir-Gefühl ist bestimmend. Die Ich-Grenzen sind im Erleben aufgehoben zugunsten des Gemeinsamen.

2. Phase: Auseinandersetzung

destruktiv:
Konfliktvermeidung,
Machtkampf

konstruktiv: Austausch gegensätzlicher Standpunkte und Bedürfnisse, Herausarbeiten fairer Kompromisse, mit denen sich jeder identifizieren kann

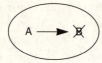 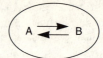

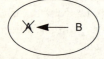

3. Phase: Sich selbst wiederfinden

Sich selbst als eigenständige Person erleben. Den eigenen Standpunkt immer wieder aufs neue herausfinden können.

4. Phase: Integration

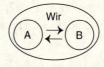

Ich und Du sind klar zu unterscheiden. Jede Person hat persönlichen Raum, der gegenseitig akzeptiert wird. Ich und Du sind aufgehoben in einem gemeinsamen Rahmen, mit dem beide identifiziert sind.

Kapitel 9:

Ein Modell von Paartherapie im Überblick

Das verkürzte integrative Modell von Paartherapie auf vier Zeitebenen im Überblick:

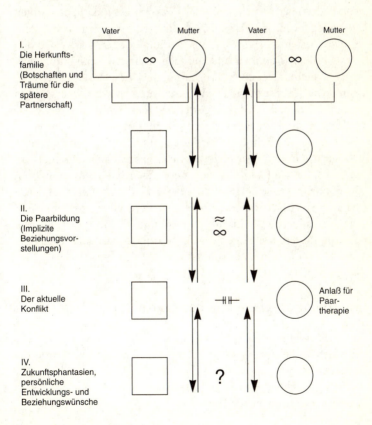

Dieses Übersichtsmodell orientiert sich bei aller Bezogenheit auf das »Hier und Jetzt« an der lebensgeschichtlichen Entwicklung von Beziehungskonflikten. In der Paartherapie geht man dabei von der Klärung und Beschreibung aktuell vorgestellter Konflikte aus und versucht auf der Ebene der Phantasien und Wünsche den Beziehungsträumen beider Partner zu folgen, sei es zunächst in die Zukunft, dann zurück in die Gegenwart und Vergangenheit oder umgekehrt.

Dabei werden die impliziten Beziehungsvorstellungen beider Partner expliziert und ihre persönlichen Wünsche deutlich gemacht, so daß sie sich im wahrsten Sinne des Wortes besser verstehen lernen. Ob sich damit das Beziehungsfundament festigen kann oder ob massive Unverträglichkeiten zutage treten, ist offen.

Die Beziehungswünsche und -träume des einzelnen werden dabei ernst genommen und zum gegenseitigen Verständnis herausgearbeitet (s. auch das Verfahren der »Konstruktdifferenzierung«, nach Willi 1992). Die Wünsche und Träume des einzelnen sollen dabei nicht in Frage gestellt werden, wohl aber die Möglichkeiten der jeweiligen Verwirklichung.

Hier stoßen wir als Paartherapeuten in der gemeinsamen Arbeit mit einem Paar nicht an die Grenzen einer »Realität« an sich, sondern an die Grenzen der Wirklichkeit eines anderen Menschen. Diese erfahrbare »Wirklichkeit« eines anderen Menschen wiederum bedeutet für den einzelnen, neben seinen eigenen auch die Wünsche und Träume, Gefühle, Ängste und Bedingtheiten, Vermögen und Unvermögen des anderen zu erfassen und da sein zu lassen.

Interventionsebenen in der Paartherapie

1. »Hier und Jetzt«
Eintritt in die Paartherapie. Aktuell bestehende und vorgetragene Konflikte.

Systemische Beobachtungskriterien: Wie werden die bestehenden Konflikte ausgetragen?

Destruktive Formen: Negative »Du-Botschaften« auf der Ebene der verbalen Kommunikation. Inkongruenzen in der Kommunikation. Mangelhaftes Zuhören und gegenseitiges Verstehen.

Strukturelle Probleme: Machtkampf, Konfliktvermeidung.

Welche Konfliktinhalte sind angesprochen, zum Beispiel zu den Themen: persönliche Freiräume, Sexualität, Kindererziehung, Rollenverteilung, Haushalt, Finanzen, Freizeitgestaltung u. a.

Interventionsebene: Faires Streiten lernen: eigene Gefühle und Wünsche äußern, andere Bedürfnisse gelten lassen. Nach beideseitig akzeptablen Lösungen suchen. Gegenseitige Bestätigung lernen. Förderung der Beziehungskultur auf der Paarebene.

2. Die Phase der Paarbildung;
implizite Beziehungsvorstellungen.
Rekonstruktion, Bewußtmachen und Gegenüberstellen impliziter wechselseitiger Beziehungsvorstellungen: Sind sie komplementär und verträglich, oder sind in ihnen schon grundlegende Konflikte zur Beziehungsgestaltung angelegt?

Welcher Art (Inhalte) sind die wechselseitigen Beziehungsträume heute?

3. Die Rekonstruktion der Herkunftsfamilien
Es handelt sich vor allem um die Rekonstruktion der Botschaften und Träume, die aus den persönlichen Erfahrungen mit und in den Herkunftsfamilien der jeweiligen Partner kommen und in die Gestaltung und das Erleben der jetzigen Paarbeziehung hineinwirken.

Dabei spielen zum Beispiel das (Anti-)Modell der Elternehe, unerfüllte Grundbedürfnisse, Aufträge und Delegationen, mangelhafte Ablösung und geschlechtsspezifische Vorbilder aus der Herkunftsfamilie für das Erleben und die Gestaltung der jetzigen Paarbeziehung eine bestimmende Rolle.

4. Zukunftswünsche

Sind die angestrebten Zukunftswünsche, -vorstellungen und Entwicklungsbedürfnisse beider Partner verträglich und vereinbar, oder schließen sie sich an bestimmten Punkten gegenseitig aus? Wie sind dabei Kontroverses und Übereinstimmendes zu bewerten? Wie offen oder verdeckt werden persönliche Entwicklungswünsche ausgetragen?

Können sich beide im Fall unvereinbarer Entwicklungswünsche gegenseitig loslassen und sich eigenständige persönliche Entwicklungen einräumen? Oder wird im Rahmen symbiotischen Beziehungserlebens die Verselbständigung des Partners als persönliche Zurückweisung und Kränkung erlebt und verbucht?

Was stellen sich beide Partner vor, was sie mit einer »erfolgreichen« Paartherapie zusammen und für sich persönlich erreichen können?

Welche Beziehungsvorstellungen hat jeder einzelne für die weitere Zukunft? Inwieweit sind diese Vorstellungen gegenseitig verträglich? Wie offen oder verdeckt werden diese Vorstellungen ausgetragen? (Möglicherweise geben getrennt geführte Gespräche darüber Aufschluß.)

Finale

In diesem Abschlußkapitel soll als Beispiel für eine geglückte Paarbeziehung eine Momentaufnahme partnerschaftlicher Interaktion, die als Dialog dem Roman ›Besessen‹ von A. Byatt entnommen wurde, vorgestellt werden.

Vorab ein paar erklärende Bemerkungen zur Romanhandlung: Zwei englische Literaturwissenschaftler haben sich im Rahmen ihrer Arbeit ineinander verliebt. Sie ist schon erfolgreich in ihrem Fach, er ist es (noch) nicht. Nachdem beide eine gemeinsame spannende literarische Forschungsarbeit zum Abschluß gebracht haben, geht es nun um die (Beziehungs-)Frage, ob sich ihre Wege hiermit trennen oder eine weitere Beziehung Bestand haben könnte.

Im folgenden wird der Moment, oder besser gesagt der Prozeß, in dem sich ihre Paarbeziehung gründet, beschrieben:

Geistesabwesend strich er über ihr feuchtes Haar. Maud fragte: »Und jetzt?«

»Was meinst du damit?«

»Was passiert jetzt? Mit uns?«

»Du wirst deinen Rechtsstreit durchfechten müssen. Und die Briefe [literarischer Briefwechsel zwischen R. Ash und Ch. LaMotte, Anm. d. A.] herausgeben. Ich habe verschiedenes vor.«

»Ich dachte, könnten wir beide die Briefe zusammen edieren?«

»Das ist nett von dir, aber es ist nicht nötig. Du bist die zentrale Figur der ganzen Geschichte, immer mehr. Ich habe mich nur hineingestohlen, im wahrsten Sinn des Wortes. Aber ich habe einiges gelernt.«

»Was hast du gelernt?«

»Oh, von Ash und Vico, über die Sprache der Poesie. Ich – ich habe verschiedenes zu schreiben.«

»Bist du mir böse? Es kommt mir so vor. Warum?«

»Nein. Das heißt doch, ich war es. Deine Selbstsicherheit wissenschaftlich, als Feministin, auch mit den Leuten aus Deiner Schicht [niederer englischer Landadel, Anm. d. A.], aus deiner Welt ... Ich habe gar nichts – ich hatte nichts, besser gesagt. Und ich habe angefangen, dich gern zu haben. Stolz ist in diesem Zusammenhang veraltet, ich weiß, aber mir hat es trotzdem etwas ausgemacht.

[...]

Maud sagte: »Mir ist« – und schwieg.

Er sah sie an. Ihr Gesicht wirkte im Kerzenlicht wie aus Marmor gemeißelt. Eisige Höflichkeit, unbeirrbare Undurchdringlichkeit, wie er sich in Gedanken oft gesagt hatte. Er sagte:

»Ich habe dir noch nicht erzählt, daß mir drei Jobs angeboten worden sind. In Hongkong, Barcelona und Amsterdam. Die ganze Welt steht mir offen. Ich werde nicht da sein, um die Briefe mit dir zu edieren. Sie haben nichts mit mir zu tun.«

Maud sagte: » Mir ist –«

»Was ist?« fragte Roland.

»Wenn ich irgendwas empfinde, wird mir am ganzen Körper eiskalt. Ich gefriere. Ich kann nicht darüber sprechen. Ich kann nicht mit Emotionen umgehen.« Sie zitterte. Sie sah immer noch kühl und etwas verächtlich aus, schuld waren ihre ebenmäßigen Züge.

Roland sagte: »Warum wird dir kalt?« Seine Stimme klang sanft.

»Ich habe es analysiert. Es liegt an meinem Aussehen. Wenn man eine bestimmte Art von gutem Aussehen hat, gehen die anderen mit einem um, als wäre man eine Art von Besitz. Als wäre man nicht lebendig, nur weil man so ...«

»So schön«, sagte Roland.

»Ja klar. Man wird zu einer Art Eigentum oder zu einem Götzenbild. Das will ich nicht. Aber so war es jedesmal.«

»So muß es aber nicht sein«.

»Aber du hast mich auch nicht gemocht, als wir uns kennengelernt haben. Ich kann damit umgehen. Ich benutze es sogar.«

»Ja. Aber willst du immer allein sein? Willst du das wirklich?«

»Es geht mir wie ihr [Ch. LaMotte, eine Lyrikerin des 19. Jahrhunderts, Anm. d. A.]. Ich verbarrikadiere mich hinter meinem Schutzwall, damit ich meine Arbeit tun kann. Ich weiß, was sie für ihr unzerstörtes Ei empfand, ihre Autonomie, ihre Selbstgenügsamkeit. Ich kann mir nicht vorstellen, darauf zu verzichten. Verstehst du das?«

»O ja.«

»Ich schreibe über Schwellen, Pforten, Bastionen, Festungen, Eindringlinge, Invasoren.«

»Gewiß.«

»Damit habe ich nichts zu tun. Ich bin selbst einsam.«

»Ich weiß. Du würdest nie die Grenzen verwischen.«

»Mich vordrängen –«

»Nein, und deshalb fühle ich ...«

»Du fühlst dich sicher.«

»Oh, nein, überhaupt nicht. Ich liebe dich. Ich wollte, ich täte es nicht.«

»Ich liebe dich auch«, sagte Roland. »Es paßt mir nicht in den Kram, jetzt, wo ich endlich eine Zukunft habe. Aber so ist es nun mal. Schlimmer konnte es nicht kommen. Alles, was wir gelernt haben, nicht zu glauben, die völlige Besessenheit, bei Tag und Nacht. Wenn ich dich sehe, dann bist du lebendig, und alles übrige, es verschwindet einfach. Löst sich in Luft auf.«

»Eisige Höflichkeit, unbeirrbare Undurchdringlichkeit.«

»Woher weißt du das?«

»Das denkt jeder von mir. Fergus [vorangegangener Liebhaber, Anm. d. A.] zum Beispiel.«

»Fergus vereinnahmt Leute. Ich kann dir nicht viel anbieten. Aber ich kann dich du sein lassen, ohne dich zu vereinnahmen.«

»In Hongkong, Barcelona oder Amsterdam?«

»Ja natürlich, wenn ich dort bin. Ich werde deine Autonomie nicht bedrohen.«

»Oder bleib hier und liebe mich«, sagte Maud. »Liebe ist etwas Furchtbares ... sie zerstört.«

»Sie kann auch raffiniert sein und erfindungsreich«, sagte Roland. »Wir können uns Schliche und Wege ausdenken, nach Amsterdam ist es nicht weit.«

Kalte Hände berührten sich.

»Komm, gehen wir ins Bett«, sagte Roland. »Mach dir keine Sorgen.«

»Davor habe ich auch Angst.«

»Sei nicht so ein Feigling. Ich paß schon auf dich auf.« Und sie zogen die ungewohnten Kleidungsstücke aus, Croppers vielfarbige Leihgaben [Situationskomik, die sich aus der Geschichte ergibt, Anm. d. A.], und kletterten nackt in die Tiefen des Himmelbetts und seiner Matratzen und bliesen die Kerzen aus. Und langsam und unendlich behutsam, unter zahllosen Verzögerungen und Ablenkungen und indirekten Annäherungen, bemächtigte sich Roland schließlich ihrer weißen Kühle und ergriff Besitz von ihr und erwärmte sie mit seinem Körper, bis es keine Grenzen mehr zu geben schien; und im Morgengrauen hörte er wie aus weiter Ferne ihre helle Stimme, freudig und triumphierend, ungehemmt und furchtlos.

Wie in einem Finale zeigen sich noch einmal fast alle Themen, die in diesem Buch angesprochen wurden. Das vorgestellte Paar befindet sich in der Phase des Kennenlernens und der Verliebtheit. Alte Sehnsüchte stellen sich in den Beziehungsphantasien, die mit dem anderen verbunden werden, dar. Es ist ein großes Glück, das beide erfahren, wenn sich diese gegenseitigen Beziehungsideen und -wünsche im Zusammensein mit dem anderen erfüllen. Alte Wunden schließen sich.

Es entwickelt sich Kraft und Mut für neue Entwicklungen, für den Aufbau einer Paarbeziehung. Das Selbstwertgefühl von beiden wird gestärkt.

Es werden Vorstellungen zu Liebe und Vorstellungen vom Zusammenleben angesprochen. Als Vertreter ihrer Generation und gesellschaftlichen Schicht (Akademiker, Bildungsbürgertum) schreiben sie die persönliche Autonomie groß, müssen sich aber auch mit Einsamkeitsgefühlen und Sehnsüchten nach Nähe auseinandersetzen. Wie das alles unter einen Hut bekommen?

Sie vertreten mit diesen Ideen zwar nicht alle Paare unserer Generation, aber zumindest einen beträchtlichen Teil der Bevölkerung und sind damit mit diesen Widersprüchen nicht allein, wie im Kapitel über die zeitgenössischen Ideologien zu lesen war.

Wir erfahren, daß sie Zärtlichkeiten austauschen, so daß wir davon ausgehen können, daß sowohl die analoge (Körpersprache) wie die digitale Kommunikation (Worte) zum Zuge kommen. Gerade die Körpersprache, die Ebene der Berührungen, Zärtlichkeiten und Sexualität, ist ein besonderes Merkmal, das Paarbeziehungen von anderen nahen Beziehungen zwischen Erwachsenen unterscheidet und in dieser Phase des Verliebtseins im Erleben eine bestimmende Rolle spielt.

In bezug auf die Ebenen der Kommunikation finden wir bei diesem Paar eine Kongruenz: Sie sprechen über sich, über ihre Gefühle und Wünsche, ihre Hoffnungen und Ängste. Sie öffnen sich dem anderen, gewähren Einblicke in ihr Innenleben, die Welt ihrer Gefühle und Gedanken und ihr Beziehungserleben. Insofern erfüllen sie zwei Kriterien einer »guten« Paarbeziehung, wie Donovan einmal gesagt hat: Sie sind ehrlich und zärtlich zueinander.

Es wird von beiden angesprochen, was sie aneinander suchen und gefunden haben, wie sie sich in ihrer Unterschiedlichkeit gegenseitig eine Bereicherung darstellen. Es werden Ängste und Besorgnisse hinsichtlich ihrer subjektiv erlebten mangelnden Gleichwertigkeit angesprochen. Thema ist Symmetrie und Komplementarität in dieser beginnenden Paarbeziehung.

Gleichzeitig werden weitere wichtige Momente thematisiert, die uns im Laufe des Buches beschäftigt haben: Es handelt sich um die impliziten Beziehungsvorstellungen, die jeder mit sich trägt. Was denkt und wünscht jeder, wie eine Mann-Frau-Beziehung, wie ihre Paarbeziehung aussehen sollte? Wieviel Individualität soll gewürdigt werden, und was sind die Brücken der Gemeinsamkeit? Wieviel Flexibilität ist notwendig (bei beiden), um zusammenzukommen? Was sind die Ich- und Du-Bastionen und was sind wir? Hinsichtlich der impliziten Beziehungsvorstellungen wird bei diesem Paar eine Menge expliziert!

Sie tauschen ihre Vorstellungen zum Thema »Grenzen« aus. Der »Beziehungsvertrag« bei diesen beiden sieht vor, daß sie nicht in ein symbiotisches Beziehungsverhalten abstürzen wollen, sie sichern sich gegenseitig Respekt vor der jeweiligen persönlichen Integrität zu.

Im Zustand der Verliebtheit, der erotischen Anziehung, in diesem Strudel der Verschmelzung, ist der Umgang mit Grenzen eine besondere Kunst: Indem sie diese Grenzen der Person »tagsüber« achten, können sie diese Grenzen auch »nachts« aufgeben, sich fallen lassen, sich öffnen, über sich hinauswachsen und ineinander aufgehen im Bereich der Sexualität und körperlichen Nähe, um am nächsten Tag aufzuwachen und gestärkt festzustellen: *Ich bleibe Ich, und Du bleibst Du, aber wir sind ein Paar.*

Danksagung

Ich danke Frau Dr. Rosemarie Welter-Enderlein, die 1989 auf einer Fachtagung für Paartherapie uns Praktiker an der »blühenden Basis« aufgefordert hat, unsere Erfahrungen niederzuschreiben und damit den ersten Anstoß für die Abfassung dieser Arbeit gegeben hat.

Weiter danke ich allen Ausbildern des Instituts für Familientherapie Weinheim, die mich Familientherapie gelehrt haben, insbesondere aber Rudolf Kaufmann, dem ich wesentliche Grundgedanken auf dem Gebiet der Paartherapie verdanke.

Ich danke Prof. Dr. Dirk Zimmer, der mich Praktisches und Brauchbares auf dem Gebiet der Kommunikationstherapie mit Paaren gelehrt hat.

Prof. Dr. Jürg Willi und Dr. Hans Jellouschek haben mich durch ihre Veröffentlichungen und Workshops auf dem Gebiet der Paartherapie vielfach inspiriert.

Etliche Gedanken meines Supervisors, Prof. Dr. Dirk Revenstorf, sind sicher merklich und unmerklich in diese Arbeit eingeflossen.

Bedanken möchte ich mich bei folgenden Kollegen und Freunden, die mir durch moralische Ermutigung und Rückmeldung bei der Durchsicht des Manuskripts geholfen haben, diese Arbeit im Trubel meines Praxis- und Familienbetriebes durchzuführen und zu Ende zu bringen: Margret Kohaus-Jellouschek, Dirk Revenstorf, Claudius Hennig, Franziska Wittmann-Hennig, Ulf Siebert, Wilfried Braig, Dagmar Greitemeyer, Gaby-Ayadi-Lotthammer, Sabine Feuchter, Heribert Weraneck, Alois und Carola Geiselmann und Cornelia Rocholl. Für inhaltliche Anregungen danke ich dabei vor allem Claudius Hennig und Gaby-Lotthammer, sowie Dagmar Greitemeyer für manches freundschaftliche Gespräch über verschiedene Inhalte des Buches und das Schreiben an sich.

Arist von Schlippe möchte ich herzlich danken, der als Lehrbuchautor, Hochschullehrer und Vorstand des Familientherapieinstituts Weinheim mit einem profunden Überblick über die internationale Entwicklung der Familientherapie sowie der systemischen Therapie und Beratung sich bereit erklärt hat, ein Vorwort zu schreiben.

Danken möchte ich meinen Eltern für ihr wohlwollenddes Interesse und ihre Anteilnahme.

Mein persönlichster und innigster Dank gilt meinem Mann Martin Fahrner, der mich mit diesem Projekt in jeder Hinsicht, praktisch, moralisch und organisatorisch, unterstützt hat.

Quellenverzeichnis

Bertholt Brecht: Ich will mit dem gehen, den ich liebe. Aus: Gesammelte Werke. © Suhrkamp Verlag, Frankfurt/M. 1967.
Bertholt Brecht: Ballade von der Hanna Cash. Aus: Gesammelte Werke. © Suhrkamp Verlag, Frankfurt/M. 1967.
Francis Bacon: Über die Liebe. (Übersetzung: Elisabeth Schücking). © Sammlung Dietrich Verlagsgesellschaft mbH, Leipzig 1940, 1992.
Ulrich Plenzdorf: Die Legende von Paul und Paula. © Suhrkamp Verlag, Frankfurt/M. 1974.
Max Frisch: Tagebuch 1946–1949. © Suhrkamp Verlag, Frankfurt/M. 1950.
Paul Watzlawick: Anleitung zum Unglücklichsein. © Piper Verlag GmbH, München 1983.
Erich Fried: Dich. Aus: Es ist was es ist. © Verlag Klaus Wagenbach, Berlin 1983, 1996.
Antonia Byatt: Besessen. © Insel Verlag, Frankfurt/M. 1993.

Wir danken den genannten Rechteinhabern für die freundliche Genehmigung zum Abdruck der Auszüge aus den oben genannten Werken.

Literaturverzeichnis

Bach, G. R. & Wyden, P. (1970): Streiten verbindet. Gütersloh.

Bach, G. R. & Goldberg, H. (1975): Keine Angst vor Aggressionen. Düsseldorf.

Bacon, F.: Ausgewählte Essays. Reclam, Leipzig.

Beauvoir de, S. (1968): Das andere Geschlecht. Sitte und Sexus der Frau. Reinbek/Hamburg.

Beck, A. T. (1976): Cognitive Therapy and emotional disorders. New York.

Beck, U., Beck-Gernsheim, E. (1990): Das ganz normale Chaos der Liebe. Frankfurt/M.

Bateson, G. (1981), (Org. 1972): Ökologie des Geistes. Frankfurt/M.

Bateson, G. (1936): Naven. Cambridge University Press. New York.

Berne, E. (1970): Spiele der Erwachsenen. Reinbek/Hamburg.

Bösch, J. (1988): Von Verliebtheit, Symbiose und Idealisierung beim Aufbau einer Paarbeziehung. In: ›Familiendynamik‹ 2, S. 116-126.

Brecht, B. (1966): Liebesgedichte. Frankfurt/M.

Brecht, B. (1958): Drei Groschen Roman. Reinbek/Hamburg.

Buchholz, M. B. (1991): Der Wandel der Beziehungsformen. Konflikte und Kosten. In: ›Familiendynamik‹, 4, S. 322-325.

Buber, M. (1957): Distance and Relations, In: ›Psychiatry‹ 20, S. 97.

Byatt, A. (1993): Besessen. Frankfurt/M., Leipzig.

Dion, K. L., Dion, K. K. (1973): Correlates of romantic love. In: ›Journal of Consulting and Clinical Psychology‹, 41, S. 51-56.

Die Bibel. Genehmigte Ausgabe für Weltbild Bücherdienst (1987). Augsburg.

Dische, I. (1993): Ein fremdes Gefühl. Berlin.

Dominian, J. (1981): Marriage Faith and Love. London.

Duss-von Werdt, J. (1991): Die Ehe – eine Kette von Scheidungen. In: Schultz (Hrsg.): Trennungen. Stuttgart.

Ellis, A. (1958/ 1966): Lieben ohne Schuldgefühl. München.

Ellis, A., Harper, R. (1961): A guide of successfull marriage. Hollywood.

Ellis, A. (1976): Techniques of handling anger in marriage. In: ›Journal of Marriage Family Counseling‹, 2, S. 305-315.

Epstein, N., Eidelson, R. J. (1981): Unrealistic beliefs of clinical couples. In: ›The American Journal of Family Therapy‹, 9, S. 5-13.

Flemming, H.-C. (1992): Annäherungen. Simon und Leutner.

Fried, E. (1987): Vorübungen für Wunder. Gedichte vom Zorn und von der Liebe. Berlin.

Frisch, M. (1950): Tagebuch 1946-1949. Frankfurt/M..

Fromm, E. (1941): Escape from freedom. New York.

Fromm, E. (1956/1979): Die Kunst des Liebens. Frankfurt.

Fromm E. (1981), (Org. 1951/1979): Märchen, Mythen, Träume. Reinbek/Hamburg.

Fumagalli, M. und B. Brocchieri (1991): Heloise. Die Intellektuelle. In: F. Bertini (Hrsg.): Heloise und ihre Schwestern. Acht Frauenporträts aus dem Mittelalter. München.

Günter, A. (1981): Partnerschaftskonflikte. Unveröffentlichte Diplomarbeit, Universität Tübingen.

Hahlweg, K., L. Schindler, D. Revenstorf (1982): Partnerschaftsprobleme: Diagnose und Therapie. Berlin.

Hahlweg, K., L. Schindler, D. Revenstorf (1980): Partnerschaftsprobleme: Möglichkeiten zur Bewältigung. Berlin, Heidelberg, New York.

Handke, P. (1971): Chronik der laufenden Ereignisse. Frankfurt.

Harvey, J. H., T. L. Orbuch, A. L. Weber (1991): Attributions, accounts and close relationships. Heidelberg, New York.

Henning, C. (1990): Die Erweiterung des Satirschen Rollenhutmodells zu einem Instrument der systemischen Familiendiagnostik. In: Brunner, E. J./Greitemeyer, D. (Hrsg.): Die Therapeutenmöglichkeiten. 2. Weinheimer Symposion 1989. Wildberg.

Hesse, H. (1971): Lektüre für Minuten. Frankfurt/M.

Hoffmann-Nowotny, H.-J. (1991): Lebensformen und Lebensstile unter den Bedingungen der (Post-)Moderne. In: ›Familiendynamik‹, 4, S. 299-321.

Jaeggi, E., W. Hollstein (1985): Wenn Ehen älter werden. Liebe, Krise, Neubeginn. München.

Jellouschek, H. (1988): Die Kunst, als Paar zu leben. Unveröffentlicher Vortrag.

Jellouschek, H. (1992): Die Kunst, als Paar zu leben. Stuttgart.

Kast, V. (1984): Paare. Stuttgart.

Kast, V. (1985): Wege zur Autonomie. Olten.

Kaufmann, R. (1990): Die Familienrekonstruktion. Erfahrungen – Materialien – Modelle. Heidelberg.

Kundera, M. (1990): Das Leben ist anderswo. München, Wien.

Lederer, W., Jackson, D. D. (1972): Ehe als Lernprozeß. Wie Partnerschaft gelingt. München.

Lenz, G., Osterhold, G., Ellebracht, H. (1995): Erstarrte Beziehung – heilendes Chaos. Freiburg i. B.

Mahler, M. S., F. Pine, F. Bergman (1978): Die psychische Geburt des Menschen. Symbiose und Individuation. Frankfurt/M.

Mandel, A., K. H. Mandel, E. Stadter, D. Zimmer (1971): Einübung in Partnerschaft durch Kommunikationstherapie und Verhaltenstherapie. München.

Mandel, K. H., A. Mandel, H. Rosenthal (1975): Einübung der Liebesfähigkeit. Praxis der Kommunikationstherapie für Paare. München.

Meichenbaum, D. (1977): Cognitive behavior modifikation. New York.

Minuchin, S. (1977): Familie und Familientherapie. Freiburg.

Piaget, J. (1923): Le langage et la pensée chez l'enfant. Delachaux et Niestle. Neuchatel.

Oerter, R. (1967/1972): Moderne Entwicklungspsychologie. Donauwörth.

Perls, F. S. (1969/1978): Ego, hunger and aggression. New York. (dt.: Das Ich, der Hunger und die Aggression. München)

Plenzdorf, U. (1974): Die Legende von Paul und Paula. Frankfurt/M.

Revenstorf, D. (1981): Die Rolle der Attribution von Partnerkonflikten in der Therapie. In: ›Partnerberatung‹, 18, S. 175-189.

Revenstorf, D. (1986): Liebe, Ehe, Scheidung. Unveröffentlichter Vortrag anläßlich der Verhaltenstherapiewoche des IFT München in Frankfurt.

Sager, C. J. (1976): Marriage contracts and couples therapy. Hidden forces in intimate relationships. New York.

Satir, V. (1975): Selbstwert und Kommunikation. München.

Schellenbaum, P. (1984): Das Nein in der Liebe. Abgrenzung und Hingabe in der erotischen Beziehung. Stuttgart.

Schlippe, A. von (1984): Familientherapie im Überblick. Paderborn.

Schlippe, A. von, Schweitzer, J. (1996): Lehrbuch der systemischen Therapie und Beratung. Göttingen, Zürich.

Schwäbisch, L., Siems, M. (1974): Soziales Lernen für Eltern, Paare und Erzieher. Reinbek/Hamburg.

Selvini Palazzoli, M., L. Boscolo, G. Cecchin, G. Prata (1978): Paradoxon und Gegenparadoxon. Stuttgart.

Stierlin, H. (1975): Von der Psychoanalyse zur Familientherapie. Stuttgart.
Stierlin, H. (1975): Eltern und Kinder im Prozeß der Ablösung. Frankfurt.
Stierlin, H. (1976): Rolle und Auftrag in Familientheorie und -therapie. In: ›Familiendynamik‹ 1, S. 36-59.
Stierlin, H., I. Rücker-Emden, N. Wetzel, M. Wirsching (1977): Das erste Familiengespräch. Stuttgart.
Stierlin, H. (1982): Delegation und Familie. Frankfurt.
Swenson, C.H. (1972): The behavior of love. In: H. O. Otto (Hrsg.): Love today: A new exploration. New York.
Tannen, D. (1991): Du kannst mich einfach nicht verstehen. München.
Tannen, D. (1994): Das habe ich nicht gesagt! München.
Tennov, D. (1979): Love and limerence. The experience of being in love. New York. (Dt.: Limerenz – über die Liebe und das Verliebtsein. München 1981)
Vygotski, L. S. (1964): Denken und Sprechen. Stuttgart. (Org. 1934, Moskau).
Watzlawick, P., J. H. Beavin, D. D. Jackson (1969): Menschliche Kommunikation. Formen, Störungen, Paradoxien. Bern, Stuttgart, Wien.
Watzlawick, P., J. H. Weakland, R. Fish (1974): Lösungen. Bern, Stuttgart, Wien.
Watzlawick, P. (1983): Anleitung zum Unglücklichsein. München.
Welter-Enderlin, R. (1992): Paare – Leidenschaft und Langeweile. München.
Wilson Schaef, A. (1986): Co-Abhängigkeit. München.
Winch, R. F. (1958): Made Selection. A Study of complementary needs. New York, Harper & Row.
White, M. (1985): Praktisches Vorgehen bei langwierigen Eheproblemen. ›Familiendynamik‹ 3, S. 206-240.
Willi, J. (1975): Die Zweierbeziehung. Reinbek/Hamburg.
Willi, J. (1985): Ko-Evolution. Die Kunst des gemeinsamen Wachsens. Reinbek/Hamburg.
Willi, J., Limacher, B., Frei, R., Brassel-Amman, L. (1992): Die Technik der Konstruktdifferenzierung in der Paartherapie. In: ›Familiendynamik‹ 1, S. 68-82.
Wondratschek, W. (1972): Und der Prinz führte seine Prinzessin heim auf das Schloß, und dort lebten sie glücklich und zufrieden bis an ihr

Lebensende. Was geschah sonst noch? In: Borchers, E. (Hrsg.): Märchen Deutscher Dichter, Frankfurt/M.

Zimmer, D. (1985): Sexualität und Partnerschaft. München.

Liebe – Ehe – Partnerschaft im dtv

Aaron T. Beck
Liebe ist nie genug
Mißverständnisse überwinden, Konflikte lösen, Beziehungsprobleme entschärfen · dtv 35082

Renate Daimler
Wie's den Männern mit den Frauen geht
und mit sich selbst, wenn sie ehrlich sind · dtv 30522

Rudolf Dreikurs
Die Ehe – eine Herausforderung
dtv 35061

Barry Dym
Michael L. Glenn
Liebe, Lust und Langeweile
Die Zyklen intimer Paarbeziehungen
dtv 35132

Erich Fromm
Die Kunst des Liebens
dtv großdruck 12262

Erich Fromm
Liebe, Sexualität und Matriarchat
Beiträge zur Geschlechterfrage · dtv 35071

Karl Grammer
Signale der Liebe
Die biologischen Gesetze der Partnerschaft
dtv 30498

Hugh Mackay
Warum hörst du mir nie zu?
Zehn Regeln für eine bessere Kommunikation
dtv 36546

Anne Wilson Schaef
Die Flucht vor der Nähe
Warum Liebe, die süchtig macht, keine Liebe ist
dtv 35054

Peter Schellenbaum
Die Wunde der Ungeliebten
Blockierung und Verlebendigung der Liebe
dtv 35015
Das Nein in der Liebe
Abgrenzung und Hingabe in der erotischen Beziehung · dtv 35023
Aggression zwischen Liebenden
Ergriffenheit und Abwehr in der erotischen Beziehung · dtv 35109

dtv

Psychologie – Analyse – Therapie

Jeremiah Abrams (Hg.)
Die Befreiung des Inneren Kindes
Unsere ursprüngliche kreative Persönlichkeit
dtv 35107

Kathrin Asper
Verlassenheit und Selbstentfremdung
Neue Zugänge zum therapeutischen Verständnis
dtv 35018

Hinrich van Deest
Heilen mit Musik
Musiktherapie in der Praxis
dtv 35117

Verena Kast
Märchen als Therapie
dtv 35021

Arnold Lazarus
Allen Fay
Ich kann, wenn ich will
Anleitung zur psychologischen Selbsthilfe
dtv 35027

Elisabeth Lukas
Spannendes Leben
In der Spannung zwischen Sein und Sollen
Ein Logotherapiebuch
dtv 35112

Frederick S. Perls
Ralph F. Hefferline
Paul Goodman
Gestalttherapie
Grundlagen · dtv 35010
Praxis · dtv 35029

Frederick S. Perls
Das Ich, der Hunger und die Aggression
Die Anfänge der Gestalt-Therapie · dtv 35038

Peter Schellenbaum
Die Wunde der Ungeliebten
Blockierung und Verlebendigung der Liebe
dtv 35015

Peter Schellenbaum
Nimm deine Couch und geh!
Heilung mit Spontanritualen · dtv 35081

Claude Steiner
Wie man Lebenspläne verändert
Das Skript-Konzept in der Transaktionsanalyse
dtv 35053

Edith und Rolf Zundel
Leitfiguren der neueren Psychotherapie
Leben und Werk
dtv 15093

Verena Kast im dtv

Verena Kast verbindet auf einfühlsame und auch für Laien verständliche Weise die Psychoanalyse C. G. Jungs mit konkreten Anregungen für ein ganzheitliches, erfülltes Leben.

Der schöpferische Sprung
Vom therapeutischen Umgang mit Krisen
dtv 35009

Imagination als Raum der Freiheit
Dialog zwischen Ich und Unbewußtem
dtv 35088

Die beste Freundin
Was Frauen aneinander haben
dtv 35091

Die Dynamik der Symbole
Grundlagen der Jungschen Psychotherapie
dtv 35106

Freude, Inspiration, Hoffnung
dtv 35116

Märcheninterpretationen

Mann und Frau im Märchen
Eine psychologische Deutung · dtv 35001
Fünf Märcheninterpretationen, ergänzt um vergleichbare Fälle aus der psychotherapeutischen Praxis

Wege zur Autonomie
dtv 35014
Fünf Märchen, die uns Entwicklungswege aus Autonomiekrisen weisen

Wege aus Angst und Symbiose
Märchen psychologisch gedeutet · dtv 35020
Innere Freiheit und Selbstentfaltung in der Beziehung zwischen Mann und Frau

Märchen als Therapie
dtv 35021
Über die heilende Funktion von Märchen in der therapeutischen Praxis

Familienkonflikte im Märchen
Eine psychologische Deutung · dtv 35034
Fünf Märchen, die verborgene Lösungsansätze enthalten, verknüpft mit Beispielen aus der Praxis

Peter Schellenbaum im dtv

»Wer sich verändern will, muß sich bewegen!«
Peter Schellenbaum

Die Wunde der Ungeliebten
Blockierung und Verlebendigung der Liebe
dtv 35015
Der Autor erläutert, wie es uns gelingen kann, unsere Liebesfähigkeit lebendig werden zu lassen.

Abschied von der Selbstzerstörung
Befreiung der Lebensenergie · dtv 35016
Peter Schellenbaum zeigt, wie der einzelne dem Teufelskreis von blockierten Gefühlen und selbstzerstörerischem Verhalten entkommen kann.

Das Nein in der Liebe
Abgrenzung und Hingabe in der erotischen Beziehung · dtv 35023
In der Liebe ist der Wunsch nach Abgrenzung notwendig für die Selbstverwirklichung.

Gottesbilder
Religion, Psychoanalyse, Tiefenpsychologie
dtv 35025
Die unterschiedlichen Gottesauffassungen von Freud und Jung werden in diesem Buch zu einer Synthese gefügt.

Tanz der Freundschaft
dtv 35067
Eine ungewöhnliche Annäherung an das Wesen der Freundschaft.

Homosexualität im Mann
Eine tiefenpsychologische Studie · dtv 35079
Homosexualität gibt es auch im heterosexuellen Mann, und umgekehrt, doch meist wird nur die eine Seite ausgelebt.

Nimm deine Couch und geh!
Heilung mit Spontanritualen · dtv 35081
Peter Schellenbaum stellt seine Therapiemethode der Psychoenergetik vor.

Aggression zwischen Liebenden
Ergriffenheit und Abwehr in der erotischen Beziehung · dtv 35109
Peter Schellenbaum zeigt, daß Aggression einen wichtigen Impuls für Erotik und Lebendigkeit in jeder Beziehung darstellt.

Erich Fromm im dtv

»Vielleicht zählt er für künftige Interpreten dereinst zu den Wortführern jener Kraft, die durch ihre mutigen Ideen dazu beitragen können, daß wir toleranter und hilfsbereiter, bedürfnisloser und friedfertiger werden.«
Ivo Frenzel

Arbeiter und Angestellte am Vorabend des Dritten Reiches
dtv 4409

Die Kunst des Liebens
dtv edition 12262

Die Revolution der Hoffnung
dtv 15035

Haben oder Sein
Die seelischen Grundlagen einer neuen Gesellschaft
dtv 30048

Die Seele des Menschen
dtv 35005

Das Christusdogma und andere Essays
Die wichtigsten religionskritischen Schriften
dtv 35007

Psychoanalyse und Ethik
Bausteine zu einer humanistischen Charakterologie
dtv 35011

Über den Ungehorsam
dtv 35012

Die Furcht vor der Freiheit
dtv 35024

Wege aus einer kranken Gesellschaft
Eine sozialpsychologische Untersuchung
dtv 35032

Psychoanalyse und Religion
dtv 35033

Über die Liebe zum Leben
Rundfunksendungen von Erich Fromm
dtv 35036

Es geht um den Menschen
Tatsachen und Fiktionen in der Politik
dtv 35057

Liebe, Sexualität und Matriarchat
Beiträge zur Geschlechterfrage · dtv 35071

Sigmund Freud
Seine Persönlichkeit und seine Wirkung
dtv 35096

dialog & praxis
Die Entwicklung der weiblichen Psyche

Arno Gruen
Der Verrat am Selbst
Die Angst vor Autonomie
bei Mann und Frau
dtv 35000

Verena Kast
Mann und Frau im Märchen
Märchen psychologisch
gedeutet
dtv 35001

Christiane Olivier
Jokastes Kinder
Die Psyche der Frau im
Schatten der Mutter
dtv 35013

Josephine Rijnaarts
Lots Töchter
Über den Vater-Tochter-
Inzest · dtv 35031

Irene Claremont de
Castillejo
Die Töchter der Penelope
Elemente des Weiblichen
dtv 35068

Irène Kummer
Ich bin die Frau, die ich bin
Eine lebendige Beziehung
zu sich selbst und anderen
finden
dtv 35078

Ingrid Riedel
Die weise Frau
Mythen und Märchen
dtv 35098

Christiane Olivier
F wie Frau
Psychoanalyse und
Sexualität
dtv 35101

Carol Gilligan
Die andere Stimme
Lebenskonflikte und
Moral der Frau
dtv 35104

Jane Adams
»Ich bin noch immer deine Mutter«
Wenn die Kinder erwachsen werden
dtv 35110

Lyn M. Brown
Carol Gilligan
Die verlorene Stimme
Wendepunkte in der Entwicklung von Mädchen
dtv 35133

dtv

Warum wir küssen – wen wir küssen – wie wir küssen

Adrianne Blue
Vom Küssen
oder Warum wir nicht voneinander lassen können
dtv premium 24105

»Ist das Küssen ein evolutionärer Fortschritt?
Oder ist es nur ein Zufall, daß die beiden intelligentesten
Primatenarten – die Menschen und die Bonobos –
Weltmeister im Küssen sind?«

Seit jeher regt der Kuß die Phantasie des Menschen an und ist Ausdruck von Gefühlen der Liebe, Leidenschaft und Sehnsucht, der Freundschaft und des Verrats, der Ehrerbietung, Unterwerfung und Dankbarkeit. Und nichts tun wir so gerne und so ausgiebig wie Küssen.

Adrianne Blue breitet vor uns ein wahres Schlaraffenland des Küssens aus, indem sie neueste wissenschaftliche Erkenntnisse mit den schönsten Geschichten, Gedichten und Szenen aus Theater und Film verbindet, die unsere Kultur zum Thema Küssen zu bieten hat.

»Ein Buch, das einfach Lust macht.«
Cosmopolitan

dtv

Abservierte Männer, Kinder ohne Väter – Opfer eines hunderttausendfachen Scheidungskrieges

Karin Jäckel
Der gebrauchte Mann
Abgeliebt und abgezockt – Väter nach der Trennung
dtv premium 15103

»Meine Anklage gilt nicht den Menschen, die ihre Ehe
oder eheähnliche Beziehung auflösen.
Ich prangere nur das Wie an.«

Jede dritte Ehe in Deutschland wird geschieden, und in knapp der Hälfte gibt es gemeinsame Kinder. In der Regel bleiben diese bei den Müttern, und die Männer werden zu Besuchspapas und Zahlvätern degradiert, die sich den ersehnten Kontakt zum eigenen Sprößling bitter erkämpfen müssen.

Wie diese in Scheidungsfällen ganz alltägliche Situation von den Betroffenen erlebt wird, dokumentiert Karin Jäckel in dieser Sammlung authentischer Lebensgeschichten, die den Blick vom Leid der Frauen an zerbrochenen Familien auf das der Männer und der gemeinsamen Kinder lenkt.

»Karin Jäckels schockierender Sozialreport macht darauf
aufmerksam, daß hier sozialer Zündstoff entsteht,
der uns alle angeht – nicht nur ein paar zornige Mütter,
verletzte Väter und verzweifelte Kinder.«
Eva Herold-Münzer

dtv

C.G. Jung – Taschenbuchausgabe

Herausgegeben von Lorenz Jung auf der Grundlage
der Ausgabe 'Gesammelte Werke' dtv 59016
Auch einzeln erhältlich

Die Beziehungen zwischen dem Ich und dem Unbewußten
dtv 35120
Ein Überblick über die Grundlagen der Analytischen Psychologie

Antwort auf Hiob
dtv 35121
In diesem Spätwerk wirft Jung Grundfragen der religiösen Befindlichkeit des Menschen auf.

Typologie
dtv 35122
Die vier "Funktionen" der Jungschen Typenlehre – Denken, Fühlen, Empfinden und Intuition – werden hier dem extravertierten und dem introvertierten Typus zugeordnet.

Traum und Traumdeutung
dtv 35123

Synchronizität, Akausalität und Okkultismus
dtv 35124
Jungs Beschäftigung mit dem Okkulten, auf der Suche nach den Tiefendimensionen des Unbewußten

Archetypen
dtv 35125

Wirklichkeit der Seele
dtv 35126
Eine Aufsatzsammlung zu Themenbereichen, die von der Analytischen Psychologie beeinflußt werden

Psychologie und Religion
dtv 35127
C.G. Jung beschreibt Religion als eine der ursprünglichsten Äußerungen der Seele gegenüber dem Göttlichen.

Psychologie der Übertragung
dtv 35128
Die Übertragung, einer der Zentralbegriffe der Analytischen Psychologie, wird hier umfassend erklärt.

Seelenprobleme der Gegenwart
dtv 35129
In dieser Aufsatzsammlung stellt Jung die Grundfragen der modernen praktischen Psychologie dar.

Wandlungen und Symbole der Libido
dtv 35130
Das zentrale Werk, mit dem sich C.G. Jung von Sigmund Freud löste